天地经纬

西南（唐山）交通大学
测绘教育与测绘学科发展史

（1896—2020）

杨永琪 ◎ 编著

西南交通大学出版社
·成 都·

图书在版编目（CIP）数据

天地经纬：西南（唐山）交通大学测绘教育与测绘学科发展史：1896—2020 / 杨永琪编著. -- 成都：西南交通大学出版社，2023.12
ISBN 978-7-5643-9565-0

Ⅰ. ①天… Ⅱ. ①杨… Ⅲ. ①西南交通大学 – 测绘学 – 教育史 – 1896-2020②西南交通大学 – 测绘学 – 学科建设 – 概况 – 1896-2020 Ⅳ. ①G649.287.11

中国国家版本馆 CIP 数据核字（2023）第 225387 号

Tiandi Jingwei

Xinan (Tangshan) Jiaotong Daxue Cehui Jiaoyu yu Cehui Xueke Fazhan Shi (1896—2020)

天地经纬

西南（唐山）交通大学测绘教育与测绘学科发展史（1896—2020）

杨永琪　编著

责 任 编 辑	杨　勇
封 面 设 计	曹天擎
出 版 发 行	西南交通大学出版社 （四川省成都市金牛区二环路北一段 111 号 西南交通大学创新大厦 21 楼）
营销部电话	028-87600564　028-87600533
邮 政 编 码	610031
网　　　址	http://www.xnjdcbs.com
印　　　刷	成都市金雅迪彩色印刷有限公司
成 品 尺 寸	165 mm × 245 mm
印　　　张	21.5
字　　　数	296 千
版　　　次	2023 年 12 月第 1 版
印　　　次	2023 年 12 月第 1 次
书　　　号	ISBN 978-7-5643-9565-0
定　　　价	98.00 元

图书如有印装质量问题　本社负责退换
版权所有　盗版必究　举报电话：028-87600562

序

西南交通大学创建于 1896 年，是我国最早建立的工程教育高等学府之一；初建时称山海关北洋铁路官学堂，其后随着校址的变迁和隶属关系的变化，曾更名为唐山路矿学堂、唐山交通大学、国立交通大学贵州分校、中国交通大学、北方交通大学和唐山铁道学院等；学校搬迁至四川后，于 1972 年更名为西南交通大学。

西南交通大学测绘教育与测绘学科历史悠久，是我国轨道交通领域测绘人才培养的重要基地。在 120 多年的办学历史中，学校几经变迁，历尽艰辛，但测绘教育始终薪火相传，未曾中断。早在 1896 年山海关北洋铁路官学堂创建之初，就设有测量课程，是我国最早开设测量课程的学校之一。在唐山交大时期，曾在土木科和矿科中开设过平面测量、大地测量、实用天文、最小二乘法、铁路曲线与土方和矿山测量等 6 门课程，并在 4 年中安排地形与水文测量、大地测量和铁路测量等 3 次暑期实习，当时学校的一些知名教授如罗忠忱、伍镜湖、黄寿恒等都曾担任过测量课的教学工作，可见当时学校对测量教育的重视。在这一时期的学生中，有 3 位后来成为我国测绘学界的大师，他们就是方俊院士、罗河教授和李庆海教授。

在 20 世纪 50 年代末的唐院时期，创办了"航测专门化"，为我国铁路建设培养了一批航空勘测技术人才。学校搬迁至四川后，为适应国家铁路建设与发展的需要，在十分艰难的条件下，重新创建了航测专业，并于 1978 年开始招收四年制本科生，1985 年获准建立工程测量硕士学位点，2002 年获准建立大地测量与工程测量二级学科博士点，2005 年获准建立测绘科学与技术一级学科博士点，从此我校测绘教育和测绘学科又跨入了发展与建设的新征程。随着国家改革开放和高等教育改革步伐的加快，学校为支持测绘学科的建设与发展，先后设立了航测与地质系、测量工程系，特别是2010年组建了地球科学与环境工程学院，为测绘教育与测绘学科提供了前所未有的发展空间，并呈现出了强劲的发展势头。

历经几代人的不懈努力与传承，迄今我校测绘学科已建成了完整的学科体系和人才培养体系，已拥有测绘工程、遥感科学与技术和地理信息系统3个本科专业，已拥有测绘科学与技术一级学科博士点（含大地测量与工程测量、地图制图与地理信息系统和摄影测量与遥感3个二级博士点）以及测绘科学与技术博士后科研流动站，能持续不断地为国家培养和输送测绘科技人才，为我国轨道交通事业发展特别是高速铁路建设与安全运营提供了人才支撑。

当前，我们正在以创建国际化示范学院为抓手，努力构建一支高水平的国际化师资队伍，建设国地联合工程实验室、工程实践教育中心、国际科技合作基地等高水平"产学研用"平台，培养具有国际化视野和创新能力的测绘人才，为我国实施"交通强国"战略和"一带一路"倡议提供强有力的人才支撑。

站在新的历史起点上，回顾历史，是为了把握现在，开创未来。为此，我们组织编写了《天地经纬》一书，系统介绍了我校测绘教育与测绘学科一百多年来的发展历史，以此献给关心、支持或参与我校测绘学科建设与发展的各位领导、校友、同仁和朋友们！以此激励我们这一代交大测绘人从历史中汲取走向未来的智慧，直面挑战，砥砺前行，为全面推进我校测绘学科高质量发展和建设一流测绘学科而不懈努力！

刘国祥

二〇二一年十一月十六日

目 录

第一章 创始出发：晚清时期的测绘学教育 …………………………… 1

第一节　西法测量东渐及学术演进 …………………………………… 2
　一、洋务运动催生近代工程测量 …………………………………… 3
　二、晚清新式学堂对西法测量学的传授 …………………………… 5

第二节　北洋铁路学堂创设及初期测量教学 ………………………… 7
　一、铁路肇兴催生铁路学堂 ………………………………………… 7
　二、山海关铁路学堂的课程与教学活动 …………………………… 16

第三节　唐山路矿学堂移设与测量教育探索 ………………………… 20
　一、铁路学堂移设唐山改称路矿学堂 ……………………………… 20
　二、路矿两科课程设置之演进 ……………………………………… 25
　三、师资与设备保障 ………………………………………………… 33
　四、重视测量实习 …………………………………………………… 34

第二章 玉汝于成：民国时期的测绘学教育 …………………………… 39

第一节　土木工程学系演进中测量课程的扩充与更新 ……………… 41
　一、唐山铁路学校与工业专门学校时期的测绘课程 ……………… 42
　二、改设交通大学及唐山大学后测量课程的精细化调整 ………… 44

第二节　完备工程学科体系中测量学教育的定位与适应 …………… 49
　一、交通大学唐山工程学院时期的测绘教学 ……………………… 49
　二、测绘课程选用的教本及教参书 ………………………………… 67
　三、测绘教学之仪器设备 …………………………………………… 73

1

第三节　民国时期的测绘师资队伍 ·· 74

　　　第四节　抗战内迁与复员时期测量教学的调适 ································ 82

　　　　　一、书籍仪器匮缺与校友的襄助 ··· 83

　　　　　二、课程调整与实习安排 ·· 87

　　　　　三、复员后国立唐山工学院时期的测绘教学 ································ 90

第三章　调整适应：新中国三十年的测绘学教育 ·································· 93

　　　第一节　学习苏联回归单一铁路工程师的培养 ································ 94

　　　　　一、新唐院的转型及相应的措施 ··· 95

　　　　　二、测量教学的调整与改革 ·· 98

　　　　　三、测量教研组（室）的设立及其活动 ······································ 102

　　　第二节　"航测专门化"与"铁路航测"专业的创设 ······················· 111

第四章　拨乱反正：新时期测绘教育再起航 ··· 119

　　　第一节　在铁道工程系创设铁路航测本科专业 ······························ 120

　　　第二节　测绘与地质学科合组航测及工程地质系 ························· 125

　　　　　一、测绘与地质学科合组设系 ·· 125

　　　　　二、规范开设摄影测量与遥感专业 ··· 130

第五章　核心关键：形成测绘学科教育的完备体系 ···························· 149

　　　第一节　测绘学科建设与独立发展 ··· 150

　　　　　一、设立测量工程系与测绘学科体系布局 ································· 150

　　　　　二、新建两个本科专业，完成学科全专业布局 ························· 155

　　　第二节　师资队伍与资源建设 ··· 160

　　　　　一、师资队伍建设 ·· 160

　　　　　二、支撑平台等资源建设 ·· 166

　　　第三节　科学研究能力与学术水平提升 ··· 167

　　　　　一、罗河、卓健成对测绘科研的引领与贡献 ···························· 167

二、以学科方向论证导引科研工作行稳致远……178
　　三、以争取高级别科研项目夯实方向提升学科水平……180
第四节　研究生培养与学位授权点建设……183
　　一、挂靠铁道工程博士点培养研究生……184
　　二、测绘学科博士点、博士后流动站的设立与建设……189

第六章　面向未来：学科群聚合地球科学与环境工程学院……193

第一节　地球科学与环境工程学院聚力起航……196
第二节　打造团队，创新平台……201
　　一、申建教育部创新团队启动高端人才计划……201
　　二、创建"高速铁路运营安全空间信息技术"
　　　　国家地方联合工程实验室……209
　　三、联合协作，共建平台……215
第三节　坚持特色道路，追求卓越发展……217
　　一、特色鲜明的科学研究与学术成果……217
　　二、测绘工程专业跻身国家一流，促进教育质量
　　　　全面提升……234
　　三、测绘一级学科参加教育部评估……243
第四节　创建国际化示范学院，打造测绘学科"国际范"……250
　　一、国际化示范学院：学科发展的高速"推进器"……250
　　二、测绘学科的国际化进行时……256

测绘学科大事记……267
附　录……329
后　记……335

第一章

创始出发：
晚清时期的测绘学教育

（1896—1912）

敢为人先，培养中国近代铁路测量技术人才

第一节
西法测量东渐及学术演进

中华民族具有 5 000 年悠久文明历史，创造了光辉灿烂的文化和科学技术。测绘学在中国历史文化和科学遗产中占有重要的地位，不少古代杰出科学家的业绩与文明创造多与测绘有关。出现于秦代之前、后经刘徽编注成书的名著《九章算术》中专有一章讲测绘理论。《墨经》《周髀》、张衡地动说，以及祖冲之的"密率"等，创立了古代测绘学的理论基础。李冰修筑都江堰，郦道元作《水经注》，孔庙、秦陵、运河、长城，都包含了中国人对测绘学的伟大实践。而历代王朝的统治，对于战事运筹、疆域划分、水利建设、交通运输等事关国家兴亡大计的筹划，都需要依赖测绘资料了解国情和认识世界，为其实施提供技术保障。

从中国原始社会末期三皇五帝①到元代长达 4 000 余年的历史长河中，中国古人的测绘成就耀眼世界，大多领先于当时的世界水平，并不断地将技术传向西方。至明代之前，中国悠久而漫长的测绘发展历史多涉及疆域土地测量、地图测绘、天文测量、交通工程测量、建筑工程测量、水利工程测量、江河海域测量等实践，同时在技术发明、仪器研制和著述方面不断探索创造，取得了引人瞩目的成就，充分体现出中国人的聪明才智。明清以降，由于诸多方面的原因，中国的科技渐渐落后于西方。16 世纪西方

---

① 史学上对三皇五帝其说不一。按传统说法，以伏羲、神农、黄帝为"三皇"，少昊、颛顼、帝喾、尧、舜为"五帝"，属于中国古代夏以前的传说时期。

第一章 创始出发：晚清时期的测绘学教育

现代科学兴起，技术革命推进，在这种趋势下产生的基督教东传、西学东渐，也影响和促进了中国测绘技术向现代的转型。

一、洋务运动催生近代工程测量

清代统治者闭关锁国的政策导致中国妄自称大。而此时的欧洲，经过文艺复兴的洗礼，大力发展近代科学。在18世纪后期，经过第一次工业革命，西方发明了蒸汽机、纺织机、锅炉等，开创了以机器代替手工生产的工业化时代；同时，机械、制造、建筑、数算、天文、地理等科学技术的突飞猛进，将人类认识世界、改造世界的能力提升到了一个新高度。欧洲快速发展，在政治、军事、经济、文化等方面超越昔日的泱泱中华封建帝国。

炮舰政策逼迫中国开放门户。1841年，第一次鸦片战争失败以后，清政府签订《南京条约》，被迫在上海、宁波、广州、福州、厦门等地实行"五口通商"。以恭亲王奕䜣、醇亲王奕譞，晚清重臣文祥、曾国藩、左宗棠、李鸿章、沈葆桢、张之洞为代表的洋务派，意识到中国处于"三千年来未有之变局"中，唯有学习和引进西方先进技术，兴办实业，重振军队，方可中兴。一场由上而下、在全国范围内掀起的"师夷之长技以自强"的改良运动，开启了中国向近代工业文明渐进的帷幕。

鸦片战争前，清代工程测量以水利及营建工程项目居多。洋务运动期间清政府陆续开办江南制造局、福州船政局、开平矿务局、天津机器局、金陵制造局、北洋官铁路局等，一方面大量翻译近代西方科学技术著作，一方面聘请外国技术人员采用西法修筑炮台、机器采煤、建造铁路，工程测量有了较大规模的发展。

河督吴大澂于光绪十五年（1889年）奏请朝廷测绘黄河地图，从福州船政局、上海机器局、天津制造局和广东舆图局等处调集熟悉测算和绘图的人员20余人，编为4组进行测绘。以黄河为中线，岸边有的以大堤为界，有的以沙滩为界，全长1 206千米。测图比例尺为1∶3.6万。次年测成，石印装订为5册，编写有图说。

光绪二年（1876年），湖北大冶铁矿测有矿山地形图，后在湖广总督张之洞主持下，又测得该矿区更大范围的地形图。同年10月，直隶总督、北洋大臣李鸿章命上海轮船招商局总办唐廷枢到直隶开平镇一带勘察煤铁情形，并提出铁路运煤的必要性，提议修建开平至芦台的运煤铁路。后来由于种种原因改建胥各庄至阎庄的运煤河道，同时修筑从开平矿井至胥各庄的运煤铁路。1878年开平矿务局成立前后，聘请了马力师、巴尔、白内特（R. R. Burnett）、莫尔斯卫（J. M. Molesworth）、金达（C. W. Kinder）等矿业和铁路方面的工程师，勘测、设计矿井，购置英国最新、最先进的大维式抽水机、蒸汽铰车、蒸汽扇风机、锅炉、机床以及风钻、风镐等凿井掘进设备，带来了中国采煤业生产方式的重大变革。1890年，开平矿局设立测绘室，为中国建立煤矿测量单位之始。

英国铁路工程师金达1881年主持修建了唐山开平至胥各庄的运煤铁路，全长约9千米，为中国自建铁路之始。与此同时，金达也负责勘测和修筑胥各庄至阎庄的运煤河道与码头。其后，以唐胥铁路为源，分别向北京和关外延展，形成中国北方关内外铁路系统。金达作为铁路总工程司前后达30余年，同治年间留美幼童中的邝景阳、詹天佑、周传谏等人都曾在金达指导下从事铁路实践，勘测选线为基本技术。1905至1909年，以詹天佑担任京张铁路总工程司为标志，中国不用一个外国人独立建成了高水准的京张铁路，掌握了铁路、桥梁及隧道修建技术，中国铁路工程师群体亦如星火燎原，逐渐成长，为国有铁路网的建成提供了人力和技术保证。

詹天佑自1872年由清政府选派留学美国，1881年毕业于耶鲁大学土木工程科，学成回国后于1888年转入铁路工作，担任津榆铁路副工程司。他采用气压沉箱法解决了滦河大桥桥墩基础施工难题，1901年又测定了平汉铁路郑州桥址。1905年受命担任京张铁路会办兼总工程司（后升任总办），组织领导测量、设计和修建工作。他先后勘测3条线路进行比较，最终采用了经南口、居庸关、八达岭的现行线路。而南口关沟段为最难点，经勘测七八条线路做对比，最后才选定一条，设计"之"字形爬坡线路，最大坡度达3.3%，八达岭隧道由原设计6千米长缩短为1千米。隧道开通之时，方向和水平高度，都在原测量设计标准之内。中国铁路工程师的技术能力得到国际铁路界的认可和赞许。

据统计，至清朝灭亡，中国共建成铁路9 100余千米，包括京奉、京汉、津浦、沪宁、京绥等线及东清路、南满支路，一般均进行选线、初测、定测和施工测量，其勘测施工技术几乎已与当时欧美同步。

二、晚清新式学堂对西法测量学的传授

在康熙皇帝下达"天主教在中国行不得，务必禁止"的旨令后，始于明末长达200年时间的第一轮"西学东渐"，随着耶稣会在中国遭禁和罗马教廷对该组织的解散而告一段落。19世纪初期，新教传教士马礼逊来华，新一轮"西学东渐"揭开序幕[①]。1839年他创办了马礼逊学堂，开设的课程有天文、地理、历史、算术、代数、几何、初等机械学、生理学、化学、音乐，西方近代分科设学的模式开始传入中国。

两次"鸦片战争"失败的沉痛教训，引发当时中国社会各阶层的反思。"当时社会约有两种觉悟。一则知通事之不可恃，急应养成翻译之人才。一则震于西人之船坚炮利，急应养成制造船械及海陆军之人才"[②]。清末开办新学终于试水起航。

同治元年（1862年），总理各国事务衙门陈请创设京师同文馆，教授

[①] 周谷平等著：《中国近代大学的现代转型》，杭州：浙江大学出版社，2012年版，第206页。
[②] 陈宝泉著：《中国近代学制变迁史》，太原：山西人民出版社，2014年版，第2页。

各国语言文字。1887年在馆内添设算学馆，拟订章程，在举人、优贡生及翰林院庶吉士编修检讨等官员中鼓励报考，3年为一届，住馆学习。1876年，总教习丁韪良[①]为同文馆设立了新的八年制和五年制课程，在八年制课程的前五年须学习代数学、几何原本、平三角、弧三角等，后三年中须学习航海测算、天文测算、地理等课程。

同治二年（1863年），江苏巡抚李鸿章等奏请开设上海广方言馆，课程中包括算学。同治五年（1866年），左宗棠议设福州船政局，并随即附设船政学堂。学堂分前学堂与后学堂。前学堂习法文，练习造船之术；后学堂习英文，练习驾驶之术，课程中包括代数、解析几何、平三角、弧三角、天文学、航海学等。中国著名思想家、翻译家、教育家严复于1867年考入船政学堂，算学、测绘十分优异，后派赴英国留学。

在新式军事教育中，海军的水师学堂、陆军的武备及陆师学堂，都很重视算学、天文、测绘课程。光绪六年（1880年），直隶总督李鸿章奏准开设天津水师学堂，分驾驶、管轮两科，均用英文教授，课程中有地舆图说、几何原本、平弧。光绪十一年（1885年）又创办天津北洋武备学堂，其规制仿照西方陆军学堂，除研究西洋行军之法，还需学习测算、绘图，及筑造土木营垒。光绪二十年（1894年），张之洞在南京设陆军学堂，讲授地理、测量、绘图、营垒诸术。

中日甲午战争中北洋海军的覆没以及庚子战乱八国联军的入侵，给清廷沉痛打击，教训十分深刻。之后，改革与新政不断艰难推进，新式学堂风起云涌。从1897至1911年，清政府军事部门先后创办了北洋测绘学堂（1897年，仅开办一期）、保定测绘学堂（1902年，段祺瑞主持）、京师陆军测绘学堂（1904年）、两江测绘学堂（1905年）。清政府于光绪三十二年（1906年）通令各省开办测绘学堂。次年，陆军部颁布测绘学堂章程，令各省一律遵办。随即，各省陆续开办陆军测绘学堂十余所，包括湖北、河南、江西、

---

① 丁韪良（William Alexander Parsons Martin，1827—1916），美国传教士。

安徽、广西、广东、山东、吉林、奉天、云南、东三省、浙江、四川等陆军，大多按三角、地形、制图分班教授，总共培养测绘技术人才近1 500人。

包括北洋铁路官学堂在内的工程技术、实业类学堂，引进西方工科教育体系，测量、制图类课程都是必备的技术基础课，为中国近代工程技术人员的正规化培养打下了坚实的基础。

第二节
北洋铁路学堂创设及初期测量教学

在近代西方工业化进程中，铁路的发展影响深远，带给社会深刻而巨大的变化。自1825年英国建成世界上第一条商用铁路以后，铁路在欧洲和北美的发展十分迅速。铁路的出现带来了运输方式的一次革命，促进了各国贸易的繁荣，直接推动了社会生产力的发展，成为世界各国富强之基。

而输出铁路自然蕴含着巨大的经济利益和战略利益。面对这一新事物，不断有西方人士在中国进行鼓吹、宣传和推动，一部分中国的开明官员和士绅也意识到了铁路之于中国的重要性，开始做一些舆论上的准备，但铁路在中国的发展终究还是举步维艰。

一、铁路肇兴催生铁路学堂

清廷在洋务运动中意图实现军队的现代化，晚清重臣李鸿章力图建设一支亚洲领先的海军舰队，从英国购买了较为先进的舰船。为确保燃煤供应，命轮船招商局总办唐廷枢在直隶开平西法采煤，获得了初步成功，煤炭外运一时成为关键的环节。

唐廷枢最初构划以建设铁路运煤，遭到保守势力的顽固反对，一时举步维艰。由于受到地形地势的限制，李鸿章别无他法，施以手段，大胆试行修建铁路。1881年，唐廷枢命矿局工程司金达负责设计和修建从开平矿井到胥各庄一段长约9千米的准轨铁路。建成后大约过了4年，铁路没有任何进展，清廷中央层级也一直没有主事的机构。

直到1885年10月12日，总理海军事务衙门成立，统率全国海军，"举凡造船、购器、选将、练兵"，均"由该衙门主持考核，次第办理"，并兼管铁路事务。大学士、直隶总督李鸿章出任会办大臣，而由醇亲王奕譞（光绪皇帝生父）总理海军衙门。铁路作为军事体系的组成部分，第一次由大清中央直接统筹规划，以加强海防的名义打开了一扇发展的"天窗"。其实，在唐胥铁路建成后的1883年3月，李鸿章就曾致函总理衙门，认为铁舰、铁道才是"真实声威"，祈主持大计。在他看来，北洋海军舰船需要源源不断的燃煤作驱动力，而运输煤铁又必须有赖于铁路，这是一个互为关联的系统。

已经出任开平矿局总矿师的金达，对于河道运煤一直不满，认为效率低下，唯有延展唐胥铁路，方可促进扩大采煤生产和外运。他先是找到天津海关税务司、德国人德璀琳。[①]此人1864年来华，通晓德、英、汉等5种语言，颇受李鸿章的重用，担任其私人顾问。金达的设想得到了德璀琳的赞许，1886年春在他的推荐下金达有机会第一次拜见李鸿章，面陈将唐胥铁路可向东西北两端延伸展筑。李鸿章接受了金达的建议，在醇亲王奕譞的支持下，以"调兵运械"之名着手试办。随即招商集股，成立开平铁路公司，一面收购唐胥铁路，使之与开平矿局脱离独立经营；一面任命金达

[①] 德璀琳（Gustav Detring），德国人，长期担任津海关税务司，主持修建天津英租界工部局大楼，创办天津第一家英文报纸《中国时报》，参与了清政府与外国5个条约的谈判，1913年1月4日在天津去世。

担任总工程司负责向西展筑，先至阎庄后达芦台，再至塘沽。1888 年 10 月，这条铁路延伸到天津，唐胥、开平、津沽连成一线，全长 130 千米的津唐铁路全面通车。

铁路的发展不可避免地需要更多的技术及管理人才，引进洋员终究不是长计，李鸿章显然也意识到了这个问题。然而，铁路计划在当时仍然敏感，不时引发朝野论争。1890 年 11 月，为了应对人才所需，李鸿章决定在天津的北洋武备学堂里附设一个铁路学堂，添聘来自德国克虏伯公司的铁路专家包尔·格奥尔格（Bauer，时译哈尔都）担任铁路总教习，法国人瞿思图（H.Kuster）任铁路教习。在武备学生中挑选 20 人，以 3 年为期，毕业时有 12 人，其中就有陈西林、沈琪、俞人凤、劳之常、陈荫东、沈慕韩等，他们中的不少人日后都成为中国有名的铁路专家。

唐津铁路建成后，李鸿章本欲借此东风将铁路通往京郊通州，不料遭到保守势力的顽固反弹。幸有醇亲王奕譞力挺，慈禧太后此时也倾向于扩展铁路。另一洋务重臣、湖广总督张之洞提议暂缓津通路，筹建卢（沟桥）汉（口）干线，同时将津唐铁路向关外展筑，以备东北国防。奕譞称赞该方案"别开生面"，而展筑关外铁路也一直是李鸿章的计划，李鸿章对此也表示支持。作为具体行动，李鸿章于 1891 年 4 月 21 日奏准朝廷，在山海关设立官办的北洋铁路官轨总局（简称北洋官铁路局），并且以直隶总督、北洋大臣的身份亲自兼任路局督办大臣，遴派记名提督周兰亭、直隶候补道李树棠为官路总办，住工督率，仍然聘请金达为北洋官铁路局总工程司，修筑从林西至山海关乃至延展关外的铁路。同时将原商办铁路公司改称商铁局，专门管理集股修建的由天津而军粮城而大沽及至开平古冶之铁路。

北洋官铁路局设立后，金达愈发感觉到培养铁路专业技术人才的重要与迫切。他深受李鸿章的器重和信任，经过一番思考，1893 年 9 月 20 日（光绪十九年八月十一日），金达向铁路督办李鸿章禀书，建议在山海关设立一所独立的铁路学堂。接获金达的建议书,李鸿章感慨良多。

对于开办新式学堂,李鸿章一直是积极支持、大力推动的。事实上,他在担任直隶总督任上,就与他的导师曾国藩采纳了容闳[①]孜孜以求的建议,大力推动幼童留美这一深远影响中国进程的事业,前后共4批派出詹天佑、唐绍仪等120名少年问学西方。他还创办了北洋武备学堂、天津水师学堂、军医学堂、电报学堂等大大小小的新式学堂十多所。作为洋务运动的重量级人物,作为中国铁路的创建者,李鸿章当然知道培养铁路人才的重要性。一向办事颇有些气魄的李鸿章,对金达的建议却迟迟没有批复。

▲金达(C.W.Kinder, 1852—1936),1877年来华从事矿业和铁路,长期担任中国北方铁路总工程司,1909年回到故乡英国

此时的李鸿章,展筑榆关铁路的计划屡屡受挫,经费挪用,工程缓慢。这一年、包括次年(1894年)的铁路经费也被清政府挪用200万两。这年3月,李鸿章就曾致电总署庆亲王奕劻抱怨说:"铁路已造至山海关,购地已至锦州府,需费浩繁,事难中止。前因庆典紧要,户部商借二百万,极形支绌,岁仅百万可指,实难再分……"李鸿章始终还是不敢得罪慈禧太后,到1894年1月5日,在慈禧的直接干预下,李鸿章只得奉命将铁路用

[①] 容闳,中国最早留学美国、获得耶鲁大学学位的留学生。回国后积极参与洋务,不断建议向美国派出留学生,被誉为中国"留学之父"。容闳毕业前曾在耶鲁新设的 Sheffeld Scientific School 学习测量。

款每年100万移作庆典之用,"款项支绌"当属实情。办学堂乃长远之计,经费必须有稳定保障,李鸿章犹豫再三,独立创设铁路学堂之举就此搁浅。

1893年12月20日(光绪十九年十一月十三日),李鸿章以经费不足为由,对学堂之议批复道:"……金达拟订之银恐必不敷。……学堂一节并移会武备学堂查照。"其后不久,李鸿章同意在天津武备学堂再行安排增添学生数名兼习铁路,也算是对金达有所交代。

金达没有放弃,一直在寻找适当的时机。1895年初中日海军黄海一战,李鸿章苦心经营的北洋海军几乎全军覆没,中国被迫签下屈辱的《马关条约》,举国震惊。此时,自上而下的变法图强运动开始凝聚人心,图强求变一时风行朝廷上下。痛定思痛,光绪皇帝将修建铁路与开练新军作为国家重大改革举措推出,以图振奋民心之效。曾经引发激烈辩争且早已被否决的津通铁路,调整改作天津到京郊卢沟桥的铁路,成为甲午战败后清政府动用官款修建的第一条铁路,同时光绪皇帝还命令直隶总督王文韶、湖广总督张之洞以招商集股的方式着力筹办卢沟桥到汉口的铁路干线。总之,此时的中国铁路迎来了第一个建设小高潮。

胡燏棻在天津小站用西法开练"定武军"后不久,经光绪皇帝钦点被任命为津卢铁路督办大臣,随后又加命为顺天府尹(相当于今天的北京市长),主管京畿5州19县,小站练兵一事改由袁世凯接续负责。胡燏棻是安徽人,1874年考中进士。他长期跟随李鸿章,曾担任天津道,后任广西按察使。中日战事一起,李鸿章调他北上办理北洋军粮。甲午战败后,光绪皇帝要各地督抚官员力陈改革方略,正是这位胡燏棻拟定了有名的《变法自强疏》上书皇帝,提出目前的关键,第一要筹集军饷,第二是训练军队。而筹饷练兵的根本,在于发展教育,兴办工商业。为此他提出国家必须兴办十件大事,第一条就是建设铁路,开办北京到汉口的干线,第十条就是设立学堂。胡燏棻的建议全面而有体系,甚得光绪皇帝的欣赏,列名第一,由清廷中央广发各地附议。

不久,光绪皇帝决定首办津卢铁路,先命胡燏棻督率勘察线路,后又

11

钦点他出任督办大臣，自此胡燏棻的一生与中国铁路紧紧相连，历任总理各国事务大臣、刑部右侍郎、礼部右侍郎、邮传部右侍郎，成为晚清著名的洋务干才。

甲午战败的屈辱深深刺激了国人，朝廷上下对兴建铁路、开办学堂热情高涨。新任直隶总督兼北洋大臣王文韶对于建铁路、办教育也有意推动。1895年9月，王文韶正式上任后不久就果断批准津海关道盛宣怀禀设天津西学堂（即后来的北洋大学堂）的建议，奏请光绪皇帝批准开办。

胡燏棻上任后，金达很快又被点将担任津卢铁路的总工程司。他对中国铁路建设现状非常了解，而且得到李鸿章、王文韶等高官的赏识、重视和信任。此时的金达心潮起伏，铁路工程热火朝天，工程司却捉襟见肘。他深知，中国要大力发展铁路，光靠外国技术人员终究是不够的，必须培养中国本土的铁路技术人才。此刻，金达心中挥之不去的铁路学堂梦再次萌动，他随即提笔，向自己的顶头上司、津卢铁路督办大臣胡燏棻建议：创办铁路学堂！

1896年5月4日（光绪二十二年三月二十二日），金达伏案疾书。他首先分析了创设铁路学堂的必要性和紧迫感：

> 目下中国所急需者，首在多储人材，以管理零星工程及堪胜上等监工之任者。此种人材，较诸独出心裁起造要工者，尤为急务。故拟设之学堂仅先课以当用之艺，俾其堪胜此项工程耳。查本局所应需者，外人究不若自知之切，是自设学堂尤为尽善。譬如有不胜工程司之任者，亦可量材授差，如车务、机车及巡缉等事。

金达还对报考条件，甚至连着装等细节都提出了自己的看法：

> 今各学生必须通晓英文，方准入堂肄业，故启蒙书籍须先于他处读过也；尤要者，先由医生严察，俾知该学生身体是否堪值款项栽培者。每有子弟学习英文竟至遗忘中国文字，是宜订明华学资格，始准入堂。每日限时温习，庶可牢记。中国子弟每每喜就文雅之职，似此积习，理应设法扫除；办工之时不准穿着长衣，故须另

第一章 创始出发：晚清时期的测绘学教育

定灵便衣服；倘遇大员巡阅工程，一切俗套仪文亦宜概免；盖该员司应以工务为重，不应徒尚虚文也。且中国每以在外试练技艺者为卑鄙之流，殊不知幼而不习，将来在工将难膺上驷之选，是武艺骑马等事，不妨任其习练也。

……既乏人材，仅靠外国员司办理诚非得计，而办工搏节，成路迅速，实难专靠洋工程司数人。虽铁路终可造成，惟靡费浩大，而掣肘甚多也。卢汉铁路若有成议，应即教练学生至少二百名。该学生以选择水师或他处出身之通晓英文及格致初学等类者为先。

在金达心中，理想的办学地点当属北戴河，他甚至提议由学生亲手建造学堂：

北戴河迤南左右建造学堂最合部位，一则能令学生避离巨埠繁华，二则天气合宜，不拘冬夏均可在近山一带学习测量，不致践踏禾苗；且该处甚合学习骑马、撑船、泅水等事。最妙先觅民房，俾诸生暂行栖止，令其亲手寓目建造学堂，先行经练一番。如有不耐劳苦及无志工程者，即可显见，分别剔除。

便于开展野外测量也成为金达考虑的因素。此外，金达还对筹建学校所需经费想出办法：

今拟设学堂，所有经费应在货客车脚项下抽提，每百加一增价，似此办法于客商固无关紧要也。一俟津卢铁路行车，款项充足，自能培植一妥善学堂也。

针对当时一般年轻人仍视科举为正途，新式学堂招生困难的现状，金达提出首先要让年轻学生看到前途与未来。为此，他专门拟就《在华学成之铁路工程司章程》十六条，对铁路学堂学成毕业学生在铁路工作的薪金标准与逐级晋升提出了详尽的"路线图"——第一年每月薪洋三十元，第二年三十五元，第三年四十元，第四年四十五元。四年届满即擢升为三等副工程司，每月薪洋五十元；五年届满擢升为二等副工程司，每月薪洋七十五元；六年届满擢升为一等副工程司，每月薪洋一百元；十年届满擢升为三等工程司，每月薪洋一百三十元；十二年届满擢升为二等工程司，每月薪洋一百六十元；

十四年届满擢升为一等工程司，每月薪洋二百元。此外还享有住房、医疗等福利。工程司聪颖拔萃者可由朝廷赏给款项，出洋考究1年，以资阅历。

金达屡次上书，对创办铁路学堂积极推动。他坚信"督办成竹在胸，定能振作，日臻强盛，此实中国富强之先机也"。

胡燏棻对金达的建议非常重视，立即将金达的上书及其附件转呈直隶总督兼北洋大臣王文韶。经过一番审度，王文韶责成津榆铁路局总办吴懋鼎[①]、会办张鸿顺协力筹划铁路学堂事宜。数月筹备之后，吴懋鼎根据实际情况，对金达议案做了一些小的调整，拟订了学堂开办的具体计划，制定了《铁路学堂章程》二十条，于1896年10月下旬禀请直隶总督王文韶，请求奏明清政府批准立案。

吴懋鼎在呈文中写道：

> 铁路自创办以来，先开平，后津榆，垂十余年，通商便民已著成效。昔年朝阳剿匪，出师东征，调兵运械，得力尤非浅鲜。今年禀请接修关外工程，津卢一路从间兴办。近复举卢汉铁路之议，惟是各工程司皆借资泰西各国，舍己求人恐非久计。光绪十九年曾议设立学堂，因绌于经费，仅附铁路学生于武备学堂。今者广建铁路，如造桥、造路、制造车辆、行车司栈等事，在在需人，附设生徒不敷调遣。若专延泰西工程司，道远费重，究多不便。且在工之人未习工程，尤恐徒拥虚名，罔知利弊。拟请专设学堂，招额生八十名，以洋、汉文正副教习各一人分班教授，三年学满，量材器使。凡有需用铁路学生，概由堂中酌派。核计经费岁约一万余金，即由火车脚价项下，按照向章，客货每银一两酌加三分。如开平矿局常年运煤，脚价为数较巨，酌加二分，泹彼注兹，似可敷用。先就榆关局屋暂作学堂，一俟筹款充足，再于北戴河购地另建堂屋。

---

① 吴懋鼎（1850—1927），又名荫柏，字调卿，安徽婺源人。曾任上海汇丰银行副买办，1880年派赴天津筹设汇丰天津支行，担任第一任买办。近代天津著名的实业家。

第一章 创始出发：晚清时期的测绘学教育

该处滨海临山，可习测量，于学生考究工程大有裨益。所设之堂由津局遥制，毋庸另派总、会办，以节靡费。惟设监督一员，驻堂办公，遇有重要事件，仍禀由核转办理。

由这份呈文可知，吴懋鼎总办认为学堂设在山海关更为便捷，可以直接利用原北洋铁路局的局屋，用作学堂甚为便利。至于学堂经费，金达的办法甚好，稍微提高一点儿客货运价就解决了，不用再向朝廷专门申请经费，批准的可能性大为增加。与一般新设学堂要另派总办、会办不同，吴懋鼎认为大可不必，学堂事务由"津局遥制"即可，只需专派一位监督驻校负责日常事务，遇有重大事项即向路局总办请示汇报，这样也简化了学堂事务的管理层级。铁路学堂的最高直接领导就是常驻天津的津榆路局总办，这种管理格局一直延续到1900年庚子之乱学堂被迫停办时为止。

总督王文韶接到吴懋鼎的禀告后不久，于10月29日（光绪二十二年九月二十三日）向光绪皇帝呈报《奏为拟设立铁路学堂所需经费在火车脚价等项下酌加应用事》的奏折，很快获准光绪皇帝御批。

▲王文韶奏设铁路学堂片

11月20日（光绪二十二年十月十六日），北洋铁路总局在《申报》《新闻报》等报纸上刊登《铁路学堂告白》，正式对外公布铁路学堂成立——

启者：本局奉准设立学堂，延聘教习专授造桥造路工程各事。考选良家子弟，不拘何处，年在二十岁左右，读过中西书籍、文理通顺者四十名，为头二班学生，月给赡银。如有愿学者，取其家属

15

甘结及同乡绅士保结，于十月二十日（注：西历 11 月 24 日）以前来局报名，听候择期考验。入堂试习三个月后，再定留堂肄业。三年学满，果能有成，即派赴工程当差，优给月薪，并禀请奏奖，以示鼓励。如有远道来者，统限于十月三十日（注：西历 12 月 4 日）取齐，另考一次，额满不收，慎勿观望自误。

为了尽快开学，北洋铁路总局一面敦请金达设法从英国聘请一位洋总教习，一面从唐山附近的开平武备学堂聘请德国教习沙勒（Scheller）为临时教习，主持在天津的招生工作。山海关铁路学堂按计划招满头、二两班学生 40 名，考生中有来自天津水师学堂、电报学堂的学生。路局委派刚刚丁忧回任的知县徐本麟为监督，驻地榆关校园，设坛兴教。中国第一所独立开办的高等铁路学堂几经磨砺，终于问世，带着对新兴技术的渴盼、对铁路人才的希冀迈出了划时代的步履。

二、山海关铁路学堂的课程与教学活动

铁路总办吴懋鼎在《铁路学堂》章程第二、三条中规定，"选取学生，视其资质学问分作四班，每班二十名，以八十名为定额。开办之初，经费有限，拟第一年先招四十名，作为头、二班。第二年招二十名，作为三班；第三年招二十名，作为四班"。其中，对头、二两班要求较高："须通晓西文、算学、测量，以冀收效。"而对三、四班则"不拘一格，俟入学后再习西文亦可"。头二班的学生"以二十岁左右为准"。

章程第四条规定，3 个月试习后，"其已录取者，头班每名每月给银三两，二班每名每月给银二两，三班每名每月给银一两二钱，四班每名每月给银一两"。

章程第五条规定，"每月由总工程司酌派洋工程司一名至学堂就近察课一次；每年四、九两月由总工程司小考两次；每年二月由总局禀请派熟谙西学委员会同考核一次。其试卷酌拟甲乙，由监考官会同总局呈送北洋大

臣鉴定，列榜晓示。奖赏花红，随时酌定"。

章程第六条规定，"学生考试，除列榜奖赏外，其小考三次列头班前五名者，月加赡银五钱；三次列二班前五名者，月加赡银四钱；三次列三班前五名者，月加赡银三钱；三次列四班前五名者，月加赡银二钱。其头班小考，三次连列末三名者，应降入二班；其二班小考，三次连列末三名者，应入三班；其三班小考，三次连列末三名者，列入四班；其四班小考，三次连列末三名者，即剔退"。

章程第七条规定，"学生三年学满后，果能学业有成，派令工程当差者。第一年月给薪洋三十元；第二年月给薪洋三十五元；第三年月给薪洋四十元；第四年堪胜三等副工程司者，月给薪洋五十元；第六年堪胜二等副工程司者，月给薪洋七十五元；第八年堪胜一等副工程司者，月给薪洋一百元；第十年堪胜三等工程司者，月给薪洋一百六十元；第十二年堪胜二等工程司者，月给薪洋一百八十元；第十四年堪胜一等工程司者，月给薪洋二百元"。

章程第十条规定，"学堂以三年为期。除照章给假外，于甘结内声明，未满三年不得自行告退，亦不得率应童子试，致分心志。三年满后，如果各教习课导有成，诸生学业专进，应照北洋水师、武备及头二等学堂，由监督禀由总局详请奏奖，以示鼓励"。

章程第十一条规定，"学生学满后，选其资质聪颖、才堪造就者，由总局酌量禀请北洋大臣，派赴外洋大学堂学习，不拘年数，俟学成给予执照后，方调回华。一切经费由总局随时量力筹措"。

关于学堂开设之课程，章程第十二条规定，"学生入堂肄业，专以能办工程为主，其有与铁路不相涉者，概不鼓援，以期名实相符"。

上海图书馆藏盛宣怀档案中，保存有一张1897年铁路学堂通过上海普鲁华洋行向英国订购图书资料的书单，计有地理、算法、丈量地法、字典等十二种。[①]

[①] 上海图书馆藏盛宣怀档案，档号099101-2。

从 1900 年 3 月学堂所颁发总教习史卜雷（E.Sprague）签名的学业证书来看，其主要课程包括英语（含语法、作文、会话）、中文、数学（含算学、代数、几何、求积、三角、解析几何和微积分）、力学（含静力学、动力学、水力学、工程力学、材料力学）、制图（含徒手画、几何和透视制图、机械和土木工程制图）、测量和抄平、普通物理学等，此外还有体育。

测量与抄平课目（Surveying And Levelling）是铁路学生的技术基础课，其教学内容包含：土方工程放线及计算、铁路曲线、普通测量和抄平。在中国早期高等工科教育中，这是有据可考的、最早开设的测量课程。担任此课程的就是学堂当时聘请的两位外籍教习沙勒和史卜雷。

其时，教习口授、学生听讲记笔记为主要的教学方式，另安排有测量实习与工程参观。除有关中文课程外，其他课程皆以英语授课，考试亦十分严格，且与奖惩挂钩。

▲山海关铁路学堂毕业证书上列明有测量与抄平课程

教员当中，沙勒原系聂士成所办武卫军开平武备学堂教习，因德国人强占山东胶州湾，清政府嫉恨德人无礼，凡政府雇佣之德人概行解职。沙勒深通中国官场情形，又能讲中国话，在大清官场有些人脉，于是得以移送北洋铁路学堂，凡算学、普通测绘及各种体操皆由沙勒负责教授。他也是学校历史上第一位测量教师。

总教习史卜雷，系金达约请从英国伦敦延聘来华，时间大约在1897年。据其学生邱鼎汾回忆，史卜雷"年五十左右，人极朴实，道德学问极高，不失学者态度"。[①]凡铁路工程专业课程均由他讲授。史卜雷回国后曾在伦敦大学任教，于1910年代著有 The Stability of Masonry, The Stability of Arches 等专著，直到2010年代仍由英国出版社再版。

史卜雷合同期满返回英国后，时在关外负责某段铁路工程的英国工程司葛尔飞（D.P.Griffith）被金达派充接任总教习。葛曾带领学生赴关外锦州小凌河段参观桥跟台拦水坝工程，当时詹天佑任这一段铁路的工程司，亲自向铁路学堂的学生们作了讲解。此后学生们转去大凌河参观沉箱工程，由桥工处工程司、英国人喀克斯（A.G.Cox）接待。葛尔飞还向学生们现场手绘沉箱大概形势略图，甚至让一位学生下到水下沉箱内参观情形。

根据有关资料显示，在山海关时期担任课程的中国教习有：

梁子丰：1873年第二批留美幼童，担任英文、数学课程。

庄乐峰：北洋水师学堂毕业，史卜雷的助教，兼授英文、数学。

赵元礼：北洋水师学堂毕业，授中文。

张嘉瑞：北洋水师学堂毕业，葛尔飞的助教。

此外尚有一程姓教员，担任中文课程。

海关时期铁路学堂虽然只有几十名学生毕业或肄业，但经过英德教授的严格训练，初步掌握了近代土木工程技术，特别是铁路修建技术。1905年5月，詹天佑奉令组织修建京张铁路，全部使用中国的技术人员，散落于开平煤矿、山西大学等处工作的耿瑞芝、苏以昭、李鸿年、张俊波、刘

---

① 邱鼎汾：《山海关铁路学堂始末记》，未刊稿，1964年。

德源、赵杰等 17 名铁路学堂校友一时间从四面八方汇集于詹天佑的麾下。从 5 月 17 日到 6 月 2 日,詹天佑亲自率队完成了对京张铁路全线的初步勘测与估算。在工程最难点的南口关沟,"曾经勘测七八条线之多,始定一线"。一路跟随詹天佑进行勘测和复测的两位得力助手就是徐士远(又名徐文洞)和张鸿诰。这些"工程学生"在詹天佑的亲自指导和培养下,在修建京张铁路的几年间迅速成长起来。徐士远后来被詹天佑派到江苏,担任铁路领袖工程师。在詹天佑担任中华工程师会会长时,徐士远任副会长,一直是詹天佑的得力助手。

第三节
唐山路矿学堂移设与测量教育探索

庚子乱局经过几年的谈判、赔款、惩人,终归平静。与此同时,新政渐兴,社会中蕴含着改革的巨大力量。袁世凯、张之洞等大臣会奏,清廷终于废止延续千年的科举取仕制度,转而全面学习西方和日本的新式教育,掀起了一场声势浩大、影响国运的教育改革运动。就在袁世凯大刀阔斧地推行直隶新政时,在庚子年八国联军入侵时被迫停办的铁路学堂,也迎来了恢复转机。

一、铁路学堂移设唐山改称路矿学堂

清光绪三十一年四月初五日(1905 年 5 月 7 日),直隶总督、北洋大

第一章 创始出发：晚清时期的测绘学教育

臣、关内外铁路督办袁世凯，会办胡燏棻，饬令关内外铁路总局，尽快在开平重建铁路学堂。

为札饬事。照得铁路为交通要政，条理繁重，各国皆设有专门学堂，凡工程行车及关涉铁路之事，率皆讲求精邃，始能创建宏深。中国兴办铁路有年，于工学车务辄多懵然，而各路并举，大都聘用西人，借材异地，其中国人在外国铁路学堂肄习回华者，寥寥无几。现值路政大兴，不足以资国家之用。应由关内外铁路局先行设立铁路学堂，迅即妥筹经费，酌拟各门课程，分别延订教习，克日开办，并详议章程，呈候核定。合行札饬。札到该局，即便遵照办理具报。此札。

当时，关内外铁路局总办为梁如浩，他是1872年清政府首批派往美国学习的留美幼童，后求学于美国史提芬工学院。回国后不久即与唐绍仪、周长龄等多位幼童一道，跟随袁世凯在朝鲜办理外交及商务，辅佐有功，深得袁世凯的信任，是袁世凯在直隶推行新政所依靠的洋务干将之一。

五月初十日（6月12日），梁如浩禀呈袁世凯、胡燏棻，详细汇报铁路学堂筹备近况，报送《铁路学堂试办章程》三十条，以及学堂经费预算清单。"试办章程"规定，铁路学堂功课以工艺、绘算、英文为本，于浅近政治、伦常、性理诸学也要研究；学制以三、四年为毕业之期（实际为四年）；以在各学堂、书院毕业者为招考对象。3天后，袁世凯正式批准关内外铁路学堂成立，计划招生80名。铁路局聘定前山海关铁路学堂总教习，时在开平矿务公司任职的英国人葛尔飞为学堂总教习，同时还聘请了从都柏林大学毕业的年轻教师蒙哥利亚。与此同时，梁如浩力荐同为留美幼童的方伯梁[①]出任铁路学堂监督，称"选用主簿方伯梁在广东办理学务多年，且干练耐劳，堪以派委铁路学堂监督以资表率"。

经过慎重研究，袁世凯和胡燏棻批准了在唐山铁路车站及铁路制造厂

---

① 方伯梁，字柱臣。广东开平人，1873年第二批留美幼童，1880年考取耶鲁大学未就，1881年再考入麻省理工学院。

21

附近选址建校的计划。袁世凯8月16日的批文称："据详并图均悉。铁路学堂现拟在唐山建设，所需房屋、地基以及仪器、家具等项总共估需洋十万三千元，应准照办。仰即妥速兴办，事竣核实造销。"

袁世凯踌躇满志，对于阻碍教育新政的科举制度急欲加速废除。清光绪三十一年（1905年）七月，他与张之洞联衔上奏，请完全废止科举。"欲补救时艰，必自推广学校始。欲推广学校，必自先停科举始。"科举的废止为推行新学扫除了最大的障碍，新式学校也对年轻学子产生了越来越大的吸引力。

为了开办一所能与欧美比肩的学校，总办梁如浩派总教习葛尔飞到英格兰、美国考察工程教育，以便吸取欧美教育的最新经验和成果。

差不多就在铁路学堂筹备开办的同时，英商控制的开平矿务公司来函商请在学堂内设立矿科，另募学生，专研矿学，附入肄业。梁如浩与英方总经理那森进行了多次谈判和协商。1906年3月梁如浩调任奉锦山海关道，另一位与梁如浩同期赴美的幼童周长龄接任路局总办。他随即与那森就合办协议条款字句斟酌，坚决维护中方的办学主导权，并最终在天津签署合作协议备忘录十六条。合同议定：在唐山铁路学堂添设矿科，由开平矿务公司派送四十名学生，铁路局派送一百名学生；所需经费估需增至十一万七千元，建设费用与教师薪酬、学生津贴等经常各费，由铁路局与矿务公司摊给，按十四成核算，铁路摊十成，矿务公司摊四成。学校也由此定名为唐山路矿学堂。

然而这一合作关系前后延续3年却因种种原因最终遭致失败，英方并未支付任何费用。矿科在其后的1909年由清政府学部、邮传部合行商议后停办。

1906年7月，总教习葛尔飞在对英美工程教育进行考察以后返回中国，即刻着手路矿学堂的招生与教务事宜。总办周长龄决定，直接派遣总教习葛尔飞、监督方伯梁赴上海、香港和天津主持招生工作。

经过精心筹备，唐山路矿学堂招生工作首先在天津正式启动。从1906年9月6日（光绪三十二年七月十八日）至10日连续5天，关内外铁路总局在天津《大公报》报头处刊登告白，正式发布招生信息。告白全文如下：

启者：本总局在天津附近之唐山地方设立路矿学堂，招选学生一百四十名，专授铁路、矿务两门，分班肄业，以三四年为毕业之期。其投考学生必须年在二十岁左右，身体强健，无嗜好宿疾，曾在各学堂毕业或领有文凭，并谙习英文、代数、几何、算学方为合格。本总局拟定本年九、十月间在局面试。凡有志向学之士，务将姓名、年籍暨在某学堂肄业或毕业逐细开明，先期来局报名，以便择期考试。如欲查看学堂章程，即来本局领阅。特此布闻，并将考试各课列后，计开：

第一课考验身体，无残疾内伤等症为合格。第二课普通笔算学。第三课代数，须通四数相求法。第四课三角几何数。第五课普通地舆并地理格致学。第六课格致总理。第七课化学总理。第八课英文论说，文法字学亦由此课考取。第九课华文论说、英华文互相翻译。

以上八、九两课或由主试出题，或学生自选题目，其题目须用铁路、矿务时务方合。

山海关内外铁路总局告白

随后，葛尔飞、方伯梁一道赴上海、香港招生面试，总共录取三地考生 121 名。在香港的录取学生由铁路局发给轮船招商局的船票至上海，与上海录取生会合后一道赴津。

▲主持筹办唐山路矿学堂的 3 位留美幼童：梁如浩（左）、周长龄（中）和方伯梁（右）

1906年11月6日，就在学堂忙于招生之际，清政府实施官制改革，发布上谕："轮船铁路电线邮政应设专司，著改名为邮传部。"邮传部主管"路、轮、邮、电"四政，铁路从商部划出。首任尚书为张百熙，左侍郎唐绍仪、右侍郎胡燏棻。张百熙曾任清廷首任管学大臣，胡、唐均曾主管原津榆铁路、关内外铁路。路矿学堂的建校工作并未受到影响，一如既往地按计划推进，主要建筑大体竣工。包括容纳160名学生寄宿的宿舍，1座餐厅，2座讲堂，1个游泳池，以及监督和教职员宿舍。及至次年，1座大讲堂、绘图室、图书室及教师宿舍建成，唐山校园初具规模。

光绪三十二年十一月初五日（1906年12月20日），唐山路矿学堂宣布即日起在天津试办，陆续接收沪港考生。1907年1月，唐山学堂校舍基本就绪，新生陆续经天津前来唐山报到注册，实际注册新生119人。总办周长龄高薪聘请的中外教师到校，计有英籍教师4人，即总教习葛尔飞、英文教习甘克明（H.M.Cumine）、工科教习柯谟（James A. Cormark）和矿科教习谭木（David Thomas）；中国教师2人，即中文教习张佐汉、胡百贞。光绪三十三年正月二十日（1907年3月4日），唐山路矿学堂按章正式开学。学生分为甲、乙两班，每班60人，课程相同。这是铁路学堂自1900年9月山海关校舍被俄军侵占、教学被迫停顿长达7年后第一次恢复上课，也是新建唐山校园第一次启用。

《山海关内外路矿学堂章程》随即正式颁布。分总纲、监督规则、教员规则、文案规则、收支委员规则、杂务委员规则、就医规则、学生规则、学长规则、班长规则、斋长规则、讲堂规则、操场规则、斋舍规则、图书馆规则、阅报室规则、食堂规则、浴室规则、学生延接室规则、行礼规则、自修规则、考试规则、请假规则、技工奖励规则、记过规则、除名规则、参观规则、延接参观人规则等。总计221条、314款。章程洋洋大观，为路矿学堂正规化、精细化建设奠定了基础。

邮传部继任尚书陈璧上任后奏定官制，注重造就人才，拟"择地设立铁路、商船、电报各学堂，而以车务工厂、电务工厂附焉。俾各学堂学生皆得就地实验，而各厂艺师艺士亦得随时证明学理。邮政学堂亦拟另行建设，延访人才筹画经费，随时举办"。邮传部所办学务事项隶入承参厅之法制科，派章梫、罗惇融专办法制科学务。

光绪三十三年十二月初八日（1908年1月11日），唐山路矿学堂的管理体制发生重大改变，由路局改隶邮传部直辖。邮传部委派候补郎中罗惇曧为学堂坐办（校长），自监督名义以下均归其节制。自此，延聘教员、添设校舍、购置图书器具、改良扩充校务、教务事宜，皆责成坐办会商路局总办办理，坐办总理学堂事务，此举标志着以往路局总办执掌学堂校务的体制结束。

二、路矿两科课程设置之演进

接连遭遇中日甲午之战以及庚子年拳乱和八国联军的进攻，战败割地赔款的屈辱现实促使清政府反思，所有变法终须落脚于教育，必须改革学校体系。从1898年开始，戊戌新政中创立京师大学堂，首次设立管学大臣，统筹管理京师大学堂及各省所设之学堂。京师大学堂原奏章程中，将课程分为两类，一曰普通学，一曰专门学。专门学又分九门，包括农学、矿学、工程学、卫生学等，将测绘学归入高等地理学门。首任管学大臣孙家鼐上任后，即对分科做出重大调整，统设十科，即：天学科（算学附）、地学科（矿学附）、道学科（各教源流附）、政治科（各国律例附）、文学科（各国语言文字附）、武学科（水师附）、农学科（种植水利附）、工学科（格致附）、商学科（舟车电报附）、医学科（地产植物化学附）。

庚子年遭到八国联军重创后，清廷再度推行改革新政。光绪二十七年十二月初一日（1902年1月10日），清廷降谕曰："兴学育才，实为当今急务。京师首善之区，尤宜加意作育，以树风声。从前所建大学堂应切实举办。著派张百熙为管学大臣……"鉴于当时各省基础教育的实际情况，大学堂总办张百熙认为大学堂即刻开办专门学尚不具备条件，一方面应大力促进各省开办新学，同时大学堂可先期办理预备科，并再设速成一科，分为两门——仕学馆与师范馆，以期为最终开办大学堂各专门学创造条件。钦定学堂章程中大学专门分为七科，工艺科下再分八课（门），即土木工学、机器工学、造船学、造兵器学、电器工学、建筑学、应用化学、采矿冶金学。

光绪二十九年（1903年），奏定学堂章程颁布，对前钦定章程进行调整、补充和完善，详订师范学堂章程、农工商实业学堂章程。十一月专设总理学务大臣以统辖全国学务。大学堂内分通儒院及大学本科，大学本科分为八科，即：经学科分11门、政治科分2门、文学科分9门、医科分2门、格致科分6门、农科分4门、商科分3门，而工科则分9门——土木工学、机器工学、造船学、造兵器学、电气工学、建筑学、应用化学、火药学、采矿及冶金学。

至此，工科门类划分基本成型，并在很长一段时间内成为大学及专科大学办学的依据。高等学堂与大学预备科设学宗旨相同，设于各省者谓之高等学堂，附设于大学者谓之大学预备科；另设高等农工商实业学堂，学制均为3年，处于同一层级。在高等工业学堂中，本科分为十三科，包括土木科、机器科、电器科、应用化学科、建筑科、电气化学科、矿业科、造船科等。

在上述工艺科、工科，以及高等工业学堂的大多数学科中，有关测绘、天文之类的课程都是属于专业技术的基本课程。

观察和分析唐山路矿学堂的学年课程，对于鉴证其办学宗旨、办学层次与办学特色，提供了一个观察维度。在各地的学堂兴办大潮中，奏定学堂章程固然有其指导作用，但基于社会需求的办学探索依然各显其能，尚无严格限制。由留美幼童和洋教习规划的学校蓝图、设定的办学目标和课程体系，都呈现出唐山路矿学堂在晚清高等工程教育版图中的独特色彩。

唐山路矿学堂的铁路工程科、矿冶工程科在1907年3月正式开办时即确定为四年制。据监督方伯梁提供的报告显示，学堂第一学年两个学期的课程相同，铁路科与矿科也不加区分，共开出12门课程，它们是：国文、编修课文、英文、代数、三角数、各线形数、地学、化学、格致、丈量、工艺学和绘图。除语言科目外，大多为数理科学的高等进阶课程，丈量、绘图等工科基础科目已经开设。这里的"丈量"即属测绘科目。

1908年春季学期时，监督方伯梁的最新报告显示，4年课程有了一些调整。一年级的12门课程为：几何画（平面、立体、字画模仿法、制尺度法、绘具作用）、三角术、代数、几何（卷一至卷四）、地质学、模影画法、量积学（平面立体、衡量比较）、化学、物理、力学、汉文和英文。将力学安排在第一学年，丈量课程取消，而在第二学年开设测量课程。

二年级的课程有18门，它们是：几何（卷五至卷六）、力学实验、水力学讲义、光学、模影画、建筑工程、材料质力讲义、物理、高等三角术、化学、对数表、测量、模范制造、矿务、工程学、地质学、汉文和英文。其中的测量课程内容，包含水平仪键尺测量、平面积推求法、器械作用、地基丈勘。而测量课程仍然是二年级的重要内容。

三年级的课程有17门，它们是：测量、堤垦工程、铁路工程学、建筑工程、材料质力讲义、机械科、绘图、化学（附矿产化验）、物理试验、汽机讲义、电学、模范制造科、矿务工程学、工程检计学、工程各科（桥梁、卫生、街道、水利）、汉文和英文。三年级的测量课程内容丰富，包括经纬仪测量、水平仪观测、地基丈量、形势表记、器械作用。与此相关的工程各科，如机械、电机、矿务、堤垦、制造等均需涉猎，范围宽泛。

四年级继续开出测量课程，其分类与三年级时类同，但内容加深。而四年级的课程总数达到21门，除工程各科的内容继续强化、与实际应用紧密相扣外，重视力学也是相当突出，如力学图解法这门课程。

1909年6月监督熊崇志提供的课程科目系用英文，完整包括了铁路工程科和矿冶工程科。新的课程体系显示，铁路与矿冶两科一、二年级课程相同，自三年级开始课程分设，突出各自的专业特色。但由于其关联特性，仍有数门相同的课程。从 4 个学年平均来看，每周课时钟点数达到了 35。

一年级的课程有：Inorganic Chemistry（无机化学）、Geology（地质学）、Mathematics（geometry, algebra, trigonometry, analytic geometry）（数学，包括几何、代数、三角学、解析几何）、Physics（lectures and laboratory）（物理及实验）、Engineering Drawing（工程制图）、Engineering Drawing Lecture（工程制图讲座）、Freehand Drawing（徒手制图）、English（英文）、Chinese（中文，包括中国文学、历史及地理）、Physical Drill（体操）。

二年级的课程有：Chemistry including Qualitative Analysis（化学包括定性分析）、Geology（地质学）、Mathematics (calculus, spherical, trigonometry)（数学，包括微积分、球面三角学）、Physics (lecture and laboratory)（物理，包括讲授与实验）、Mechanics（力学）、Surveying and Plotting（测量与绘图）、Lecture on Surveying and Topographical Drawing（测量及地形图讲授）、Engineering Drawing（工程制图）、Building Construction（建筑施工）、Freehand Drawing（徒手画）、English（英文）、Chinese（中文）、Physical Drill（体操）。

三年级铁路工程科的课程有：Applied Mechanics & Theory of Structures（应用力学与构造理论）、Graphic Statics（图解静力学）、Surveying: Field Work（测量实习）、Surveying: Lecture（测量讲授）、Engineering Drawing &Workshop（工程制图与实习）、Motive Power Engineering（动力工程）、Strength of Materials & Materials of Construction（材料强度及施工材料）、Building Construction（建筑施工）、Railroad & Highway Engineering（铁道与道路工程）、Mechanism &Principles of Machine Design（机构学与机械设计原理）、Astronomy（天文学）、Mechanics Laboratory（力学实验）、Political Economy（政治经济）、Business Law & Usage（商法及应用）、English（英文）、Chinese（中文）。

三年级矿冶工程科的课程有：Chemistry: Quantitative Analysis（化学定量分析）、Mining（矿业）、Geology（地质学）、Mineralogy（矿物学）、

Practical Geology: Laboratory（地质试验）、Applied Mechanics &Theory of Structures（应用力学与构造理论）、Surveying: Field Work（测量实习）、Surveying: Lecture（测量讲授）、Engineering Drawing &Workshop（工程制图与实习）、Motive Power Engineering（动力工程）、Strength of Materials & Materials of Construction（材料强度及施工材料）、Building Construction（建筑施工）、Astronomy（天文学）、Mechanics Laboratory（力学实验）、Political Economy（政治经济）、Business Law & Usage（商法及应用）、English（英文）、Chinese（中文）。

四年级铁路工程科的课程有：Mechanics of Structures（结构力学）、Materials（材料）、Foundations-Retaining Walls（挡土墙）、Hydraulic Engineering: Lecture and Laboratory（水力工程：讲授与试验）、Engineering Drawing（工程制图）、Motive Power Engineering（动力工程）、Electrical Engineering（电机工程）、Railroad and Highway Engineering（铁道与道路工程）、Railroad Management（铁路管理）、Drainage, Sewers and Sewage Disposal（排水、污水渠及污水处理）、Structural Design（构造设计）、English（英文）、Chinese（中文）。

四年级矿冶工程科的课程有：Assaying and Metallurgical Laboratory（分析和冶金实验）、Mining（矿业）、Mining Engineering（矿业工程）、Metallurgy (non-ferrous)（冶金有色金属）、Metallurgy of Iron（钢铁冶金）、Geological Survey（地质测量）、Engineering Drawing（工程制图）、Motive Power Engineering（动力工程）、Electrical Engineering（电机工程）、Hydraulic Engineering（lectures and laboratory）（水力工程讲授与试验）、English（英文）、Chinese（中文）。

从上述新的课程安排可以看出，二年级的"测量与绘图"课每周有 5 个钟点，"测量及地形图讲授"课每周有 1 个钟点，两门测绘类课程的周课时钟点占全部课程的 1/6，比重最大。

1909 年春季，唐山路矿学堂恰好进入第三学年，铁路工程与矿冶工程分班授课，分别安排了专业基础课和专业技术课，以及政治经济与商业法律等人文社科类课程。路、矿两科均安排有3门测绘类课程，首次开出"天文学"，每周讲授1个钟点；同时，单独安排"测量实习"课，每周有5个钟点，而理论讲授仅有1个钟点。为了适应矿冶工程的需要，矿科在第四学年第一学期还安排有"地质测量"课，讲授地质勘察仪器的使用、从勘测数据完成地质制图和剖面图等。

唐山路矿学堂在课程计划中，"中文"与"英文"两门课同时贯穿四年。由于教学语言为英语，英文课程更多地作为语言交际工具进行教授，课时钟点相对较少，四年中周钟点数分别为3、1、1、2；而中文课程周钟点数分别为5、5、2、2，是英文课时的两倍，体现了对中国传统文化和语言文学的重视。

需要指出的是，就在学堂分科教学后不久，由于外籍教习对课程及格标准及升入高一年级的尺度颇为严格，引发学生不满导致学潮。后经清政府学部会同邮传部进行联合调查，鉴于矿科合作方英控开平矿务公司一直未能按协议提供相关款项，矿科学生人数也甚少，决定停办矿科。因此，第三学年第二学期及第四学学年的矿科课程实际上并未开出，所有学生皆习铁路工程。

大约在1908年至1909年间，路矿学堂购置了一批当时较为先进的进口测量仪器，处于新式学堂的先进行列。

1910年（宣统二年），清政府邮传部对所辖学堂的办学方向进行了统筹，同时对开办新学堂进行规划。由于当时新式中等教育尚欠完备，合格生源不足，为保证高等教育的顺利推进，邮传部要求唐山路矿学堂一方面开设中学或预科，同时扩充学科，开办电气科和机器科，以利形成较为完整的工科体系，更好地满足邮传部对工程专门人才的急需。

经邮传部核定施行的《唐山路矿学堂设学总纲》[1]十四条，系遵照奏

---

[1] 《交通史》（总务编·教育），交通部、铁道部编纂委员会，1935年，第15—17页。

第一章 创始出发：晚清时期的测绘学教育

定学堂章程及参酌学堂现办情形而制定的。首条即规定，唐山路矿学堂"为造就路电专门人材而设，教授路工、机器、电气专科，兼办矿科，故定名曰路矿学堂。惟矿科暂不设立"，"学堂实业之科凡三：（一）铁路工程科，（二）铁路机器科，（三）电气工科。以上各为专门。其附属中学则为普通学，专为升入本堂专门科而设"，"本学堂系依欧美大学路工、机器、电气专科课程略为变通，分四年毕业。上二学期入公共专门，下六学期入分科专门"。

铁路工程、机器、电气三科一二年级课程相同，三四年级各设专门课程。[①]

一年级9门课程：算学（高等代数、平面球面三角、分析几何），化学（无机化学、定性分析、讲义及试验），物理（初级力学、物体性质、热学、光学、声学、讲义及试验），工程图画（上半年自在画二小时、器具图画四小时；下半年物形几何画六小时），工厂实习（模型、木工、铸造之法），英文（讲义、读本、作文），中国文学（中国应用文字），初级法文或德文（任习一国文字、文法、会话、翻译），兵士体操（每星期两次，每次一小时）。暑期内以三至四星期在制造厂缔造模型及实习机械。

二年级11门课程：微积分（微分学、积分学、立体分析几何），应用算学（工科应用算学），化学（定性分析、定量分析、讲义及试验），物理（电学、磁气学、讲义及试验），力学（初级应用力学、讲义及试验），工程图画（详细机器图），工厂实习（机器厂、熔铁厂、铸造厂实习），测量（上半年陆地测量，下半年地志测量），铁路工程学（初级土工学、建筑轨道、关于地位之要理），地质学（动力地质学、结构地质学、讲义及试验），高等法文或德文（翻译、作文）。暑期内以三至四星期在工厂实习机器镕铁铸造。

三年级铁路工程科12门课程：铁路工程（测绘地图、土工学、预算材料、估价、修理铁道、市街铁道、铁道分段信号法、车辆、串车之阻力，

---

① 《交通史》（总务编·教育），交通部、铁道部编纂委员会，1935年，第18—27页。

讲义绘图并在路上实习），建筑大道及马路（泥路之地位及建筑法、马路应用之材料及建筑法），工程图画（切体学、静力图表），量地学及天文学（三角测量法、水准测量、观测法、较正各种天文仪），应用力学（静力学、讲义及试验），材料力量（应压力、应剪力、应扭力、讲义及试验），电气学（电气学与磁气学之原理及其实用、各种电磁机器仪器、电光之要理、讲义及试验），材料（建筑应用各种材料、化分煤气、试验洋灰、关于自来水之化学、讲义及试验），热气机及热力学（各种发动力机、热气机之原理），地志地质考（实习、地志地质学），理财学（理财纲要），政治学（各国政治之概要）。暑期内应以三至四星期实习测量。

四年级铁路工程科12门课程：构造之说（测木梁圆柱之应力、桥梁之应力、材木及接合之计画），结构学图画（上半年桥梁及各种架之图形、下半年桥拱、桁构铁线桥、定量伸长之力、图形大略、讲义及绘图），石工及地基（石屋砖屋洋灰屋应用各种材料及建筑方法、地基、陧障、水闸），热力发动机工厂（试验汽门、放汽门、锅炉汽管、机汽房汽管、节用煤机、汽机、煤汽机等），力学试验（试验张力、扭力、压力、屈力、量力器试验），水力学（流水学、卫生学、自来水），铁路工程（成外围、阴沟、水沟、轨道、车场、车站、信号），商律（关于工程之法律、订约之例、关于工业之律例），铁路管理（铁路体制、工程处各处应办之条件、铁路之制度、车价、官办商办铁路、铁路账目），工程报告（参考工程专门报、研究编造报告格式），论文（理卒业论文、每星期最少6小时，题目应于第一学期开学时与专科教习商量选定，到毕业时交专科教习阅毕呈监督存案并送部查核）。

由上述各科课程可知，铁路工程、铁路机器及电气三科均在二年级开设"测量"课程：上半年为陆地测量，每周4个钟点；下半年为地志测量，每周3个钟点。工程科三年级下半年有"量地学及天文学"课程，讲授三角测量法、水准测量、观测法、及较正各种天文仪，每周3个钟点。此外，在铁路工程专业课程中也有测绘地图的内容。而铁路机器科和电气科，在三四年级均不再开设有关测绘方面的课程。

三、师资与设备保障

总教习葛尔飞在考察欧美高等工程教育后，对于师资、设备和校舍极为看重。路局总办梁如浩、周长龄，学堂监督方伯梁，都曾是清政府派赴美国的留美幼童，由中学而大学，亲身经历和感受了美国的先进教育制度、理念及环境，加之回国后从事"洋务"，经年所积，常有感悟，对中国需要什么样的专门人才、如何办理专门学堂都有思考；监督熊崇志早年在美国加利福尼亚大学获得学士学位，在哥伦比亚大学获得硕士学位，1907年参加清政府对留学生进行的考核，被授予法科进士、翰林院编修。考核官之一的严复对熊崇志的学识留下良好印象，曾有意推荐他出掌复旦公学。

由于具备这样的西学背景，他们对聘请具有数理及工程专长的外籍教习非常赞同，并在制订课程教学计划方面依靠和信任中外教师，意图立足中国、对标欧美，办出具有国际水准的高等工程学府。清政府邮传部也对学堂聘请欧美洋教习提供了雄厚的财力支持，所聘教习大多为欧美名校毕业生。截至1911年年底（宣统三年），学堂的主要师资如下：

James A. Cormark（柯谟），机械工程教授，B. Sc. C.E.，毕业于英国格拉斯哥大学。

David Thomas（谭木），化学与地理学教授，B.E.，毕业于澳大利亚悉尼大学。

Charles J. Adderley（阿德利），物理和土木工程教授，B.A. B.A.I.，毕业于爱尔兰都柏林大学、英国三一学院。

Herbert Chartley（查得利），土木工程教授，B.Sc，毕业于英国伦敦大学。

Frank A. Foster（福斯特），机械工程副教授，B.S.，毕业于英国伍斯特理工学院。

Fred B. Eaton（伊顿），数学代理教授，B.S.，毕业于美国康奈尔大学。

Alfred C.B.Feltcher，代理英语教授，B.S.，毕业于美国加利福尼亚大学。

Luther Mclean Jee，经济学和历史教授，B.S.，毕业于美国加利福尼亚大学，A.M.，美国哈佛大学。

Pond Mooar Jee，卫生干事和体育教习，B.S.M.D.，毕业于美国加利福尼亚大学。

胡厚伟（Ho Hou-wei），数学教授，B.S.，毕业于美国耶鲁大学，A.M.，美国宾夕法尼亚大学。

汤殿三（Tang Dien-san），中国文学教授。

Ch'en Ying-chung，汉语写作。

苏文星（Su Wen-ching），制图学助教。

有关资料显示，David Thomas、Charles Adderly、Herbert Chartly、Fred C. Eaton 都曾担任过测绘学讲授或实习指导。

在短短 5 年中，唐山路矿学堂陆续建成了工程实验室、机械和水利实验室、电气实验室、物理实验室、化学和地理实验室以及一座实习工场，购置了各种各样的有代表性的大型仪器、土木工程器材，包括各种测量仪器。据英文《远东评论》（*Fareast Review*）报道，唐山路矿学堂"土木工程实验室包括的设备有经纬仪和望远镜，准距仪、六分仪，及各种平板仪，这些足够铁路勘测使用"。①

四、重视测量实习

对于学习铁路工程而言，实习环节至关重要。在唐山路矿学堂时期的课程计划中，既安排有正课内的专门实习课程，以资及时与讲授内容互相印证，理实贯通，也有暑期在工厂、郊野的实地实习，以资增加实际观感、现场把控，体会实际操作，增广视野与经验。学生们对实习环节也具有强烈的兴趣。

---

① *Fareast Review*，1911 年 9 月，第 122 页。

第一章 创始出发：晚清时期的测绘学教育

1909年7月6日（清宣统元年五月十九日），经邮传部批准，在学校统筹安排下，甲班三年级三十余名学生在英籍教授查得利（Herbert Chartly）及总务主任张佐汉的率领下，赴京张铁路考察实习和测量。当时京张铁路尚未全线通车，刚刚铺轨至张家口，正是考察实习的好时机。此次实习是路矿学堂自唐山办学后首次举行的大规模实地教学活动，邮传部为此特别批准路局加挂车辆，沿途对詹天佑主持修建的京张铁路工程进行现场讲解，从事实地测量，学习机工操作，内容十分丰富。

甲班学生回校后撰写了《唐山路矿学堂甲班学生夏期旅行考察京张铁路纪事》《唐山路矿学堂甲班学生测量三队京张铁路实习报告》等多份实习考察报告，先后发表在邮传部主办的《交通官报》1909年第五期，以及当时著名的上海《东方杂志》第十一期上，各地官报纷纷转载。这样的实习考察报告在晚清工程教育历史文献中亦属罕见，十分珍贵，故录于后。

◎**唐山路矿学堂学生测量三队京张铁路实习报告**

今日中国铁路之足以表示中国工程人才者，其惟京张铁路乎？该路发轫于距北京约十五里之丰台，与京奉路线接轨，由此北走经京师南口、居庸关、宣化府等处，直达张家口而至止，今已行车矣。他日由此展筑，可直达绥远、库伦两要冲，则此路不独为边陲军务之上之关键，实亦蒙古所藉以吸收文明者也。

己酉年夏五月，工程教员查君、庶务张君偕同学三十三人，以暑假之暇旅行该地考察工程，沿途测量。以五月十九日首途，念四日返堂。途次丰台、南口、下花园、宣化府、张家口等处，为时虽甚短促，而于全路工程已窥端倪。次张家口测其轨道水平面知其相差甚远，盖未妥置也。次下花园测鸡鸣山，维时甚早，云绕山峰而其半山之高已逾千尺，可知其地之势高度。又测其车站，另纸绘图，可知其沿途车站之大略。夫实习于已成之铁路，则得益有限，而实习于未成之铁路，则需时甚多。惟京张为将成之铁路，故于其经营构造之方略得益尤非浅鲜。谨将其大概情形陈于左端。

此路由丰台起，地势尚属平坦。及南口则地势渐高，而路线迤逦拖入于万山之间，绕越溪涧，架轨于羊肠鸟道之上。车入其中，但见崇山峻岭峭立，虎瞰此险要之区，前代建关于此有由来矣，竟能凿之通之使为平夷。其工程浩大为何如耶？计山洞凡四，曰居庸关、伍桂岭、石佛寺、八达岭，以八达岭为最长。车过约五分钟，长约三千三百尺，筑隄之处远近相继，诚巨工也。

干路纯用八十五磅官轨，同京奉线也。轨阔四尺八寸半，其盛放木忱下碎石以碎砾石为多，而卵石亦间有之，盖近地所产取之易而价亦廉也。轨道樽轨之铁枕则用熟铁板制成，与通常所用之生铁枕有异，盖亦取其廉故也。桥工虽不少，惟无甚著者，基础纯用洋灰碎石，凿道之侧多挖土成沟，以道流水。隄基两傍，水平较差，则筑石渠以洩潢潦。山脚之处辄筑小垣，下挖小沟以阻山泉。沿路树立石牌或木牌，以示远近之程、升降之率。木牌有高约六七尺者，示司车人以放汽号也，转轨之号志多用互制机。沿路凿井置塔，用汽唧筒或人力唧筒，抽水积塔，以供往来机车之用。

南口而外皆山也。抵南口轨道，以曲线转入谷中，由此而往，曲线尤名，轨道蜿蜒而行，曲折斜上，以故车行至此，速率甚缓。虽拖以特制机车，而速度每小时快亦不能逾十英里，慢或五六英里。外人之疵，是路者坐是故也。然地势如是，使监造工程者为外人之又当何如耶？盖成绩如经济相同，固不能但求工程之周到，而不计费之多寡也。由宣化至张家口，沃壤千里，地皆平坦，修筑之功较为易。见沿途已铺置铁轨，惟碎石未填，水沟、桥工尚未完竣，工程车徐徐行驶，尚未能输货焉。张家口为南北通衢繁盛，车站轮奂冠于全路，皆前宽落，庭分两楹。票房、客厅、站长住室均备工已落成矣。车站对门为停车场，中分两槽，可容汽车五六辆。又有积水塔尚在建筑也。

至下花园一线沿洋河北岸而行。洋河者，永定河上游之支流也，其流颇急。黄泉涓涓，湍激有声，土人谓之响水。路线至此筑洋灰石隄，以护路基焉。

全路山洞凡四，洞内两旁皆石墙，顶成圆拱，拱及墙基均用洋灰碎石所筑。洞内有电灯，而墙下则以小孔疏水焉。

除寻长汽车外，该路置有马汽车三辆，以其拖力颇大故也。该路由南口斜度太大，寻常机车不便行走。商务日盛，载重必增，上下斜坡非此项汽车不能为功也。此汽车配置甚备，计有沙？抽油机、压气机、制动机等件，研究工程者所当注意者也。

全路工程以南口为中心点，故工厂亦以南口为最大而最备。然考其内容，亦仅足以为修车之用，而未足以语制造也。厂内分为铸铁、炼铁、打磨等处，发动机为汽机，蒸锅用圆筒式，工匠多招自唐山者。厂中计有机械如左：

（一）车床（为打磨铁器及木器用）

（二）钻孔机（为钻铁用）

（三）凿孔机（为凿孔用）

（四）刨机（为刨铁用）

（五）模型机（为模制用）

（六）轧床（为轧辘铁用）

（七）锯机（为锯铁用）

（八）压印机（为压铁用）

（九）剪机（为剪铁用）

（十）印纹机（为沟印纹用）

该路由南口起即筑堤基，将路线渐次增高至南口，则路线已在山麓矣。盖山似圆锥形，其径近于顶者，当较小于近底者也。故其路线不自丰台即行增高，则山洞必增长，而其所增之建筑费亦大加矣。

一百多年后，从这些报告的字里行间，跟随甲班学生的脚步重新穿越那次令人兴奋的京张铁路之行，依然可以感受到当年京张实习考察测量的生动与惊喜，借此也可管窥唐山路矿学堂在晚清时期极富特性的工程教育片段。

1910年2月，甲班学生完成了第三学年的课程，学校安排其前往北京至丰台，又进行了一次铁路实习测量。到1911年春季，学堂针对甲班学生实习环节安排得不足，经报告邮传部请詹天佑研究后，决定延长半年至秋季毕业，确保了唐山路矿学堂第一届毕业生的教育质量。果然，在8月份粤汉铁路面向国内毕业生及留学人员公开招考工程练习生中，甲班23人全部录取，占28个考取名额的大部，在业界一时引起极大的轰动。唐山路矿学堂优良的教学水准很快声播学界和工程界。

第二章

玉汝于成：
民国时期的测绘学教育

（1912—1949）

执着探索，构建工程学科中特色鲜明的测绘教育

1911年10月，武昌爆发辛亥革命，清王朝的统治岌岌可危。推翻帝制、建立共和是中国几千年历史进程中的重大变革。1912年1月1日，中华民国宣告成立，长期在海外从事资产阶级民主革命的孙中山回国出任临时大总统，前邮传部大臣唐绍仪任国务总理，蔡元培任教育总长。新政权成立后，一方面继续学习和改良西方及日本的新式教育，另一方面，更重要的是重新确立民国教育的宗旨，即"注意道德教育，以实利教育、军国民教育辅之，更以美感教育完成其道德"。

在清王朝末代皇帝溥仪和平"逊位"以后，孙中山辞去临时大总统，由袁世凯接任。民国北京政府设立交通部，继续沿袭前清邮传部的职权，唐山路矿学堂仍属交通部直辖。孙中山被任命为全国铁路督办，负责筹办中国的新建铁路。1912年3月，唐山路矿学堂改称唐山铁路学校。同年7月，孙中山的老朋友、早期同盟会会员、前临时参议会会长赵士北调任唐山铁路学校校长，领导学校在新体制下继续探索和发展高等实业教育。

1912年9月，孙中山考察京张、京奉铁路和直隶矿区，于24日来到唐山铁路学校，受到赵士北及学校师生的热烈欢迎，他们唱着自编的英文歌从铁路专车处把孙中山一行迎进学校。受其鼓舞，学生们对于建设铁路、发展实业充满热情和向往。当时还是本科一年级学生的茅以升对孙中山此行记忆深刻，后来坦承自己追求科学、矢志于桥梁事业正是受到中山先生伟大理想的感召。

第二章 玉汝于成：民国时期的测绘学教育

第一节
土木工程学系演进中测量课程的扩充与更新

民国教育部成立后不久，对高等教育，包括专门高等教育从培养目标、学制、课程等进行了全方位的规划和规范。经临时教育会议所议决，由教育部于1912年9月采择公布施行，并于1916年修正一次。高等学校分为大学（含预科）、专门学校（含预科）、高等师范学校（含预科）。根据《专门学校令》，[①]专门学校以教授高等学术、养成专门人才为宗旨，其种类分为法政、医学、药学、农业、工业、商业、美术、音乐、商船、外国语等10个门类。铁路学校按其性质，应规范为工业专门学校。根据《公私立专门学校规程》，[②]专门学校应依专门学校令第六条呈报教育总长认可，公立专门学校由该地方行政长官呈报。

为此，唐山铁路学校由交通部报请教育部核准，于1914年改称交通部唐山工业专门学校。如果说铁路学校时期的课程设置沿袭了晚清邮传部时期的课程，那么改为工业专门学校后，在课程设置上则依据民国教育部有关规定进行相应的调整和修订。

按照《大学令》，[③]大学分为文科、理科、法科、商科、医科、农科和工科。《大学规程令》又对此7科细分为若干门，[④]其中对工科则分为土木工学、机械工学、船用机关学、造船学、造兵学、电气工学、建筑学、应用化学、火药学、采矿学、冶金学11门。土木工学门的标准专业科目（课程）包括28个：数学、力学、应用力学、水力学、图法力学及演习、地质学、热机关学、水力机学、机械制造学、冶金制器学、测量学、测地学、

[①] 教育部令第16号，1912年10月22日。
[②] 教育部令第24号，1912年11月24日。
[③] 教育部令第64号，1917年9月27日。
[④] 教育部令第1号，1913年1月12日。

建筑材料学、铁筋混合土构造法、石工学、桥梁学、铁道学、道路学、河海工学、市街铁道学、房屋构造学、土木行政法、电气工学大意、卫生工学、工业经济学、计划及制图、测量实习、实地练习。

按照《工业专门学校规程》,[①]本科之修业年限为3年。须设预科,修业年限为1年。工业专门学校分为13科:土木科、机械科、造船科、电气机械科、建筑科、机织科、应用化学科、采矿冶金科、电气化学科、染色科、窑业科、酿造科和图案科。其中土木科的专业科目(课程)包括:数学、物理、外国语、应用力学、水力学、机械工学大意、测量学、建筑材料学、地质学、铁道学、道路学、石工学、桥梁学、河海工学、铁筋混合土构造法、卫生工学、房屋构造学、施工法、电气工学大意、工业经济学、工厂管理法、工业簿记、计划及制图、测量实习、实习。

由此可见,不管是大学之工科还是工业专门学校,其土木工学或土木科中均应开设测量、测地和测量实习课程。

此外,大学文、理、农、工科与测绘相关的课程还包括:建筑学门有"测量学及实习",采矿学门有"测量及矿山测量"、"测量实习";文科的地理学门有"测地绘图法";理科的星学门有"概率学及最小二乘法"、"大地测量学",地质学门有"测量学及实习"、"测地学"、"制图术",矿物学门有"制图术"、"测量学及实习";农科的林学门有"森林测量学"、"森林测量实习"、"制图学"。由此可见,测绘学课程涵盖了工科多门及文、理、农科的部分门类,是构成现代高等教育知识结构的重要组成部分,具有高等教育基础课程的明显特征。

一、唐山铁路学校与工业专门学校时期的测绘课程

唐山铁路学校(1912—1914)、唐山工业专门学校(1914—1921)均隶属于交通部,以造就铁路应用技术人才为宗旨,且均为本科四年制。

[①] 教育部令第23号,1912年11月13日。

第二章 玉汝于成：民国时期的测绘学教育

唐山铁路学校时期，高等专门科二年级开设"测量"课，每星期有4个钟点；三年级的"测量"课讲授三角测量法、水准测量和观测法，每星期有3个钟点；四年级开设"天文测量学"，每星期有2个钟点。三年级的测量课被列入年级四门主要科目之一。

唐山工业专门学校时期，本科第二学年开设"测量"课，每星期有4个钟点；第三学年安排有"测量实习"课，每星期有6个钟点，开设的"铁路绘图测量"课，每星期有3个钟点；第四学年开设"天文测量"课，每星期有2个钟点。测量实习受到极大重视，强化了未来铁路工程师的基本功训练。

为了随时掌握课堂学习的成效，学校《学则》规定，[①]所习科目每星期3小时以上者每月考试1次，不及3小时者两月考试1次。这种不定期的临时测验对督促和检视学生课堂学习成效产生了很大的作用。

民国初期，学校工程学的专业教师沿袭晚清旧制，均为外聘欧美教授。1912年8月，从美国康奈尔大学研究院毕业、获得工程师学位的罗忠忱学成回国，开始讲授应用力学等工科课程。罗忠忱是第一位在中国高校讲授工程学的教授，随后相继又有一批在海外学成的留学生回国服务。1915年9月，毕业于美国纽约州伦塞勒工科大学（Rensselaer Polytechnie Institute）的伍镜湖应赵士北校长之邀，来校讲授平面测量、大地测量、铁道工程、铁道测量及实习课程。在此期间，第一次世界大战爆发，部分外籍教授相继回国，他们所空遗的教职多为早期留学生所继代。比如，茅以升在1916年毕业后当年即考取庚款专科生留美，在康奈尔大学和加里基理工学院[②]分获硕士、博士学位后，于1920年8月应母校邀请接替合同期满回国的英籍教授麦克里（D.Mcleod），负责桥梁及构造工程方面的课程。

[①]《唐山铁路学校规则》，《学生杂志》，第1卷第6号，1913年，第43—52页。《唐山工业专门学校学则》，唐山工业专门学校，1917年版，第11页。

[②] 今卡耐基-梅隆大学。

二、改设交通大学及唐山大学后测量课程的精细化调整

1921年7月，交通总长叶恭绰将交通部所辖北京铁路管理学校、邮电学校、上海及唐山两所工业专门学校合组，创设交通大学，叶恭绰兼任交通大学校长。交通大学设理工部、经济部和专门部，唐山工业专门学校改称交通大学唐山学校，在理工部下专办土木工程科，并在第四学年开设4个专门方向（专业），即铁路工程门、桥梁及构造工程门、市政工程门、水利工程门。这是中国大学工科教育专业细分的最早尝试和实践。

学校的课程体系也随之进行了部分调整，并引入积分单位。对相关测绘课程，首次在预科第二年级开设"地文学"（Physical Geography）。本科第二年级的两个学期均开设"测量"（Surveying）课，每星期有6个钟点，课时学年占比为19%；共积8个学分单位，单位占比达19.3%。第三年级的两个学期均开设"铁路高等测量"（Railroad and Topographic Surveying）课，每星期有3个钟点，课时学年占比为9.52%；共积4个学分单位，单位占比为9.2%。专门开出针对铁路工程的高等测量课，对于学生尽快适应铁路工程项目的实际需要，提升测绘技能具有现实作用，也突出了测量技术在土木工程中的基础性作用。

在大学第四学年的分门专业教学中，铁路工程门在第四年级的两个学期均开设"天文及地形学"（Astronomy and Geodesy）课，每星期有2个钟点，共积4个学分单位；两个学期均开设"铁路测量及计算"（Railroad Surveying Computation and Drawing）课，每星期有3个钟点，共积2个学分单位；在第一学期开设"地图学"（Cartography）课，每星期有3个钟点，积3个学分单位。对于专习铁路工程的学生，测量类的课程达到了5门，在知识面及深度上都较之前有了明显的加强。

此外，水利工程门也在第四年级第一学期开设"水量测法"（Hydraulic

Measurcment）课，每星期有 3 个钟点，积 1 个学分单位。这些都是针对实际工程应用采取的强化测量技能培养的措施。

由于军阀派系倾轧，1922 年 6 月交通部将交通大学分拆，唐校先改组为交通部唐山大学，后于 1928 年 2 月改称唐山交通大学，设置土木科或土木工程学系、铁道工程系、结构工程系、市政卫生工程系等。原交通大学上海学校改称交通部南洋大学，仍然开办电机科、机械科和管理科。原交通大学北京学校改称交通部北京交通大学，主要开办铁道管理科和商科。

从 1922 年 7 月到 1928 年 6 月，唐山大学及唐山交通大学时期的课程体系几乎沿用了交通大学唐山学校改进后的体系，保持了相对的稳定性。本科二、三年级开设的测量、铁路测量课在每星期钟点及单位学分上照旧。四年级的课程按其性质划分为两大板块，即分为共修科课程和铁路工程门、构造工程门、市政工程门、水利工程门五个专修科课程。其中，共修科课程为所有学生必读，第一学期开设"天文学"课，每周有 2 个钟点，积 2 个学分单位；第二学期开设"地形测量"课，每周有 2 个钟点，积 2 个学分单位；第二学期开设"地图学"课，每周有 3 个钟点，积 1 个学分单位。相较而言，从之前仅铁路工程门必修这几门测绘类课程扩大到 5 个专门都需要共修。水利工程门还需在第二学期加修"水图学"，每周有 2 个钟点，积 1 个学分单位。

这一时期,学校规定本科二年级在秋季进行两个星期的地形测量实习，三年级在秋季进行两个星期的铁路及河海测量实习，借此印证理论，培养动手能力。这样的课程安排确保了作为未来铁路工程师对测绘技术的基本训练。在天文测量实习中，学生们采用"中国海岸时"作为标准时，测定学校的所在地唐山在北纬三十九度三十四分，东经一百一十八度十三分三十秒。[①]

---

① 《唐大月刊》，第 1 卷第 3 期，1924 年 3 月，第 10 页。

天地经纬

▲侯家源教授（左14）指导1929届土木系学生赴京张铁路南口测量实习

唐山大学僻处产煤工业市镇，规模不大，却是名声在外。1923年7月，北京教会学校崇德中学一位学生，插班考入预科二年级，一年后升入本科学习土木工程，他就是后来地学测绘界鼎鼎有名的方俊院士。在校时，罗忠忱、黄寿恒、李斐英都教过方俊，当时两位美国教授，伯顿教测量学，伊顿教化学。几十年过去以后，方俊对他的大学同学印象仍然深刻，如果不是他本人提起，很难联想到他与后来学校测绘学科的核心人物罗河竟是预科的同班同学，而且颇有些缘分。方俊在自述中说：[①]

> 罗河这是我在预科时的亲密同学。他喜欢数学，我也如此。我们两人经常一起讨论一些数学难题。他不十分用功，但是，能保证每门功课都六十分及格，而我则有时会不及格，而需要补考。我离校后，他仍在校中继续学习，毕业后曾到英国学天文。我在1930年

---

① 方俊：《从练习生到院士——方俊自述》，长沙：湖南教育出版社，2012年版，第59页。

与杨明士结婚之后，曾一度租了北京大学物理系胡壮猷（愚若）教授的南房居住了两三年。胡教授及其夫人都是无锡人，为人十分和蔼，又是学术界的人，所以，与我们很谈得来。我们与他们的子女也亲如一家人，他们的长女胡芬后来就是罗河的夫人。因此我离校很少与罗河见面，但时常有他的消息。而在解放初年，他做了学校的教务长，也兼任了唐山副市长。有一天忽然收到他的信，说是学校在他的主张下，买了一台瑞士威尔特厂的天文经纬仪 T-4，在三反运动中被认为是浪费，又不能退货，急得下不了台。那时，我在南京地理研究所主持大地测量组的工作，这种仪器正是我们所需要，而一时也还未能订到的，所以就由我们买下，解除了他的困难，也使我们能够提前开展这方面的研究工作。

不过，方俊在唐大的学习并非一帆风顺，甚至未及毕业就被迫离开。他入校时，学校刚刚经历一场震荡全国的风潮，其间还遇到第二次直奉大战，校园又被占用。而在1925年秋冬学校再次爆发一场驱逐伊顿乃至教务长的学运，当然更主要的是在校这三年，方俊家里的经济状况出现了严重危机。种种因素一糅合，促使他必须尽快找到一份工作。1926年3月，方俊在其大舅的帮助下，考入天津顺直水利委员会作练习工程师，月薪60银元，出差外地测量还加40元。经济状况大为改善，他把大部分的薪水都寄回家里。水利委员会里有4个测量队，方俊被分到第三大队的地形班，大队长叫苏以昭，早年协助詹天佑勘测京张铁路八达岭线，也是山海关铁路学堂的毕业生，算起来是方俊的前辈学长。

1930年至1941年，方俊在地质调查所做测量员、技士，其间1937年至1938年在德国耶那地震研究所进修，回国后先后在中央大学地理系任讲师、教授，1943年任地理所副研究员、大地测量室主任，兼任同济大学测量系教授。新中国成立后，先后任中国科学院地理所研究员、大地测量室主任，测量制图研究所所长，测量与地球物理研究所所长、名誉所长，直

▲方俊（前排左1）1981年5月参加中国科学院第四次学部委员大会时，与曾在学校求学和任教的学部委员相聚合影。左起前排为方俊、魏寿昆、茅以升、朱物华，中排为吴自良、张维、严恺、周惠久、刘恢先、张沛霖，后排为陈能宽、严东生、徐采栋、庄育智、肖纪美、曹建猷，均为我国科技界的著名科学家

到1998年去世。方俊于1957年4月加入中国共产党，1980年当选为中国科学院地学部学部委员（院士）。他曾担任全国政协第五届、六届委员，中国大地测量与地球物理委员会副主席，中国测绘学会副理事长，中国天文学会和导航学会理事，国际固体潮常设委员会委员及国际大地测量协会无线电干涉组成员等职。方俊院士是中国现代地图学、大地测量学和地球物理学的开拓者。他曾主持编纂了被称为中国现代地图集的划时代之作——《中国新地图》和《中国地形挂图》，出版了《地图投影学》，率先在我国开展了地球形状和重力场的研究，并在国内外著名学术期刊上发表了一系列论文。他参与并领导了20世纪五六十年代中国重力基本网及天文重力水准网的建设，在国内率先开展了人造卫星轨道的地球引力摄动研究，开拓了中国固体潮及地球自转振荡的研究，为我国动力大地测量学的发展奠定了基础。他在八十高龄时，还出版了我国第一部固体潮专著《固体潮》。为纪念这位杰出的校友和著名的科学家，学校在犀浦校区建造了方俊塑像，他的精神和风范永留校园。

第二节
完备工程学科体系中测量学教育的定位与适应

1928年6月,国民党领导北伐成功,南京国民政府基本实现中国的统一。交通部先后将所辖南洋大学、唐山交通大学、北京交通大学分别改称第一、第二、第三交通大学,随即又将三校合并,再次合组交通大学,唐山改设为交通大学土木工程学院。

1928年10月,国民政府新设立铁道部,交通大学依其办学性质划归铁道部管辖,孙中山先生之子孙科出任铁道部长兼交通大学校长,大力发展铁路高等专门教育。孙科素有大修铁路的宏愿,重视延揽人才、重视交通教育,推行"交通行政与交通教育相辅而行"的政策,把培养交通建设专门人才视为实现铁道部整个建设计划的关键。他认为:"建设之道百端,而交通为之枢纽,人才为其骨干。"他主持设立了交通教育整理委员会和铁道部选派留学委员会,着重对交通大学进行规划和扩充,提出了为期十年的人才培养计划与校务规划。交通大学内部也实施了一系列的改革,基本上把"部(铁道部)、路(铁路)、校(交大)联成一贯",形成"部校合作"体系和"建教合作"精神,交通大学由此迈入了难得的黄金发展机遇期。

一、交通大学唐山工程学院时期的测绘教学

孙科主政铁道部后不久聘请了美国著名的桥梁工程专家华德尔

（J.A.L.waddel）[①]以及资深铁路工程师邝景阳[②]等为铁道部顾问，广泛调查铁路在人才、技术及教育等方面的问题与急需，发现铁路测量人才不足的问题相当突出。1929年2月，孙科部长令交通大学专项研究对策，交大沪唐平三地各院院长齐聚上海，唐院孙鸿哲院长与会，与华德尔顾问一道进行了详细的研商，在课程设置、增扩学额等方面采取了一些应对措施。

此时的国立交通大学唐山土木工程学院将各学门升格改称学系，在学院下设置铁道工程学系、构造工程学系、市政工程学系、水利工程学系、市政及卫生工程学系。测绘类课程在各学系本科第二、三、四年级均有开设，[③]具体是：

二年级两个学期均开设"测量"课，每周有6个钟点，积4个学分单位，暑期进行地形测量两周（市政及卫生工程学系为野外测量），积2个学分单位。三年级两个学期均开设"铁路测量"课，每周有3个钟点，积4个学分单位，暑期进行铁路及水文测量3周，积3个学分单位（市政及卫生工程学系为野外测量两周，积2个学分单位）。四年级各学系的公共科目中，第一学期开设"制图学"，每周有3个钟点，积1个学分单位，第二学期开设"天文学"和"测地学"，均为每周2个钟点，各积2个学分单位。

李书田院长[④]自1930年5月上任后，对于建设和发展一个完备的工程学府倾尽心力。他对各学系课程又很快进行了一次调整和优化，二年级的

---

① 华德尔（J.A.L.Waddell），美国著名的桥梁专家。早年曾来中国，1933年应浙江省建设厅厅长曾养甫之邀，对钱塘江大桥进行初步设计。
② 邝景阳，字孙谋，广东南海人，1873年清廷第三批派往美国留学的幼童。回国后先后在直隶开平矿务局、北方铁路工作，曾任京张、京绥铁路总工程司。民国时期任交通部技监，中国工程学会会长，铁道部顾问。于1931年受铁道部委派来学校指导课程改革。
③ 依照教育部有关规定，大学停办预科。交通大学从1929年起停止预科招生。
④ 李书田，水利专家、工程教育家。北洋大学毕业后考取庚款留学美国康奈尔大学，先后获得硕士、博士学位，回国后在华北水利委员会任职，经孙科部长之邀调任唐院院长，1932年后回其母校北洋工学院担任院长，在高等工程教育以及水利工程方面颇有建树。

课程由原12门增加为16门。以前的"最小二乘方法"仅在"大地测量"课里会学习一点，现在将其独立开设为一门课程，还新增了"地形图画及绘制地图"。这两门测绘课程都安排在第二学期。"测量学"课时及绩点单位不变，"最小二乘方"每星期有2个钟点，积2个学分单位；"地形图画及绘制地图"每星期有3个钟点，积1个学分单位。二年级暑期的测量实习增至4周，其中野外地形测量3周，积3个学分单位；水文测量1周，积1个学分单位。三年级开设"实用天文及测地学"和"铁路测量"课，"实用天文及测地学"两个学期每星期授课2个钟点，共积4个学分单位，"铁路测量"两个学期每星期授课一个半钟点，共积3个学分单位。四年级不再安排测绘课程。李书田对工科教育的工程背景、对学生的实践动手能力非常看重，暑期实习增加了时间和内容。

与此同时，李书田院长提出了设立采矿冶金学系、机械电机学系的计划，碍于条件铁道部只批准恢复设立矿冶系。1931年8月，唐山土木工程学院恢复采矿冶金学系以后改称交通大学唐山工程学院，土木、矿冶两大学系由此形成唐院的基本学科架构，并获得稳步加速发展。

1932年年初，李书田又提出了设立建筑工程学系的计划，在时任铁道部长、原交通总长、前交通大学校长叶恭绰的大力支持下即刻开办。最后以在土木工程学系第四年级增设建筑工程门的方式进行。这些新设的学系、学门都是当时社会所急需，也是学校扩充和深化工科教育的积极举措。

这一时期李书田院长对学科课程体系以及制度规章进行了一次较为全面的修订，考虑到此时大学预科已经取消，中学的教学水平已经稳定提升，实现了与大学教育的正常衔接，学校土木、矿冶学系以及四年级的各个工程专门的课程得到优化，测量方面的课程亦做了一些增减，对上课时段进行了调整。具体为：

土木工程学系在第一学年的第二学期即开设"测量"课，每星期有4个钟点，积2个学分单位。在第二学年的两个学期均开设"测量"课，每星期有6个钟点，积8个学分单位；在第二学期开设"最小二乘方"课，每星期有 2 个钟点，积 2 个学分单位；针对暑期测量实习后所绘地形图往往欠缺精美，以往毕业生在初次担任测绘者起始所制地形图有时也欠缺精美的情形，在第二学期添加"绘制地形图"课，每星期有 3 个钟点，积 1 个学分单位。[①]同时在暑期安排野外地形测量 3 周，水文测量 1 周。在第三学年的两个学期均开设"实用天文及测地学"课，每星期有 2 个钟点，积 4 个学分单位，将之前第四学年的天文学与测地学两门课程整合为一门课，提前到三年级；两个学期均开设"铁路测量"课，每星期有 3 个钟点，积 3 个学分单位，与之前相较减少了 1 个学分单位。第三学年暑期继续安排野外铁路及水文测量 2 周。这样测绘类课程都在前三个学年内安排完毕，四年级的工程专门课程及论文阶段不再安排，而野外测量实习的比重大为强化。

到抗战全面爆发前的 1937 年，经过 10 年时间的运行和调整优化，唐山工程学院形成了较为成熟的课程体系。土木工程学系、矿冶工程学系的测绘类课程基本固形，且臻于成熟。

土木工程学系的测绘类课程贯穿前三个学年。第一学年在第二学期开设"测量"课，每星期有 2 个钟点，积 2 个学分；开设"测量实习"课，每星期有 3 个钟点，积一个半学分，实习的课时比讲授多。第二学年安排 5 门测绘类课程，第一学期开设"测量"课，每星期有 2 个钟点，积 2 个学分，开设"测量实习"课，每星期有 4 个钟点，积 2 个学分；第二学期开设"大地测量"课，每星期有 2 个钟点，积 2 个学分，开设"大地测量及制图"课，每星期有 2 个钟点，积 2 个学分，开设"最小二乘法"课，每星期有 3 个钟点，积 3 个学分。第三学年开设测绘类课程 2 门，两个学期均开设"铁道测量"课，每星期有 3 个钟点，积 3 个学分；第一学期开设"天文学"课，每星期有 2 个钟点，积 2 个学分，同时在暑期进行铁道及水文测量实习 3 周。

矿冶工程系的测绘类课程则仅安排在前两个学年。第一学年的两个学期均开设"机械图画及地形制图"，每星期有 3 个钟点，共积 2 个学分；第

[①]《交大唐院季刊》，第 3、4 期合刊，1931 年，第 89 页。

二学年的两个学期均开设"测量"课,每星期有 2 个钟点,共积 4 个学分。两个学期均开设"测量实习"课,每星期有 4 个钟点,共积 4 个学分,同时在暑期进行测量实习 3 周。这样的安排,对矿冶工程师的培养训练而言相对较为适度。

唐山土木工程教育的高水准吸引着全国一大批立志于工程学术的青年学子。

1929 年冬,陈本端从交大唐山土木工程学院毕业后进入北宁铁路局工作,1931 年应赵祖康之召投身于公路建设,1934 年经全国经济委员会调派任西(安)兰(州)公路[①]工务所工程师,负责测量工作。国立中山大学工学院成立时,陈本端被聘为教授,时年 28 岁。他工程经验丰富,治学严谨,不到两年时间就编写出版了《高等测量学》教材(见下图),融合了他在西北公路测量的测量实践,理论联系实际。这本教材被由李四光、胡适、张伯苓、蔡元培、蒋梦麟等人组成的"大学丛书委员会"选中,成为我国大学的标准教材,由商务印书馆于 1936 年出版发行,主管全国公路建设的赵祖康校友为之作序。

▲陈本端编写的《高等测量学》

[①] 九一八事变后国民政府决定修建西兰公路,并延至河西走廊直抵新疆中苏边境,后来成为中国重要的对外交通通道。

1938年他从美国密歇根大学深造获得硕士学位后立即回国,在交通部公路总管理处任监察工程师和技正等职。1941年他被任命为成渝公路改善工程处副总工程师,同年10月调任运输统制局公路公务总处担任计划室主任,负责大后方的公路运输工作。太平洋战争爆发后,日军于1942年5月切断了滇缅公路这条我国与同盟国陆路运输的"生命线",国民政府于1943年秋决定改善位于贵州晴隆附近的"二十四道拐"工程,陈本端受命担任西南公路工务局第一测量队队长兼黔滇公路第三改善工程处主任等职务,负责"二十四道拐"的测量和改善。他经过详细测量。对三个改线方案进行了充分的分析研判,同时提出了可行性改造方案,最终完成了这项艰巨工程。抗战胜利后陈本端任上海交通大学教授,先后兼任土木系主任和总务长。1952年全国院系调整后,他被聘为同济大学教授(二级),相继出任公路教研室主任、公路系主任、道路与桥梁系主任等,为我国交通事业培养了一大批栋梁之才。①

1930年秋,来自河北的考生李庆海如愿以偿,考入了交大唐院土木系,注册号A692。他学习很用功,四年级的时候选定了构造工程门,师从著名的桥梁构造学家顾宜孙博士,毕业时成绩优异,获得"老山培德奖学金"。这个奖学金是前清工程顾问、英国人山德培去世后,其子依据他的意愿在1914年设立的,由交通部安排保管,用于奖励当时交通部所管辖工业学校成绩前五名的优秀毕业生,一直延续到后来的交通大学时期。比李庆海晚两班的储钟瑞,1936年毕业时也获得了这个奖学金,后来在1947年去了李庆海在清华大学主持的土木系测量组任教。李庆海在唐院毕业后分配到平汉铁路工务处实习,后调冯村站新桥工程区。他曾在工地现场写信给母校师长,报告了工作的近况:②

生来平汉实习,已将八月。初来时居汉口,室内工作多绘图核

---

① 同济大学交通运输工程学院编:《筚路蓝缕》,上海:同济大学出版社,2020年版,第48—52页。
②《交大唐院周刊》,第109、110期合刊,1935年6月24日。

第二章 玉汝于成：民国时期的测绘学教育

对等。赖母校诸师长昔日之谆谆教诲，幸无陨越。三月前调来冯村新桥工程区，居堵河北岸。铁路之旁长林茂野，颇饶乡村风趣。此间铁桥民国十三年大水冲毁，今以木桥暂维交通。现拟重建铁桥作一劳永逸之计。此河水大时冲刷颇深，最高纪录达十二公尺。故桥墩拟采用开顶井筒式，下沉必在十二公尺以上始可期安全。目下测量探地等事，已将次第完成，正式动工需俟两月后。校友刘逢举君亦在此间，同学相聚，共助努力，亦乐事也。生工余有暇辄温旧课，良以非培养适当兴趣，不足以避免堕落，而读书实为兴趣中之最正当者也。生于国文英文，昔日甚少用心。今订阅各种书报，始多浏览机会。惟文字以达意为主，非只阅览所了为功，故尝择题试做一二篇。兹将 Science aet Art in modern Life 一文寄上，请暇时赐予改正。此为第一届中英庚款报留英生之试题，惟范围太广，难以申述。何为科学，何为艺术？亦难规定，文中试加定义，未知确否？

▲李庆海毕业时在天津留影

李庆海还是像之前在学校时一样，工作之余仍然攻读不止，这也为他带来了机遇。1935 年 8 月，李庆海考取清华大学公费留美，出国深造测量学。1938 年获得康奈尔大学硕士学位，1941 年又获康奈尔大学大地测量学的博士学位，同年8月回国后，他任教于昆明西南联合大学土木工程系，第二年即晋升为教授。1946年后历任清华大学教授、土木工程系主任。新中国建立后，他先后在清华大学、同济大学、武汉测绘科技大学担任教授，从事教育和科研工作45年，培育英才，研究论著丰富，涉及工程测量、天文测量、大地测量、应用数学和空间技术等领域，是我国最早提倡将数理统计理论应用于测绘理论的学者之一，是大地测量科研和教育工作的开创者之一，更是我国工程测量学科的奠基人。[①]

需要指出的是，大学的工程教育与实际的工程应用之间常常存在着事实上的差别。工程界对测绘新技术的应用更为敏感，像航空测量技术，在水利工程和铁路工程中我国都曾租借外国设备及专业技术人员，开展过一些尝试。军方的陆军参谋部测量总局于1930年代开始购置飞机，罗致专门人才开展这一新技术的应用，主要是军事地图的测绘。地方与铁道部门也在军方的帮助下，在一些水利和铁路工程中使用航空摄影测量技术。有的高等院校对航空测量等新技术也进行了跟踪与关注。

同济大学于1932年在国内大学中首次开设高等测量系，1935年改称测量系，曾在军方支持下发展航空测量。交大唐院着眼于未来，预感到航空摄影测量在铁路工程方面有着极大的发展前景，于是有心培养自己的师资力量。1929年4月，1928届土木科铁道工程系毕业生第一名张鸿逵，经学校呈送由铁道部公派赴美留学。鉴于其时航空摄影测量技术的发展及应用，张鸿逵即选定该方向深造研究，在康奈尔大学攻读硕士学位。[②]1930届土木系毕业生罗河在铁路现场工作4年之后调任回校，担任专职的测量学教师，他敏锐地关注着欧美在航空摄影测量方面的最新进展，于任教

---

① 武汉大学新闻网，https://news.whu.edu.cn/info/1002/23179.htm
② 张鸿逵于1932年完成学业回国，先后任京沪铁路工程师，湘黔、湘桂、黔桂铁路总段长、副总工程师，东北运输总局工务处处长兼沈阳铁路局副局长等职。中华人民共和国成立后任沈阳铁路军事管理局总工程师、东北铁路工程部部长，工程队总队长等职。1954年返回学校任教授，并兼任唐山铁道学院铁道工程系主任。1980年3月病逝于四川峨眉。

当年即在《唐院季刊》1934年3卷4期上发表译述《航空测绘新法》，将美国军事工程杂志中 Hanmilton Maxwell 所著"L'aero System of Surveying and Mapping"（《拉罗制图法》）一文全文译述。罗河也在一般测量课程内加授一些有关航空摄影测量原理方面的内容。1935年学校还曾计划派罗河赴美专攻航空测量，以预备将来充实改进有关教材讲义。可以说，学校在20世纪30年代即对航空摄影测量进行了跟踪并有所应对。

恰在此时，唐院在工程界的校友们也建议母校关注航空测量。1935年10月，担任陇海铁路西段工程局第一总段段长的龚继成[①]校友来函提出建议："航空测量颇与筑路测量有关，铁道部购飞机一架（约十万余元），自动绘图机一架（约八万元）备供采择路线之用，现交南京参谋本部测量总局代管，办理一切。该局设备尚全，有德国教师指挥，成绩尚佳。同济大学测量系学生，每班必到该局实习十月，良以测量重要，科学进展，实可注意者也。母校同学，每年必有往各地参观之举，路过南京，请铁部工务司长、或郑前院长华介绍，到该局航测队参观一日，必感兴味也。附工程周刊九十八号，内有曾光亨航空测量一篇，请一阅以备参考。"[②]

学校非常重视校友对改进教学的意见和建议，在1937年春假旅行实习中，经学校联系安排土木系四年级学生春假旅行团于4月19日上午赴南京参谋部测量总局参观，实际了解航空摄影测量的作业流程，大增见识。学生常中祥、刘实在其后的旅行报告中对于这种先进的测绘技术做了记述：[③]

十九日上午十时许，齐至鼓楼大石桥，参观参谋部测量总局。航空测量队之组织共分为四：1. 航测组，2. 测量组，3. 纠正组，

---

① 龚继成于1923年土木科毕业，曾任杭江铁路测量队长，完成兰新铁路及天山南北公路路线的勘察。抗战期间任滇缅公路局局长、滇缅公路工务局局长兼总工程师，滇缅铁路局局长，中印油管工程处处长，军事委员会工程委员会总工程师。
②《交大唐院周刊》，第113、114期合刊，1935年10月14日，第6—7页。
③ 当时该旅行参观报告对航空摄影测量一节特别标注"保密"不予公开发表。

4. 制图组。

　　航空组系乘飞机航行空中向下摄影，地面之形势遂皆包括于此底片中，此为航测最重要之工作也。测量组则仅包括于地面作普通测量，测定重要数据，以为航测制图之参考。纠正组专司纠正航摄组所摄之片，改正倾斜，划一比例尺，然后始由制图组制就地图也。

　　当自飞机上摄影时，因机身之振荡与倾斜，往往照相之主轴不能真正垂直于地面，于是所摄之影片亦不能恰为地面缩小之原形。距飞机较近之地比例尺大，较远处则比例尺小，故摄得之影片，必须经一番纠正，始能得地面之真确形像。且因飞机距地面之高度，时有变更，如连摄数帧以拼凑之，所摄者之比例尺亦难一致，欲相连以求一完整之图时，亦须先将各片放大或缩小，以便其比例尺相同。故当制成一完善地图之先，纠正为必要之工作也。

　　余等以时间所限，参观者仅纠正与制图两部工作。临时分为二组，由二位技师分导至各室参观并详加解释。如此每组人数较少，参看各种仪器与解释时可便利多多。

　　首至暗室参观一纠正机。该机为 Zeiss 出品，据云甚为准确，上部放光下摄，将已摄之底片放于中部之底片架上，自光源出发之光线，透过底片，经过镜头，而显其像于下面之投影板上，此时将图板绕垂直轴而旋转使之倾斜，于是摄影时之倾斜可得以抵消而纠正之。设已知任两点之真确距离，则可再将板移上或移下，使图放大或缩小，以修改其比例尺。

　　另一室中为拼图室，可将所摄之图拼在一处而成一整个之全图。拼法系将每一片上定四点为抑制点，以地形相连之片，凑于一处，使相重复，并使共同之抑制点相符合。如此所显出之影即为一完整之地图矣。此完成之图尚可放大（或缩小）至若干倍，然后晒出以供应用。如欲将已放大（或缩小）之图再放大（或缩小）若干倍，尚可使用复照法，此即当该图已放大（或缩小）显影于版上时，再用摄影机将该图整个拍摄或仅摄其一部，然后将所拍之底片，再行放大，即可得更大（或更小）之比例尺矣。

次参看制图机。此为一较大之机，旁设一绘图台与此机相连，机身分为 X、Y、Z 三轴，机之下部置有螺子，可旋转之以使机身水平，并使三轴互相垂直。如此则 X 及 Y 轴运动于水平面上，Z 轴为垂直动作。安放底片于制图机上，以目近接眼镜观看，旋动手轮，即可将地图绘于旁面之绘图台上，左右倾斜及比例尺亦皆改正，利用 Z 轴，并可画出 Contour。

另有多倍制图机者，便于比例尺较小之图，其速度甚快，惟精确则较前者稍差。闻此机每日可用以纠正 36 cm×36 cm，比例尺 1∶10 000 之图五六张之多。

最后又至一室，室中陈挂经航空测量已制成之地图甚多，有者隔红绿眼镜视之，山川尽现，有如身临其境，且测量手续简单，制图亦甚精确。如将来铁路测量亦能全赖航测，则我唐院亦将加设航空测量之一科矣。

各种机械用法，奥妙尚多，以时间短促，仅将领其大略用途而记之。①

唐院非常注重测绘实践能力的培养，本科 4 年的教学中有 3 个暑期安排了测量实习。一年级为地形及水文测量，二年级为大地测量，三年级为铁路测量，这样土木系毕业生都具有很强的测绘能力。1930 年的毕业班同学在毕业纪念册中就记述了他们 4 年间实习参观的活动内容，颇为丰富："……对于实习参观尤加注意，凡唐山启新洋灰工厂、磁厂、华新纱厂、铁路机车厂、开滦煤矿等，皆曾于课余前往参观。十八年春假，赴北平西山实习平面测量二星期。十九年春假，赴北平西山实习铁路测量二星期；旋

---

① 两位学生当年的预测和愿望 20 年后方才实现。新中国成立后铁道部于 1956 年成立航察处，唐山铁道学院为培养航测人才于 1959 年在铁道工程专业中正式开办航测专门化。参见本书第 114—118 页。

转塘沽海河口，实习水文测量一星期。十八年夏，曾作实测北方大港之壮举，时逢淫雨，泞泥载道，然任劳耐苦，精神如一，惜因匪风甚炽，中道而返。十九年春，利用寒假短期，分赴天津、山海关、皇姑屯、沈阳、抚顺等处参观，藉以印证所学。"[1]

安排实习需要经费和条件，唐院隶属于铁道部，有乘坐火车的便利。当然，测量实习也并不总在暑期，9、10月间也有安排。关于暑期测量和秋季测量的比较优劣，曾经引起校内的不少争论，甚至发生学生与学校多次交涉。1934班的学生两种情形都经历过，他们也不免在级刊中感慨，其实"辩论都是空谈，交涉多半是意气"。秋季的地形测量实习是在1932年9月25日，"本三功课，已上了两星期，我们到北平西山去测量去了，管车辆、管行李、管伙食、管住宿，都有选定的专人。实地测量得了许多经验，自然不成问题。乍爽的秋风，满山的红叶，森森的古木，潺潺的清泉，在这种环境里住半月，也就很值得纪念了。工作了一天，日落后回卧佛寺，灯下计算工作完毕，躺在床上，隐隐的佛寺钟声，吹到枕边，催人入睡，好一个甜美的休憩呀！没有过度的疲劳，哪懂得真正的安适呢？星期日策蹇游八大处，更是富有诗意的事呢？测毕回唐，已是双十节了"。[2]他们的铁路测量，则安排在1933年7月24日出发去北平西山，"铁路测量的情形与地形测量情形相似，惟天气正热，挥汗如雨，身体稍微不强壮的，就容易生病。水文测量在塘沽，出了山林，来到海口，变换生活，大有趣味。水高船小，荡漾在波心，海风吹来，早已不是西山景象，这三次测量生活，是几年读书最可纪念的"。[3]这段记录更为珍贵之处还在于，实习的队员当中，就有后来中国测绘界的大家李庆海，他大学期间的生活片段早就烙下了深深的测绘印痕。

---

[1]《唐院第二十届毕业生纪念刊》，1930年7月，第31—32页。
[2]《交通大学唐山工程学院民廿三级毕业纪念册》，1934年，第36页。
[3]《交通大学唐山工程学院民廿三级毕业纪念册》，1934年，第37页。

第二章 玉汝于成：民国时期的测绘学教育

▲1932年李庆海（中）与同学进行测量实习

确实，在唐院平时较为繁重的课业下，暑期测量实习几乎是每一位学生热切盼望的行程。野外环境对考验仪器操作、领会理论知识，体验小组团队作业，训练测量基本功，考验现场随机应变能力等都起到了十分积极的作用。对于平日里忙于功课的学生们来说，扛着校旗，跋涉于山水之间，欣赏大自然的壮美也是一种难得的调节、熏陶和体验。一届又一届的学子们对此乐此不疲，测量实习生活成为他们终生难忘的记忆。

1935届土木系的学生在他们的毕业纪念册里[①]，刊载有《记本级塘沽及西山暑期测量实习》一文，详细记录了赴天津塘沽和北京西山的测量实习经过，借此可以管窥80多年前的测量实习场景，也是对学生实习生活的生动回味。

行李什物，一件一件的装在一节行李车上，我们爬上另外一辆三等客车，从校旁的支轨，被一个有水牛大小的机车，拖到车站，挂上

---

① 《交通大学唐山工程学院民廿四级毕业纪念册》，1935年。

了定行列车，这样，"交大包车"的纸条贴在车外，校旗在两头飘动着，我们在这个无人侵挠的另一世界里，唱唱喝喝，直到北平。

这是每年暑期测量，无论二三年级，都要学习的一课，但是这一次却有点例外，在朦胧细雨中，我们的专车，在塘沽便摘了下来，原来命运注定，我们必须踏尽了白河的泥泞，才去受西山的褒刺。

在下雨的天气旅行，还没有在家里冲洗来得爽快舒适，专车虽然送到我们暂时的宿舍——"永久"工人宿舍，但是行李从很远的后门，送到教室里，东西不湿透，人也湿透了，有人看见过晒鱼干吗？我们就是那样一条一条的摆在地上，夜色已经很晚了，水文测量的仪器，从车头领下，从此无论是 Transit 或是 Stadia rod 真同我们同起同卧，相依为命的过了六天。

当 Plane table 开始工作的时候，又凉又滑的泥就同我们的脚闹得很亲热了，从车站直下的一段，芦苇生得特别多，泥也特别厚，带了一个 Stadia rod 在上面走，有点像地层是浆糊作成的感觉，泥浆很顽皮的从每个指缝中钻了出来，脚便陷进二尺下去了，前脚深陷到相当硬层上，后脚才能用力拔出来，芦根躺在软泥的里面，有些像小刀一楼锋利，几位不小心的同学，这样把脚给刺破了。

不时入口的汽船，从远处就叫唤着，它经过我们的时候，船体把浪花激得很高，船唇的黄浪，都转为白波；余势所及，把十余尺长的小艇，翻得颠来倒去，船夫摇船，依着我们指定的路线，在每两个定点之间，往复六次的上溯下驶，岸上的 Transit party，都把仪器弄得妥当，在船上的人，把铅锤掷下。

红旗急速的举起。"TAKE："

"红旗！"

"十点二十五分四秒！"

"二十五尺四寸！"

各有专识的人准确的报告，Notekeeper 沙沙的在 Note book 上写，等到 Transitman 差不多把角度记好,小艇大约又到了第二个点,铅锤又第二次掷下"TAKE!""黄旗!""……"一遍一遍的这样做下去。有时太阳晒在我们的脸上,有时雨珠灌进我们的头里,几乎连挥汗的工夫都没有,一直的做,直到太阳已经西下,从远处的云里,射出一线红光来,那时一叶扁舟,咿唔咿唔地载着我们疲乏的身驱回来。吃完饭,洗完脚,三五成群,有的歪着身子谈天,有的围着棋盘厮杀,有的高声大唱,一切的疲倦都在这叫嚣的声中消失了,这时大概是我们整天最快乐的时候。

在芦苇那边工作的,简直是和泥泞与螃蟹奋斗,七八尺宽,一望无边的泥,一眼看去,真不知究有多深,上面满布着铜子大的小孔,那便是螃蟹窝了。扛着笨重的 Transit 走这样难走的路:螃蟹夹着大腿的毛,泥水受着压力的排挤,一下一下的射到脸上来,回去的时候,船头满摆着泥腿,一双一双的伸到水中,正应了古人所说的:"沧浪之水浊兮,可以濯吾足!"

我们的工作,五天便完事了。那天下午,有许多人乘着小船,到大沽口看我们国耻的史料——炮台去,台是已经被毁了,所余的只是残缺的炮座和堆积的三合土,站在台基上面,望着滔滔长流和一望无边的国土,想起昔日此地,正是炮火的目标,事隔苦干年,而我们今日的国家,仍在风雨飘摇的情形中,何日才得恢复我们的自由!

水文测量既毕,我们就在星期六的中午,重上专车,那车是在我们测量时,停在宿舍外面的一条支轨上,由几个职工看守,到车站时,正巧本级的矿科和土三的同学,也是那天从唐山出发,在塘沽相遇,到了北平,寄居平院[①],次日便全体上山。

西山的生活,无论从哪一方面说,都是值得回忆的,给我们一带凹凸不平的山地,要我们筑一条铁路连起他,这是将我们书本上的学问,靠自己的评断来实用到地面上来。

---

① 指交通大学北平铁道管理学院。

西山的确是一块好地方,在山的夹缝中,一股一股的清泉涌出;翻过一座山,仍有无穷的山,在那里有红砖绿瓦的庙殿,有要人的别墅;从深绿色的树叶中,透出一带白的围墙,在天然的美丽中,加上一点人工的点缀,但是仍能保持其原来的幽雅,没有娇造的可嫌,在测量的时候,常常由乡村穿过,那里面过的是富有诗意的生活:他们不分老幼的全在田地中工作,疲倦时,就枕锄而息,同他们作了几次朴实的谈话,我觉得比在礼拜堂中祈祷,还要受益多多!

▲伍镜湖(字澄波,1884—1974),"唐山五老"之一,曾讲授测量、测地及天文课程,长期主讲铁路测量、铁路曲线,率领指导学生进行暑期野外测量实习

到西山后第一天的工作,便是 Reconnaissance Survey,由伍教授领着全体同学从景皇陵走到团城——那里是假定的起点及终点,西山测量,由伍教授带领,已有多年,那里的地势,在伍教授看来,真是了若指掌,不但此也,连那个每年赁驴给伍教授的驴夫,他都知道在什么地方要停下来,在什么地方要钉 Stake。我们大家不敢稍懈的在伍教授领导之下,拼命的赶,我们实在感谢各队长的尽职,每天天色黎明时,他们便直着嗓子叫,催促我们起来,于是就有人说"等你把卧佛叫醒,我们就起来"。在哄然一声大笑之中,大家就披衣而起。

以后一天比一天的忙了:白天在外面很辛苦的工作着,晚上回

第二章 玉汝于成：民国时期的测绘学教育

来后，还得在煤油灯下，分别的绘图、计算。假如能够在繁杂的工作中，偷出一点空闲，一定要跑到山下的茶桌，冲一壶清茶，来两碟花生，邀几个知己，在月光之下畅谈一番；或者是踏着碎石子的路，缓缓的走，看月光从树叶中射出，映着地上的影子，静悄悄的走来，静悄悄的走回去，有几次有一个好弄音乐的同学，拿了一个乐器，坐在远处林中，弹出一段幽雅的调子，风一阵一阵的将乐声带来，这时我们默默的坐着、听着，竟忘记了整天的劳苦。

两星期的铁路测量，转眼间又过去了。我们的工作，于预定期间的前一天赶毕，于是我们约好到汤山去。一群十余人，骑着驴子，绕过卧佛寺的后墙，翻过几个山岭，穿过几个树林，彷佛一排军队赴阵似的，驴子负着我们，艰辛的翻过山去，蹄子敲着石角，咯咯的响，我们生怕驴蹄一滑，把我们滚下山去，但是雨谷以外的绿原，组成了一幅绝高超的图画，它把我们胆战心惊的心情，牵引到自然的怀里去。我们到了顶，愈沉迷于野色，竟忘了脚下深渊危谷的险峻了。

到了汤山，许多北方的同学，还是第一次领略温泉的滋味，两三个人挤在一个池子里说说笑笑，打打闹闹，两星期的劳苦和积垢一齐洗去。

在归途中，我们顺便到黑龙潭买了几瓶著名的烧酒回来。晚上，在"如来胜境"的牌坊下摆好桌子，饮起酒来。那时许多同学，都因工作完毕，入城去了。明月银白的挂在树上，人儿静悄悄的没有声息，只有远处响着一些驼铃，传着几声犬吠，明时的心景，存着另外一种不可把握的滋味，记起伍教授昨天最后一次的巡察时，遇见我们工作适巧作完，他老人家说："唔！你们作完了；又是一年，明天一天，我们就要回去了！"是的，时间是短促的，机会是罕遇的，过了这个时候，有谁能再集合一起，像今天一样的一起爬山，一起工作，一起偷枣，一起骑驴，一起饮酒的同学，再把这种生活重演一次呢？在静悄悄的夜里，都不愿意去睡，月色实在太好了，我们好像不愿意舍弃这个晚上，因为明天就要回到尘嚣的北平，后天又要回到干燥的唐山去了。

　　水一样的晚风，吹干了我们额上的汗珠，看茶店的老太太，念念低语的把油灯捻下，寺里沉重的古钟，不时发出铛铛低声，月儿辞别了我们躺在山后，我们在荧光闪闪的深夜，最后一晚的惰入寺里。

　　次日，忙乱的跑回北平，忙乱的看电影，忙乱的听戏，忙乱的……又次日，忙乱着打行李，忙乱着上车，忙乱着睡觉，夕阳的红光，照过车窗，在初暝的夜里，回到唐山。

　　类似的测量实习记载还有不少。1931年9月26日，土木系本三、本四年级的128名学生，由教授伍镜湖等率领前往北平西山、塘沽等处实习测量。按原定计划，在西山实习地形测量，约两星期后本三学生直接返校上课；本四学生转赴塘沽实习水文测量一星期。但因为"九一八"爆发不久时局的关系，塘沽实习被迫取消。所有学生于10月13日返回唐山。①

▲伍镜湖教授（左7）指导1931届土木系学生在北京西山进行铁路和水文测量实习。左1为林同炎，他日后成为国际结构桥梁界的著名学者、美国国家工程院首位亚裔院士、中国科学院外籍院士

---

①《交大唐院周刊》，第37期，1931年10月19日。

1935年以后，暑期测量改在唐山本地举行。其目标即为唐山全镇之测绘，采用基线三角网及精密水准测量等法。所需的各种仪器于1934年向英国订购。另设三角网观测站4所：一在西山山顶，一为唐院钟楼，其他两所因须在基线两端，且又须高出地面，以免阻碍视线，选定在北宁铁路制造厂东南东北乡间空地，建立观测台两架，高约50英尺（1英尺约为0.3米），各分内外两层，外架系铁木构成，顶部设置平台以备观测者站立，内架用铁□制成，专为装设仪器之用。1935年2月，两架所用各种材料已经由承造商备齐，观测站基地向乡民租妥，开始动工安装。①这些基站的建成为就近测量实习带来了极大的方便。

除此之外，大学四年级的春假旅行参观也是学生们增长见识、实地考察工程、参观机构、了解最新技术应用的好机会。这项制度一般安排在大四毕业前夕的3、4月间集体出行，由一位或数位老师随队指导，沿途都会得到各地校友会的热情接待，各项计划活动都会得到老学长们的大力协助和支持。"春假旅行"成为毕业班学生在校期间最后一个参观实践教学环节，形成学校经久不息的一个传统。

二、测绘课程选用的教本及教参书

教材与教学参考书对于教学的作用至为关键。客观而论，尽管当时教育界不少人士呼吁应推广采用中文教科书，但对于工科而言，高水准的中文工科教材在那时还是难得一见。一些开办工科教育较早的学校，如北洋大学（北洋工学院）、南洋大学和交通大学各学院，其时还是以选用经典英文教科书为主，开办工科学系较晚的清华大学也主要采用英文教科书。

唐院对于测绘类课程所需要的教材和参考书，经过历任任课教师的使用甄选，到1937年抗战全面爆发前其课程内容与教材都基本固形。由于学

---

①《交大唐院周刊》，第97、98期合刊，1935年2月25日。

校一直采用英文授课，测绘类课程的教材和参考书均选用欧美教材，有时也由任课教师用英文自编讲义或讲授提纲。同时，学校图书馆还订购有大量中外专业图书和期刊，足以满足学生参考借鉴。

测绘类课程及教本选用如下：

课程《机械图画与地形制图》及教本

该课程注重：（一）绘图仪器之选择及使用，（二）英文大小楷之练习，（三）正投影之原理及画法，（四）断面之画法及应用，（五）尺寸表示法，（六）晒图方法，（七）各种建筑构造及地形之制图。一年级土木、采冶两系的必修课程。授课时数：全学年每周3小时。

《机械图画与地形制图》选用教材 1 种：Engineering Drawing A manual of engineering drawing for students and draftsmen

编著者 Thomas E. French（M.E., D.Sc.），为美国俄亥俄州立大学工程制图教授，美国机械工程教育促进学会会员；修订版作者 Charles J. Vierck 为美国俄亥俄州立大学工程制图教授。另有多位俄亥俄州立大学工程制图系的教授、助理教授参与。

该书 1911 年由美国 New York: Mcgraw-Hill Book Co.推出初版，后有 1918、1924、1929、1935、1941、1947 年的修订版。

课程《最小二乘法》及教本

该课程包含误差之理论，直接间接与状态观察之调准，重量与精密量度，正常方程式之系统解答，误差之分布与同等效应等。土木系二年级的必修课程，授课时数：第二学期每周3小时。

《最小二乘法》选用教材有 1 种，辅以讲义。

Bartlett—Method of Least Squares A text book on the method of least squares

编著者 Mansfield Merriman（1848—1925）为美国数学学会会员，里海大学教授。

该书 1884 年由美国 New York：John Wiley &Sons,Inc.推出初版，到 1915 年已做 8 次修订版，总印数达 8 000 册。

课程《测量》及教本

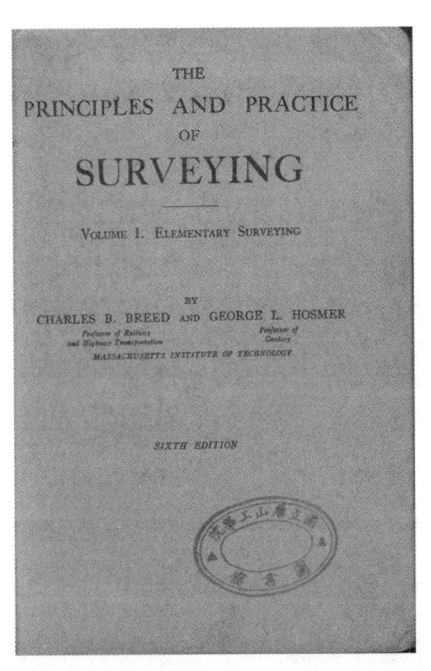

该课程讲授钢皮尺、罗盘仪、经纬仪、水准仪之使用法，导线测量法，测定物体位置法，水准仪高低及剖面测量法，绘图法，经纬仪水准仪之校正法，视距测量法，平板仪测量法，三角网测量大纲及其基线角度测量法，面积及土方计算法，水文测量及流速仪、六分仪使用法，流量测量法等。土木、采冶两系均开设。授课时数：土木系一年级第二学期、二年级第一学期每周 2 小时；采冶系二年级全学年每周 2 小时。

《测量》采用经典教材：*Surveying* 卷一及卷二

The Principles and Practice of Surveying Vol.1
The Principles and Practice of Surveying Vol.2

编著者 Charles B.Breed 为美国麻省理工学院土木工程助理教授，土木工程、铁道及道路运输教授；George L.Hosmer 为美国麻省理工学院土木工程助理教授、测地学教授。

修订版增加作者 Alexander J.Bone 为麻省理工学院交通工程助理教授；W.Faig 为新布伦瑞克大学测量工程助理教授；B.Austin Barry 为曼哈顿学院土木工程学教授。

卷一 1906 年由美国 New York：John Wiley & Sons,Inc. 推出初版，后有 1907、1908、1915、1923、1931、1933、1936、1938、1945、1951、1958、1966、1970、1977 年等修订版。

卷二 1908 年由美国 New York：John Wiley & Sons,Inc. 推出初版，后有 1915、1920、1925、1934、1946 年修订版。

这套测量学教材的中文译本在民国时期为不少高等院校所采用，曾经风靡一时。

课程《测地学》及教本

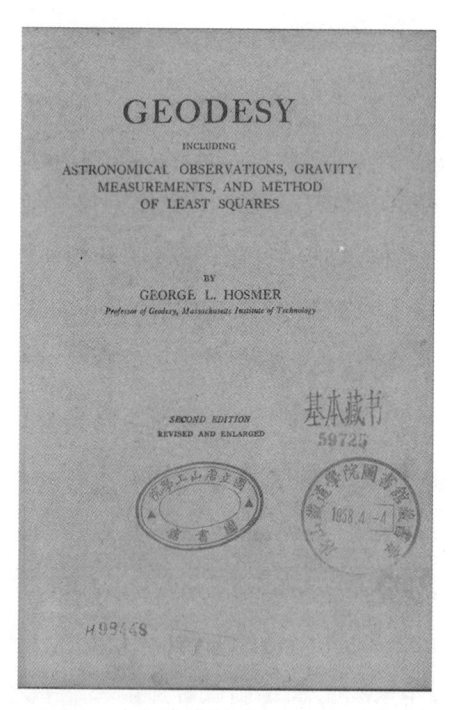

该课程讲授三角网之定义，基线及角度测量法，三角网之校正及计算

法，大地之图形，大地位置之计算法，精确水准测量法，大地绘图法。土木系二年级的必修课程，授课时数：第二学期每周 2 小时。

《测地学》选用的教材有 1 种：

Geodesy *including astronomical observations, gravity measurements, and methods of least squares*

编著者 George L. Hosmer（1874—1935）为美国麻省理工学院测地学教授。

该书 1919 年由美国 New York：John Wiley & Sons, Inc. 推出初版，后有 1930 年第二版。

课程《天文学》及教本

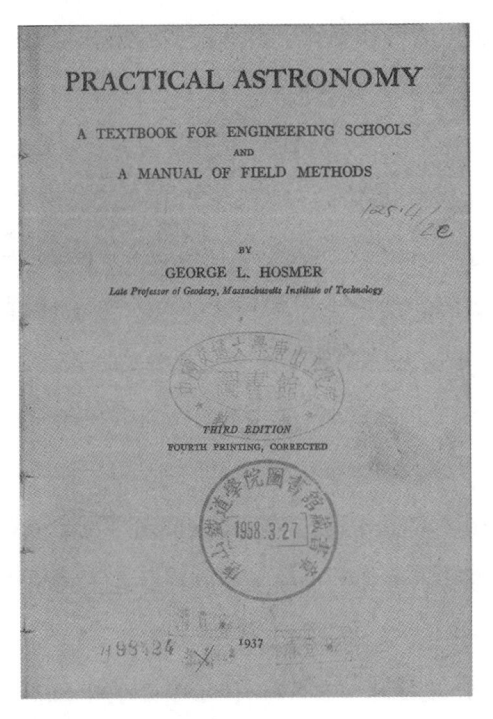

该课程讲授天球上各物体之坐标及其定义，地形上地平制、赤道制、黄道制坐标之系统，时之计算法，视差之改正法，经纬度时与直方面之观测法及计算法。土木系三年级的必修课程，授课时数：第一学期每周 2 小时。

《天文学》选用的教材有 1 种：

Practical Astronomy *a textbook for engineering schools and a manual of field methods*

编著者 George L. Hosmer（1874—1935）为美国麻省理工学院测地学教授。

该书 1910 年由美国 New York：John Wiley & Sons,Inc. 推出初版，后有 1917、1925 年修订版。

课程《水文学及河道测量》及教本

该课程研究降水、蒸发、渗漏泛流、地下水、洪水及低水流，各种水流曲线、蓄水池、水力、灌溉与航海、河道测量站驿及河道测量记录等。四年级土木系水利门的必修课程，授课时数：第一学期每周 2 小时。

《水文学及河道测量》选用的教材有 2 种：

Handbook of Hydraulics *for the solution of hydraulic problems*

Elements of Hydrology

Handbook of Hydraulics 的编著者 Horace Williams King 为美国密执安大学水利工程教授，美国土木工程学会会员（A.S.C.E）；第五版作者 Ernest F.Brater 为美国密执安大学水利工程教授。

该书 1918 年由美国 New York：Mcgraw-hill Book Company,Inc.推出初版，后有 1929、1939、1954、1963 年修订版。

Elements of Hydrology 的编著者 Adolph F. Meyer（C.E.）为美国土木工程学会会员，明尼苏达大学水利工程助理教授，力学工程学会会员，水力工程顾问。

该书 1917 年由美国 New York：John Wiley & Sons,Inc.推出初版，后有 1928 年第二版。

另外，Geodesy 与 Allen 所著 *Railroad Curves and Earthwork* 曾多年被用作教学用书。

三、测绘教学之仪器设备

测绘技术的发展带动和促进了测绘仪器的研制和生产，测绘仪器反过来对工程勘测和教学活动提供有力支撑，测绘教学仪器从一开始就被学校和专业教师极大重视。由于中国早期测绘仪器生产制造能力低下，担任测量教学的外籍教授多从国外订购测绘仪器，主要是Wild、蔡司等主要仪器厂商的产品。从1914年开始，学校开始聘用专门的仪器管理员。

1925年3月，学校向美国订购的一批测量仪器到校，包括转镜仪1架，水平仪1架，并有其他零件数种。①

1931年初，唐院向德国订购经纬仪、水平仪各2台，约值洋3 500元。②1934年12月，又订购一批大地测量仪器，包括八吋测微经纬仪1件附显微目镜、电光照曜器，精密水准仪及架1件，合金精密水准尺1对，五十公尺合金量尺2件，五十公尺钢尺1件，拉力针2件，温度表2件，日光反射信号机1件，量尺修理器1件，三脚架2件。③

经过此阶段几十年的不断积累和淘汰更新，到1937年抗战全面爆发前，学校的测绘仪器种类及数量都十分可观，计有：

Stanley经纬仪3架，KWE经纬仪9架（内有1架带Saegounller测日附属器，1架带边镜以备矿井测量之用），Bexger经纬仪1架，Gusley经纬仪5架（内有1架带Bust测日附属器），Zeiss经纬仪1架，Breithaupt经纬仪1架，Elliot Brox经纬仪1架。工程师水准仪5架，Throughton & Srins水准仪1架，Gusley Wye水准仪3架，Watt&Sons Zeiss水准仪1架，Watt自动厘正水准仪1架，Breithaupt Wye水准仪1架，K&E水准仪6架。Stanley平面桌（附带件）1架，K&E平面桌（附带件）4架，Gusley平面桌（附带件）2架，Walson & Son平面桌1架。天文望远镜（五吋孔）1个。Gusley

---

① 《唐大月刊》，第2卷2期，1925年3月。
② 《交大唐院周刊》，第18期，1931年2月16日。
③ 《交大唐院周刊》，第91、92期合刊，1934年12月24日。

流速计（带附件）1个。Stanley Miners 指南针3个，Stanley 袖珍指南针2个，菱形指南针1个，K&E 指南针3个。Throughton & Nicks 无液气象计2个。Thornton & Short 测量员无液气压计2个。Elliot 六分仪1具。此外，尚有手中水准仪、手中经纬仪、视距推算尺、钢尺、测链、测杆以及其他辅佐用品数量充足。[①]

黄寿恒教授曾忆述，"测量仪器及材料试验设备，在初已有可观。其后更岁有增加，在本院各种设备中，最为充实"。[②]

第三节
民国时期的测绘师资队伍

尽管在校名与学校体制上几经变化，学校民国时期的教师队伍一直保持着自身传统，即主干课程主持教师的稳定性和高水准，以及对教学工作与学生的热爱。在我国高等教育的版图中，唐院素不刻意追求规模，更加看重的是教学的质量、人才培养的质量，走了一条"小而精"的精英培养路线，在业界树立起了良好的口碑，有着"东方康奈尔"之赞誉。

罗忠忱教授自1912年学成回国后，即终身在学校担任教授，长期主持理论力学与应用力学课程，可谓我国工程教育界的"耆老"。因当时教师数量少，都是一人兼授数门课程，罗教授也曾教授天文测量、工程律例等课程。在他任教二十、三十周年时，国民政府教育部均明令嘉奖，他也凭借

[①]《交通大学唐山工程学院入学指南》，1936年6月出版。
[②]《唐山土木副刊》，第九期，1946年，第3页。

长期主持交大唐院的力学学科进入了1948年中央研究院遴选院士的最后一轮150人的名单，被确定为正式候选人。

伍镜湖教授自1915年来校，长期主持铁道工程方面的课程，包括铁道测量的讲授与实习课程、铁路曲线及土方，还短暂教授过平面测量、大地测量、天文学等课程，深受学生爱戴，其朴实、严谨的作风深刻地影响了一届又一届的学生。

顾宜孙教授自康奈尔大学博士毕业后即来唐院主持结构工程教学，曾任唐院院长，他高尚的人格、儒雅的风范、渊博的学识为校内外所景仰，保持和发展了自茅以升回母校所开创的结构与桥梁学科的卓越水准。

黄寿恒教授是我国最早在美国麻省理工学院研习航空工程的硕士，回国后没有机会和条件为中国制造飞机，他于1923年秋回到母校主持数学学科，也曾一度担任土木系主任，结束了其间数学师资动荡频更的不利局面，还率先在我国工科学生中开设"最小二乘法"的测量课程。

李斐英教授则长期主持英文教学。这五位教授都是终身在校任教，培育和铸造了唐院严谨、求实的校风，被尊称为"唐山五老"。此外，1929年来校的林秉贤教授，本身即是一位优秀的建筑师，为英国皇家建筑师学会会员（BIBA），长期主持建筑工程、市政工程方面的课程，一直任教至1949年返回家乡香港。范治纶教授自1934年留美学成后即来校主持水力学、水利工程方面的课程，培养了众多水利界英才，一直到他退休。教授是一所大学的灵魂，早年曾在唐山求学、曾长期担任浙江大学校长的竺可桢曾言："一个大学校风的优劣，全视教授人选为转移。假使大学里有许多教授以研究学问为毕生事业，以培养后进为无上职责，自然会养成良好的学风，不断地培养出来博学敦行的学者。"

对于测绘方面的课程，唐院一直孜孜以求，希望能够请到一员大将长期领衔。比较遗憾的是，直到本校土木系毕业生罗河1934年返校专任测量教师并快速成长以前，学校担任测量课程的教师时有更迭，一直缺乏一位主帅。

民国初年始，来自英国、美国的几位铁道工程的教授查德利、班士、麦克里都曾讲授普通测量课程。1921年7月，美国人毕登（W.E.Patten）从交大沪校转来唐校任水力工程兼测量教授，他曾在1912年代理上海工业专门学校土木科科长，直到1927年8月离任回国，此后再无外籍测量教师在校任教。在20世纪二三十年代相继担任测绘类课程的教师有王华棠、唐凤图、方颐朴等人。

1930年5月，学校1926届毕业生、康奈尔大学硕士王华棠应李书田院长之聘来校任测量讲师，不久升任副教授兼总务主任。1931年4月，增聘徐宗溥为测量讲师。

1931年6月，唐院新聘测量副教授唐凤图、助教董钟琳。[①]据1934班学生在"级史"中回忆，他们那时正是本科二年级，唐教授"讲的慢得很，三四个星期，只教到量一个平面角而已。这位唐先生不但教得慢，不到一月因事走了。测量学因之遂告停顿。过些日子，因为请教授不容易，由朱皆平教授兼任。既然耽误日子很多，所以朱教授不得已讲得太快了一点。这一快一慢，就是半载光阴，测量的成绩就可想而知了。好在助教董钟琳先生非常热心，实地工作的练习大致不差"。[②]

到1931年11月，唐院设法敦请测量测地专家方颐朴先生为测量测地副教授。在未到任以前暂请朱皆平副教授代课。朱皆平为本校1924届毕业生，随即留学英国两年，专习水利卫生，后又留学法国巴斯德学院，学习卫生细菌学。回国后曾在江苏省水利局工作。与唐凤图同期来校，专任水利卫生工程副教授。他后来因率先在国内讲授"城市规划"课程、主持大武汉市政规划享誉业界。

[①] 董钟琳1931年刚从北洋工学院土木系毕业，在唐院任助教1年后转往广西大学。1934年8月考取中英庚款，与王之卓、夏坚白、陈永龄同赴英国伦敦大学帝国理工学院土木系攻读测量学，取得英国皇家特许工程师文凭（D.I.C.）后转赴美国康奈尔大学，于1937年获博士学位（Ph.D.）。归国后先后在西北联大、广西大学、复旦大学、同济大学任教。

[②]《交通大学唐山工程学院民廿三级毕业纪念册》，1934年，第35页。

第二章 玉汝于成：民国时期的测绘学教育

1932年2月，方颐朴副教授到校任教。方颐朴，字遐周，江苏仪征县人。美国康奈尔大学毕业，拥有土木工程师学位暨土木工程硕士学位。历任津浦铁路工程司，东北大学教授、中央陆军军官学校研究兼测量教官，江苏省土地局技正，曾规划并办理江苏全省测量事宜。著有实用天文学及地形测量等书。[①]他到任后总算把测量课程整顿起来，逐渐步入正轨。

1933年4月，日军攻占山海关后，学校一度南迁上海，教学受到影响。直到10月方才回到唐山。受此影响，电机物理副教授朱物华等离校，方颐朴副教授于1933年8月辞职后，测量及大地测量教授一席虚悬。1934年3月，本校土木系1930届毕业生罗河，在京沪铁路工务处现场工作4年后调回母校任专职测量学讲师，从此终身在学校任教并从事学术研究。罗河在中学和大学时期都表现出对于数学的极大兴趣。他热爱教师这一职业，在唐院经过多年的严格训练，深得"唐山"师长们的真传。他立志学术，期望自己在测量学领域有所造化、有所建树。从1934年到1937年，罗河广泛涉猎，跟踪测量技术的发展，在教学的过程中潜心钻研。他对知识的细节、操作的规范尤为在意，注重对学生点点滴滴的培养和教育。没过几年，几门测绘类的课程他都能够愉快地胜任，由于是本校毕业由学生而成为老师的，他的言传身教本身即为一模范，受到学生们的称赞和认可。后来转入战时教育时，各校师资均感紧张，年轻有为的罗河深得学校师长的信任和厚待，全面挑起了测量课程教学的重任。1945年至1947年，他以官费赴英国剑桥大学进修及从事学术研究、赴荷兰进行学术访问，耳濡目染，对于学术研究的旨趣、对于科学研究的方法有了自己的认识，树立了大学工程教育必须依靠研究工作、必须大力发展学术的追求和理想。这对于他后来在航测解析法研究中的探索起到了促进作用。

---

① 《交大唐院周刊》，第46期，1932年2月22日。

天地经纬

▲罗河（1904—1988）1930年的毕业照，
他自1934年主持测量教学，是学校测绘学科的主要奠基人

由于在土木、建筑、采矿、冶金四个学系的课程中，都有测绘课程，它们对于在工程教育中培养学生基础厚、上手快、质量好具有明显影响与作用，测量课教师的数量与质量对培养高素质的工科人才无疑具有保障作用。罗河主要担任平面测量、大地测量和实用天文学的教学，铁路曲线及土方由铁道工程教授伍镜湖兼任，最小二乘法由数学教授黄寿恒兼任，矿山测量由采矿教授王绍瀛兼任。测量仪器则由李恩科专人管理。测绘类课程教学与实习章法有度，教学要求十分严格，考试题目有很多不能在课本上直接找出答案，而是需要在融会贯通的基础上，经过独立思考方可求得解答。测量实习的每一步操作、记录、计算、校核、有效数字的取位都有严格要求。如果实习达不到要求，则必须重修，因而培养了学生良好的习惯与作风，也形成了教学上的优良传统。罗河在教学中除采用英文课本外，他自己还用英文编印了教学提纲，写入教学的核心内容，及时灵活地补充教科书中所没有的新内容。我国测绘界的老一辈知名人士，如方俊、李庆海、陈本端、储钟瑞、罗河等皆毕业或肄业于唐院土木系，经过了亲身试

第二章 玉汝于成：民国时期的测绘学教育

验和体会，对唐院的教学记忆深刻，颇多赞誉。

在罗河的主持下，工科教育中占有重要基础支撑地位的测量学终于在学校形成了稳固的力量，确保了各个工程学科中对于测绘知识与技术的系统讲授和实际操作能力的扎实培养，保证了所培养的学生具备基础牢、上手快的显著特点。由于民国时期工程界的测绘任务几乎都由土木工程师所承担，不少土木工程学科的毕业生还选择以测绘为职业，因此各大学工科对测绘教育向来倚重。唐院的土木系科毕业生在铁路、公路、水利、市政、建筑部门从事勘测设计工作都显示出扎实的功底，在工程界受到普遍称赞，有的在大学教授测量学，致力于专门人才的培养。

在铁路工程界，像刘宝善、蓝田等毕业生大都在测量技术上有"绝活"，令同行侧目。刘宝善曾任路局总段副工程司兼测量队队长，蓝田踏勘浙赣铁路南萍段线路，后复勘成渝线。不少毕业生在铁路工程测量选线中屡有建树。

1936年，成渝铁路工程上马，仅测量队中就有唐院校友26人，包括4位正工程司——罗胜灏（第三测量队队长）、梁信湖（第四队队长）、洪嘉贻（第五队队长）、姚章桂（第七队队长），3位副工程司——杨建基、邱志道、易俊元。[①]毕业生李彝如函告母校孙鸿哲院长："生于五月初旬入川，三月以来，测量已将告竣，路线所经，多崇山峭壁，且临长江，挠曲非凡，勘测尤感不易，惟以此始可多获经验。"[②]七八月间，几个测量队冒着酷暑工作，生活颇为辛苦，因要赶在8月底测量完毕。

1936年优秀毕业生、获得"山德培奖金"的夏孙丁被分派到铁道部京衢铁路，驻安徽绩溪第二总段从事测量，负责测量工作的正是唐院1926届毕业的副工程司唐靖华。夏孙丁报告说，"唐山校友前在株韶段工作，对于测量工作极有经验，确为我院之特出人才。弟在测量队中，任测横断面工作，本队测横断面者，共有三组，每组有职员一人，专司指挥及记录工作，测夫两人，任测距离及测高度等工作，小工三人，专司除草及障碍物等工作。弟

---

① 《交大唐院周刊》，第137、138期合刊，1936年9月21日，第8页。
② 《交大唐院周刊》，第137、138期合刊，1936年9月21日，第10页。

初来此时，各方均感生疏，故进行极迟，今已逐渐熟练，每日可测一公里半矣"。①担任此路第一总段段长暨测量队队长的还是唐院校友徐节元。

校友傅星桥在黑龙江呼海铁路、江南铁路服务9年后，于1936年8月调至江西，担任樟赣铁路测量队队长。

刚刚毕业的储钟瑞，在南京参加全国经济委员会水利处的工程员考选，共录用5人，他与王永镇两位唐院毕业生均蒙录取。王永镇派设计科，储钟瑞到测绘科工作。他在给孙鸿哲院长的信函中表示，"测绘科惟一希望为航空测量，盖经委会水利处，最近购得航测机一架，并有未到应用仪器若干件，而无此项人才，势必托参谋本部陆军测量局代办。生曾商得科长允诺，待仪器运到后，设法随机实习，以期谙熟航空测量"。②储钟瑞的好学上进由此可见一斑。储钟瑞1938年考取第六届中英庚款赴伦敦大学帝国理工学院深造，获得特许工程师学位，1939年赴美在康奈尔大学研究院主修测量学，1944年获得博士学位。他在美国沿海及大地测量局、美国地质调查局实习，重点学习摄影测量学。1947年回国受邀在清华大学土木系任教授，主讲航空摄影测量、实用天文、地图投影和实用数学等课程，编著有《航空测量》一书。

▲土木系毕业生吕谌、冯雄、储钟瑞所编著的测量学著作

---

① 《交大唐院周刊》，第137、138期合刊，1936年9月21日，第10—11页。
② 《交大唐院周刊》，第145、146期合刊，1936年12月14日，第10—11页。

1935年11月,粤汉铁路南段工务处组织测量队勘测黄埔港广州支线。派往者有工程师李寿全,经纬仪组李毓汶、水平组(中线)程绍麟,地形组有两队:2Levelmen 高惠同、周弁,2Plane tables 陈培英、唐承矩。为期1月,共测过20余英里。这个测量队为清一色唐山同学包办。测量成绩,颇获工程处好评。①

1911届毕业生汪彦芳曾任扬子江水道整理委员会测量队总队长,同届的黄霨如在美国密西根大学留学时由詹天佑电召回国,任川汉铁路工程师,测量由夔府到重庆的线路。1921届毕业生孙秉辉任河南省第三水利局测量队队长。耿瑞芝任川湘铁路测量队队长。

1922届毕业生吕谌在留学英国归国后曾在京奉、胶济、呼海、粤汉铁路从事测量,潜心著述,先后由龙门书局出版了《平面测量学》(包括航空测量)、《应用力学》,在商务印书馆出版了《铁路测量》,用作专科及大学教本;陈本端与方俊预科时就是同学,毕业后在中山大学、交通大学、同济大学任教授,著有《高等测量学》,收入张元济主编的商务印书馆大学丛书。直到中华人民共和国成立初期,这些著作还作为唐院相关课程的参考书。龚继成1935年在陇海铁路局任职时,第一次采用航空测量与地面测量结合的选线法勘测了宝成铁路;抗战时期他在北平研究院严济慈和五一兵工厂的协助下,试制成功我国第一台经纬仪,解决了大后方缺乏测量仪器的困难,获得交通部金质奖章。

经过40多年的发展和积累,民国时期学校的测量教育与当时的社会发展及技术应用水平大致适应,在土木工学中找准定位,乐当"配角",为老唐院工科教育高水准的建设做出了重要的、关键性的贡献,培养的一批又一批工程师挑起了我国铁路、水利、市政测量的"大梁"。

---

①《交大唐院周刊》,第115、116期合刊,1935年10月28日,第13页。

第四节
抗战内迁与复员时期测量教学的调适

七七事变爆发以后，日本加速对中国的侵略和占领，华北首当其冲，唐院骤然面临严峻局面。时值暑期，伍镜湖教授带领土木、采冶两系二、三年级的学生坚持按计划完成了在北平西山的测量实习。

就在暑期当中，国民政府决定国立交通大学改由教育部领导，而教育、铁道两部的交接没有及时有效地进行。院长孙鸿哲积劳成疾，在北京协和医院住院治疗。到了9月份临近开学，教育部令交通大学不得内迁，在上海继续维持，必要时可迁入租界，而唐山、北平两地学院由于已经陷落日寇，学生可转上海本部就读，师资可适量酌用。实际上就是在战时将唐、平两院建制取消。这个决定遭到了唐院师生和校友们的强烈反对。为了延续唐院学生的学业，在湘黔、黔桂铁路局校友们的大力支持下，唐院利用湘黔路局在湘潭火车站新建的站房，并租用钱家巷、窑湾等处民房楼舍，于1937年12月15日自行复课。其时，教师、图书、仪器异常缺乏，铁路局在自身也很紧张的情况下借出测量仪器，在路局的多位校友汪菊潜等以及李中美等不是校友的工程师们都来学校义务兼课，共渡时难。

其后不久，陈立夫接替王世杰出任教育部长。陈立夫早年学习矿冶，毕业于北洋大学，对工程教育素来看重。此时，刚刚主持建成钱塘江大桥又因战事需要愤然炸毁大桥的校友、前校长茅以升，带领桥工处疏散并辗转由浙江兰溪撤至长沙。校友们闻讯后一致公举他出面力撑学校危局，茅以升爱校情殷，在李中襄、杜镇远、侯家源等校友的支持下，与教授朱泰信、校友倪钟澄一道于1938年1月赴武汉拜会陈立夫部长，剀切陈词，汇报了唐院在湘潭复课的艰难情形，竭力进行沟通。陈立夫采取了与王世杰不同的态度，表示同意唐院内迁，同时鉴于北平铁道管理学院的现状，决定平院一同内迁，改设为唐院铁道管理系。经教育部安排，在上海租界的交通大学本部黎照寰校长电令，聘请罗忠忱教授为唐院院长。由于罗教授尚在沦陷区唐山，为确保校务有效运行，即聘茅以升为代理院长。1938年5月，罗忠忱院长几经辗转终于到达湘潭，他坚决不就院长职，力推茅以升继续主持院务，黎照寰校长遂聘请茅以升担任唐院院长。此时，平院部分师生陆续到达湘潭，人员激增，原有校舍无法容纳。只得再度迁移到几十公里外的湘乡杨家滩。[①]

一、书籍仪器匮缺与校友的襄助

战时唐院的重建责任重大，任务艰巨。茅以升怀着对母校的挚爱，毅然挑起重担。他把很大一部分精力放到了经费落实和设备筹借、教师聘请上面。由于采冶系教师一时难以到位，茅以升院长与湖南大学洽商，采冶系学生暂时到长沙湖南大学借读。而随着平院学生的到来，管理系教师的聘请也颇费周折。

对土木系而言，试验仪器、测量仪器是维持教学活动的基本条件。在湘黔铁路局局长侯家源和副局长裴益祥两位校友的大力支持下，唐院从路局筹商借用了一批测量仪器，包括经纬仪 4 架（Fennel 18228、K&E45087、Kern29458、Zeiss39298 各一），水平仪 4 架（Zeiss40192、Zeiss40128、Kern29028、Kassel37728）以及小平板仪 1 架、手水平 3 个、50 米钢卷尺 1 盘、20 米钢卷尺 2 盘、100 米铜链尺 1 支、30 米皮卷尺 3 盘、水平尺 5 支、绘图仪器 2 副、绘图板 10 块、丁字尺 4 支，总计价值约 7 500 洋圆。[②]真是雪中得炭，保证了土木系测量教学的一时之需。

"八一三"淞沪会战中国军队坚守两个多月后上海失守，日军继续沿长

[①] 今湖南省涟源市杨镇。
[②] 仪器清单见西南交通大学民国时期旧档，1939 年 28 卷，档号 1-10-1-2。

江向南攻占，国土继续沦丧。1938年11月，日军侵占武汉后，长沙形势骤然紧张，湘潭、杨家滩离长沙不远，在此情况下唐院被迫再度迁徙。几经考察多方比较之后，终于选定大后方贵州省一个较为偏僻的平越小县城，离贵阳市尚有一百多里。这里山水清秀，民风淳朴，不失为战时读书的好地方。

从湖南杨家滩到贵州平越，距离几百公里，中间要经过广西桂林、柳州等地。其时黔桂铁路正在赶修，还是靠着路局校友的帮助，在湖南界内唐院迁徙大军尚可坐一段火车，进入广西就只能靠双脚步行了。1938年12月5日，日军轰炸桂林，存放在县前街的测量仪器和图书资料以及学生们的部分衣物书籍均遭炸毁，损失惨重。面对严峻的现实，茅以升院长多方打探，得知资兴矿厂[①]所存广梅铁路的测量仪器已经运到广西，于是他与厂长谭锡畴谈好借用事宜。两人于12月10日通过湘桂铁路桂南工程局桂林办事处向局长曾养甫拍发电报，请求支持和批准。曾养甫前任浙江省政府委员、建设厅长，正是茅以升主持修建钱塘江大桥时的上级领导。第二天，曾养甫即回电，"资厂仪器可照办"，[②]这样总算解了燃眉之急。这批仪器大多有八九成新，多数有一点缺损。总计有美国Young & Sons N.Y的水准仪4台、经纬仪2架，瑞士Kern的经纬仪2台，德国产画图仪2台，还有面积仪1台、罗盘仪1个、20米布卷尺、50米钢卷尺、放大镜和手准仪3台，都是进口产品。然而，测量仪器总归不敷使用。

1939年1月底到达平越后，在当地政府和民众的帮助下，腾出在文庙的平越县初中、在考棚的小学，供唐院用作教室和学生宿舍，学校还从当地大户和居民中租借房舍安置教师和学生。学校也在文庙及旁边的福泉山上新建了一些教室、试验室、图书馆和办公室。唐院的大部分教师辗转归队，茅以升凭借他多年来在教育界和工程界的人脉影响，想方

[①] 即军事委员会委员长广州行营湘南煤矿局资兴矿厂，为战时军工企业。
[②] 茅以升、曾养甫往来电文见西南交通大学民国时期旧档，1939年28卷，档号1-10-1-2。

设法补充延聘专业课教师，以及总务主任、图书馆主任等，确保并扩充唐院在战时的师资队伍，保持唐院工程教育素有的高水准，以及严格要求的办学传统。

▲1938年12月日军轰炸桂林，唐院迁移贵州途中被炸毁的测量仪器

唐院弦歌再续，背井离乡的学生们倍加珍惜学习机会，靠着政府微薄的救济，满怀对日本侵略者的强烈义愤，在抗战中发愤读书，在桐油灯下完成作业，学习本领。师生们甘苦与共，教学相长。他们记住了茅以升院长的那句话——唐院不会亡，中国不会亡！续写了学校抗战中培养出10名院士的新传奇。

平越时期，学校的办学条件依然十分艰苦。在桂林被炸毁的测量仪器急需设法补救。茅以升院长陆续发函致电，向广西大学、重庆大学、交通部技术厅及路政司等商借仪器，当时各处仪器都十分紧缺，无法增添。无奈之下，茅以升、罗忠忱又向昆明叙昆铁路局局长萨福均、滇缅铁路局局长杜镇远校友求援。当时两局的仪器都自己在使用，好在杜镇远校友设法在滇缅西段找到无脚水平仪5架、经纬仪2架；萨福均也忍痛借出新的水平仪两全套。交通部陇海铁路工程局也拨借经纬仪、水准仪（带架）各1套以及花板花杆各2根，为唐院测量教学救了燃眉之急，这在战时是相当不容易的。

85

学校随后也多方设法在国内外购置了一些必备的测量仪器。1940年，又利用建设校舍节约下来的经费，购得经纬仪、求积仪和气压计各1件，流速仪2件，小平板仪10件，水准仪2件，尽可能地保障测量教学所需。1940年11月，茅以升通过设在香港的资源委员会购料室蒋平伯就近向香港各公司寻购航测制图仪、摄影测量仪、防洪测量仪和山岳比重仪等设备，在香港无法采购的情况下，又托华昌公司向美国询价，[①]可谓倍感艰难。战时工作在军事委员会、资源委员会和各交通部门的校友们爱校情深，对运送仪器回母校精心安排，一段一段地衔接，最后安全运到平越的马场坪车站，对母校的教学工作无私支援，恐怕那时也只有交通大学有这样的条件了。特别令人感念的是，1926届毕业生汪菊潜[②]当时在叙昆铁路工程局工作，他曾疏通萨局长允准向唐院提供测量仪器。嗣后由于唐院内部出现纠纷，此事耽搁。胡博渊主任来校后拟增仪器，罗河又与他联系。汪菊潜当时面临工作调动，而萨局长已经调走，他想抓住最后的机会为母校争取到测量仪器，于是在1942年3月致函罗河筹划办法："趁弟等在此，或尚可设法。如似需要请即由母校正式来公函致敝局，说明前借水平仪两架请作价让受，并请再价让经纬仪两架。弟等自当从中设法，价格方面力求减低。此间经纬仪存有K.E.及Kern两种，Kern价格较廉，需要何种也请一并说明，均系新货未用。让受价格普通系照当时之外币折合目前汇率之国币计价。但母校来购，当可办到以当时国币之价格让受也……"5个月后此事全部办妥，唐院从叙昆铁路局让购到K.E.及Kern经纬仪各1架并各附三脚架等，又在资源委员会运务处处长、交大校友莫衡的安排帮助下抵

[①] 相关情况见西南交通大学民国时期旧档，1940年第33卷，档号1-35-3。

[②] 汪菊潜后来调入交通部桥梁设计工程处和中国桥梁公司，跟随茅以升从事桥梁设计，抗战胜利后具体负责钱塘江大桥的修复工程。新中国成立后先后任铁道部工程总局副局长、大桥工程局总工程师、铁道部副部长。1957年当选为中国科学院学部委员（院士）。

运平越。[①]

到 1943 年 7 月，学校通过拨借或者购入的测量仪器主要有：经纬仪 8 架，定镜水准仪 10 架，活镜水准仪 3 架，平板仪 1 架，平台仪 1 架，手水准仪 2 支，流速仪 1 支，面积仪 2 支，绘图仪 2 个。1944 年 6 月，经黔桂铁路局局长侯家源校友搜罗，为母校拨借 Stanley 及 K.E.经纬仪各 1 架，Kern 及 Troughton & Simms 水平仪各 1 架。汪菊潜、侯家源等校友为母校战时维持教学所急需尽心尽力，展现出深厚的爱校情怀。

二、课程调整与实习安排

土木、采冶两系的课程基本上沿用了抗战前的体系，特别是本科前三年的课程。但对第四学年的课程，取消了按铁路工程、构造工程、市政工程、水利工程和建筑工程 5 个学门分设专门必选课程的安排，改为将这 5 个学门的专业课程加以甄选形成一个选修课程包的形式，共计开出 16 门课程。规定学生必须按专业方向完成一定学分的选修课程，学生的毕业论文也明确按此 5 个专业方向选定题目深入研究，以此来构建自己的学术方向和职业去向。

在测量类课程方面，土木系一年级第二学期的测量讲授与测量实习在课时安排与学分计算上与抗战前相同；二年级与抗战前相较，开出了"测量学"、"测地学"、"最小二乘法"及"测量实习"四门课程，大同小异，仅仅是测量实习每周的课时由抗战前的 4 个钟点略减为 3 个，学分也相应从 2 个减为一个半，其余相同；三年级的"天文学"、"铁道测量"与抗战前相同，在暑期实习的安排上略有调整，铁路测量与大地测量各安排 2 周，多于抗战前的 3 周。

---

① 汪菊潜原函见西南交通大学民国时期旧档，1941 年第 17 卷，档号 1-35-1（2）。

矿冶系的测量教学比抗战前明显加大了课时量，战前只安排在二年级学习"测量"及进行测量实习，并在暑期进行3周的测量实习。战时教学在一年级第二学期即讲授"测量学"，每周2个钟点，记2个学分；每周安排测量实习3个钟点，记一个半学分。二年级两个学期均安排3门测量课："测量学"每周2个钟点，记2个学分；"测量实习"每周4个钟点，记2个学分；"矿山测量"每周2个钟点，记2个学分。而"矿山测量实习"仅安排在二年级第二学期，每周4个钟点，记2个学分。由此可见，矿冶系学生在测量学方面受到的训练更为严格而专业。

罗河担任测量课主讲并成为核心教授。1942年，他在普通测量课中曾用大致一节课的时间介绍航空摄影测量的大意，由作为基础的角锥体原理讲起，还介绍了当时法国一种绘制地形等高线的设备及其操作过程轮廓。学生们基本都能听懂，并记下要点，体现了他讲课的"少而精"。有一次讲天文学，他利用下课前的几分钟提问：由北极上空向下看时地球自转是顺时针还是反时针？一连问了十多个学生，让答对的站着，答错的坐下。结果同学们相当紧张，思想有些混乱，为争取坐下而答错的人较多。下课铃响后，他说："这个世界上坚持真理的人未必不受挫折，真理也不一定在多数人这边，你们应该记住。"然后才下课。这件小事，体现了罗河教学的哲理性，很多年以后学生们对此事的印象仍非常深刻。期末考试也比较特别，他一般出五道题，计算和讨论各二题，还有一道"怪题"是没有直接讲过、书上也没有谈到的。例如，课上讲的是人在北半球时的情况，他却问在南半球时应该如何。对课程内容真懂了并能灵活运用的学生遇到这类怪题一般能答好，而那些死读书的就很困难。此外，评分中他不十分重视答案是否正确，而是注意答题的思路和推理方法。有时思路和方法有可取之处，但最后结论不对，他仍给不低的分数。[①]平时罗河更鼓励学生钻研各种问题，不迷信书本，并注意培养学生

[①] 黄棠、刘文熙：《回忆罗河教授治学与教书育人的风格》，《西南交通大学百年校庆论文集》，成都：西南交通大学出版社，1996年版。

分析问题解决问题的能力。

▲抗战期间罗河指导学生因地制宜开展野外测量实习

测量教学和实习均结合抗战时的环境，进行了一定的调整和改进。为支持平越地方建设，土木工程系学生义务对平越城区进行了测绘。暑期则就近在黔桂铁路开展实习。当时测量仪器奇缺，较新的经纬仪和水平仪只有两台，其余大多是各地校友们捐赠募集的旧仪器，虽然还能用但已过时，且形式各异。罗河教授先向学生介绍具体情况，然后强调在校中接触多种形式的仪器有好处，这样毕业后容易适应不同的工作环境。他还特别叮嘱：这些仪器来之不易，大家必须注意保护、不致损伤；实习中搬动仪器时，在丘陵地带要小心防跌；出现意外情况时首先要想到仪器，必要时应以身体掩护，尤其要保住镜筒；若因学生的过失而致仪器重伤，该生测量课即以不及格论。学生们牢记了罗河的告诫，学习时总是兢兢业业的。罗河在实习时总是往来巡视，督察颇严，当他认为学生操作不够熟练或不完全正确时一般不直接纠正，而是诙谐地提问要学生回答，这时他面带笑容，但问题一个接着一个。开始时学生往往不知毛病出在何处，相当紧张；然而经过提问后，印象比较深刻，操作也就不会再出错了。[①]可以说，在实习教学中也处处体现出罗河教学的启发性，学生们都感到终身受益。

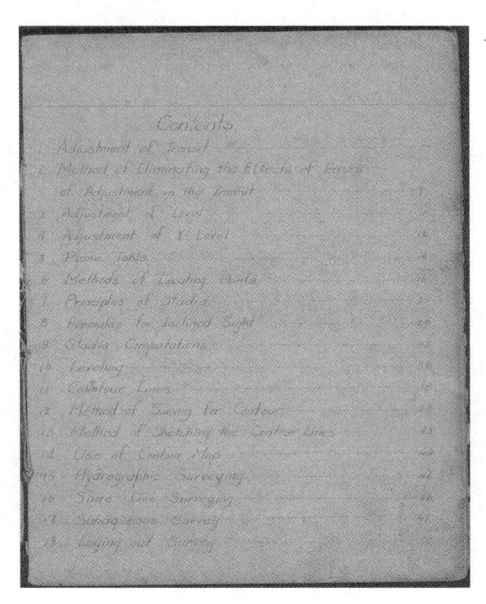

▲王兆祥保存的罗河讲课的听课笔记

学生们在山河破碎的境况中从内心生发出读书救国的强烈意志，他们一毕业就参加了抗战大后方的铁路、公路、钢铁厂、矿厂的开发建设，有的则到缅甸参加滇缅公路和中印输油管的修建，历经血与火的洗礼，为抗战胜利贡献了力量。他们中的不少人日后也成为新建立的中华人民共和国各条建设战线上的骨干力量。

三、复员后国立唐山工学院时期的测绘教学

1945年8月，日本投降。中国人民艰苦卓绝的全民抗战取得最终的胜利。到1946年6月，国民政府统筹部署高校复员。国立交通大学贵州分校

[①] 黄棠、刘文熙：《回忆罗河教授治学与教书育人的风格》，《西南交通大学百年校庆论文集》，成都：西南交通大学出版社，1996年版。

下辖的唐院和平院，各自独立建制返回战前的办学地唐山和北平，分别改为直隶于教育部。战时后期在重庆九龙坡恢复的国立交通大学渝校（总校），复员回到上海徐家汇，仍称国立交通大学。交通大学再度由合至分。

国立唐山工学院针对战后建设人才急剧增长的需求，抓住时机进行扩系增科。经教育部批准，采冶系扩充为采矿工程系和冶金工程系，并新开设两年制的矿冶专修科；另按1932年的方案增设了独立的建筑工程系。针对不同系、专修科的测量教学计划再次进行了相应的调整和修订。

土木工程系的测绘类课程依然在前三个学年连续循序递进安排。第一学年在第二学期开设"测量"课，分理论讲授和实习，讲授每星期有2个钟点，实习有3个钟点，共积三个半学分。第二学年安排5门测绘类课程：第一学期开设"测量学"课，每星期有2个钟点，积2个学分，开设"测量实习"课，每星期有3个钟点，积一个半学分，开设"最小二乘法"课，每星期有3个钟点，积3个学分，开设"天文学"课，每星期有2个钟点，积2个学分；第二学期开设"测地学"课，每星期有2个钟点，积2个学分；并在暑期进行大地测量实习2周。第三学年在两个学期均开设"铁道测量"课，每星期有3个钟点，积一个半学分；并在暑期进行铁路测量实习2周。

采矿系和冶金系都是在二年级安排4门测量类的课程。两个学期均开设"平面测量"课，每星期有2个钟点，共积4个学分；两个学期均开设"平面测量实习"课，每星期有4个钟点，共积4个学分；两个学期均开设"矿山测量"课，每星期有2个钟点，共积4个学分，但矿山测量实习只安排在第二学期，每星期有2个钟点，积2个学分。暑期中不安排测量实习。

建筑工程系在一年级第二学期开设"测量"课，每星期有2个钟点，积2个学分；测量实习，每星期有3个钟点，积一个半学分。在二年级第一学期开设"测量学"，每星期有2个钟点，积2个学分；测量实习，每星期有3个钟点，积一个半学分。

矿冶专修科分采矿组与冶金组。采矿组在一年级第二学期开设"平面测量"课，每星期有2个钟点，积2个学分；"平面测量实习"，每星期有3

个钟点，积一个半学分。在二年级第一学期继续开设"平面测量"课，每星期有2个钟点，积2个学分，"平面测量实习"，每星期有3个钟点，积一个半学分；在第二学期开设"矿山测量"课，每星期有2个钟点，积1个学分，矿山测量实习，每星期有3个钟点，积一个半学分。冶金组一年级不开设测量课，仅在二年级第一学期开设"平面测量"课，每星期有2个钟点，积2个学分；"平面测量实习"，每星期有3个钟点，积一个半学分。限于学制的关系，采冶专修科的测量教学与训练只能着眼于最基本的要求。

学校多方设法筹集测量仪器，倍觉艰难。因为在由四川复员船运返回唐山的途中，仪器在长江沉没损失殆尽，抵唐时仅存经纬仪1部、水平仪3部，以及损坏不堪应用的经纬仪5部、水平仪4部，大望远镜1具，平板仪2具，水准尺2具，轮转计、罗盘仪各1具。为应急需，学校搜购了日本式新旧经纬仪5部、水平仪3部，德国式水平仪1部。后来，又得到联合国救济总署赠予日本式旧经纬仪1部、德国式旧经纬仪1部。[①]总的来说，这一时期的测量仪器在数量以及质量方面都差强人意，仍然不能满足实际的需要。

▲复员唐山后测量教学的条件逐步得到改善

[①]《国立唐山工学院四十二周年纪念特刊》，1947年，第13页。

第三章

调整适应：
新中国三十年的测绘学教育

（1949—1978）

动荡往复，兴办专业教育的时代足迹

第一节
学习苏联回归单一铁路工程师的培养

1949年5月26日上海解放,滞留上海的国立唐山工学院由中国人民革命军事委员会接管,院长唐振绪博士率领师生员工,携带图书设备于6月27日回到唐山。稍早前北平和平解放后,北平铁道管理学院也由军委铁道部接管。更早在3月间唐院大部撤离以后,来自晋察冀解放区的华北交通学院进驻唐院校园,华北交通学院原有工程及财务、管理方面的专业。

军委铁道部于7月8日决定将华北交通学院的工程及财务管理专业并入京、唐两院,并在此基础上合组创建一所新型的中国交通大学。唐院院务委员会主任唐振绪很快提出了一个雄心勃勃的中国交通大学扩充组建计划,除北京管理学院、唐山工学院外,计划接收在上海的国立交通大学,并在南京、哈尔滨等地增设学院。中国交通大学校部于1949年9月设立,新中国开国大典之后,军委铁道部转为中央人民政府铁道部,中国交通大学由军队序列转归政务院。铁道部任命由沪来京参加中国人民政治协商会议的科学界著名人士茅以升为中国交通大学校长,这也是他第四次执掌母校。

唐山工学院由此进入了一个蓬勃发展的新时期,也进入了一个新旧交替的过渡期。唐院在原有4个系的基础上,终于恢复设立了机械工程系,新设电机工程系和化学工程系,同时开办线路、桥梁、电信、机车检修运用等两年制的专修科,快速形成了本科7个系、5个专修科的学科规模,招生人数也翻番，达到了 700 人的规模。①

一、新唐院的转型及相应的措施

系科的大扩充，学生人数的倍增要求师资力量必须同步充实。在测量教师方面，罗河教授没有随校南迁上海，他除了在北京大学工学院短期任教外，也在华北交通学院授课，并聘请宋卓民来校担任测量课助教。中国交通大学成立后，唐院又陆续延聘了校友邵福昕、王兆祥来校，从事专职的测量教学。

唐院传统的全英文教学无法继续，但课本仍沿用英文，改为中文讲授，一些专业名词因一时难于改变，常常是中英混用。1949 年 12 月 23 至 31 日，高教部召开第一次全国教育工作会议，明确提出要借助苏联教育建设的先进经验，教育要学习苏联。新中国的社会制度发生根本改变后，其高等教育在制度、培养目标、课程体系等方面也必然随之进行重大变革。初期，学校的教学工作仍然存在一定的惯性。随后，各科目教材在名词方面全改为中文，英制改为公制。除了思想、政治方面课程的快速变更以外，直到 1952 年全国高等院校院系调整之前，老唐院的专业课程体系与培养方式依然还在发挥主导作用。面向土木系、建筑系、采矿系、冶金系的测绘类课程教学大体照旧，并在新设的机械系、电机系、化工系也开设了基础的测量课，各个专修科也是如此。总体而言，测量课程的定位还是处于支撑与服务工学各科的层面。

铁道部在人员、经费、设备等方面积极加大对新唐院的投入，大量培养铁路所需要的技术人才。华北交通学院并入时带来了大约 20 台仪器。当

---

① 唐山路矿学堂时期曾开办机器科，1914 年有两名学生毕业，随即因故停办。1931 年李书田院长曾计划恢复设立机械电机系未果，孙鸿哲长校后也多次推动，在 1937 年抗战全面爆发前已有些眉目，随即因战争爆发再度失去机会。

时负责管理仪器的王兆祥老师，到天津、北京、沈阳等地的旧货摊上，搜购了一些日本人撤退时留下的日产测量仪器，使学校仪器数量增加至四五十台，基本上满足了扩大招生后的教学需要。但这些仪器陈旧，型号杂乱，差不多全是游标经纬仪和活镜水准仪。鉴于学校设备的落后与不足，铁道部于 1951 年拨款 100 万斤小米，①补充教学设备，学校利用这笔经费主要补充了测量设备。王兆祥精心谋划，通过香港捷成洋行购买了世界名牌厂家 Kern 及 Wild 当时生产的最新测量仪器的几乎所有型号。其中有的型号是供学生实习之用，有的则提供示教之用。供实习所用的普通精度的光学经纬仪有 Wild T_1、T_2 及 Kern DKM_1，微倾水准仪 Wild N_2、N_3，Kern NK_2、NK_3，各有 15 台，以满足一个班上课的需要。供示教之用的仪器，则每一型号只买 1 台，有 Wild 的经纬仪 T_3、T_{12}，水准仪 N_{10}，摄影经纬仪 P30、自计视距仪 RDS、双像视距仪 RDH，Kern 的经纬仪 DK_2、DKM_2、DK_1，水准仪 GKO。另有一台 Wild T_4，后来调至中国科学院。此外还购买了一批扩大仪器功能的配套附件，如等高观测镜头、双像视距镜头、直角目镜、直角镜头等。章守华教授赴东德购买的测量仪器，则有 24 m 因瓦线尺、天文钟、矿山经纬仪、求积仪、气压计等。经过这一次的设备补充，使得唐院的测绘仪器无论在数量、品种，还是质量上都居全国高校前列。

由于以美国为首的西方国家采取了敌视新中国的政策，1950 年朝鲜战争爆发，美国出兵朝鲜进行武装干涉，同时派遣第七舰队入侵台湾海峡，将战火燃烧到中国东北边境。中国人民志愿军开赴朝鲜抗美援朝、保家卫国。在如此严峻的国际形势下，新中国采取了在社会主义阵营"一边倒"的政策，逐步开始了向"老大哥"苏联的全面学习。高等院校从 1952 年开始进行大规模的院系调整，学习苏联高教模式，整顿与加强综合大学，发展专门学院，首先是工业院校，在北京新组建了 8 个单科性的工科高

---

① 因战时通货膨胀，经费按折合实物计算。

校。①1952年5月，北方交通大学②校部建制撤销，下辖的北京管理学院、唐山工学院分别独立，改称北京铁道学院、唐山铁道学院，均由铁道部直辖。

铁道部指示唐院，"兹为贯彻中央人民政府调整工学院院系方针，以节省培养干部的人力物力起见，划定唐山铁道学院专事培养铁道工务、机务及电务、电机人才"。③唐院由此从一所多科性的工科大学转变为一所单科性的铁道学院，只保留与铁路相关的系科。在这次院系调整中，清华大学铁道方面的张泽熙教授及助教2名、学生6名转入唐院；重庆大学铁道工程组的几名教师和75名学生，哈尔滨铁道学院有关土木工程的教师及120名学生先后调入唐院，其测量方面的教师李树阳、马德言、闫树椿、张庆珩、陆万邦和汪柱石六人转唐院任教，充实了我校的测量师资力量。

学俄语、学苏联，新唐院由之前一所典型的、以欧美工科大学为蓝本的工程学府，全面转向以苏联铁道学院为新榜样的单一铁道院校，差不多又回到了自身最初铁路学堂的"原点"。新唐院设置的系和专业为：桥梁隧道系（由结构工程系改设），设桥梁隧道专业；铁道建筑系（由土木工程系改设），设铁道建筑专业；铁道运输机械系（由机械工程系改设），设机车制造专业、车辆制造专业；电气运输系（由电机工程系改设），设铁道运输电力专业、电气运输专业。调整后学校的专业数由原来的16个减少到6个。附设桥梁、隧道、铁道兵桥梁、铁道建筑、定线设计、机车检修运用、车辆检修运用七个专修科，其后又在铁道建筑系设立铁道线路及轨道修养专修科。这样就大体确定了学校今后一段时间学科发展的大致范围。

由于强调与铁路生产部门的对接需求，专业与专修科的设立处于较为频繁的动态变化过程。到1956年，学校学习苏联进行教育教学改革结束时

---

① 即所谓的"八大学院"：北京地质学院、北京矿业学院、北京钢铁学院、北京航空学院、北京石油学院、北京农业化机械学院、北京林学院和北京医学院。
② 中国交通大学因校名问题，经政务院会议批准，于1950年9月改称北方交通大学，仍下辖京唐两院。茅以升、金士宣继续分任校长、副校长。
③ 铁道部文件，铁教高（52）字第104号，1952年7月17日。

共设 6 个专业、8 个专门化。所谓"专门化",就是在专业划分的基础上,为强化对毕业生某方面工作能力的培养而进行的再次划分。其方法是在已有的基础课、专业课的基础上,再开出一套针对性更强、课时更多的"专门化课程"。这组课程的课时数,往往都在 600 学时以上,不仅增加了学生负担,而且由于整个教学计划压缩了基础课的门数和课时,限制了学生的知识面,并不利于毕业生的终身学习和全面发展。[①]由此可见,学习苏联学科(专业)调整的最后结果,就是在已划分专业的基础上再进行叠床架屋式的细分,专业下面再设专门化,使得学生的培养方向细之又细,以应国家建设对某类型的专门技术人才的急需。

高教领域学习苏联十分全面,不但在组织上仿照苏联成立教研组,调整专业机构,而且在教学计划、教学大纲、考试制度、教学方法、教材等方面都进行了全面改革。学校由此开始实行一套计划经济体制下的教育管理模式,高度集中、全国(全路)统一管理是这一模式的基本特征,学校的各项工作均按照中央教育主管部门的统一指示执行,教育部、铁道部对教学计划、教学大纲、生产实习等具体教学环节实行统一指导与规划。学校在管理机构、管理制度、专业设置、教学计划、教学大纲、教材教法、教学组织等方面全面系统地学习苏联高教经验,首先拿过来如法炮制,全盘苏化地仿效。

二、测量教学的调整与改革

从 1952 年开始,学校在教学计划的制定和修改中,基本上是以苏联铁道高等学校的教学计划为蓝本。按照中央对高等教育"整顿巩固、重点发展、保证质量、稳步前进"的指导方针,从 1953 年 5 月全面开展教学计划的修订工作。1954 年 2 月,高教部决定在全国范围内委托有关高等工业院校制定工科专业全国统一的教学计划,委托唐院制定铁道建筑、桥梁隧道、铁道

---

① 何云庵主编:《西南交通大学史》(第四卷 1949—1972),成都:西南交通大学出版社,2016 年版,第 45—46 页。

运输机械、铁道运输动力和电气运输共 5 个专业的全国统一教学计划。以 1954 年 7 月高教部批准的铁道建筑专业计划为例，这个计划参照的是苏联铁道建筑专业 1951 年的 5 年制教学计划，压缩在我国的四年制教学计划中。基础课及技术基础课计有 26 门，4 个专门化方向的课程分别有 7 至 8 门。

"测量学"作为技术基础课安排在第一学年的两个学期，讲课有 78 学时，实验有 48 学时，课堂实习、讨论与练习有 12 学时，共计 138 学时。对于铁道建筑、桥梁、隧道、工业与民用建筑、地质以及铁道运输专业，都只开设一门测量学课程。从过去的 5 门减缩为 1 门，除了有关地形测量的内容与过去大致相同外，"最小二乘法"只讲"误差理论的基本知识"一章。"天文学"压缩为"用观测太阳法测定真方位角"一章，"铁路曲线及土方"压缩为"铁路线路测量"一章，只讲圆曲线和圆曲线加缓和曲线的测设，"大地测量"则只讲"国家控制网的概念"一节。教学内容、教学大纲、实习安排、考试方法，基本上是按苏联模式进行。铁道建筑、桥梁、隧道专业的"测量学"教学学时数为 180，铁道运输专业的时数为 120，工业与民用建筑专业的时数为 80。

在讲授的体系上也有一些变化，过去是按知识的难易安排内容的先后，即先讲水准测量，后讲角度测量。改革后是按先平面后高程的思路安排内容的先后，即先讲角度测量，后讲高程测量。所有这些讲授的内容、次序、学时，都有统一的教学大纲，需要教师遵守，不能随意更动。

在教学方式上的改革，是将过去的一小时一节课，改为连续两节课为一讲，每天连续排六节课，即三讲，称为"六节一贯制"。过去的测量实习都是排半天，而改革后则必须在两节课内完成。

学生成绩的考核，则分为期中测验和期末考试。期中测验每学期可进行一至两次，以书面答卷的方式进行。而期末考试，则采用口试，以五级分制记分，学生抽签答题。优秀者为五分，良好为四分，及格为三分，不及格为二分。所以实际上是四级分制。在期末考试以前，学生必须实习及格，否则不准参加期末考试。期末安排两周左右的复习及考试时间，每门课有 2 至 3 天的复习、1 天的考试。考前，教研室按教学大纲规定的内容准备好若干考签，每签一般有 4 至 5 个题目。这些题目应包括计算、概念、仪器、做法等不同类型，以考核学生对知识掌握的全面性。考试前就要安排好学生口试的顺序及每个学生的具体时间。当时还是铁道建筑系学生的刘文熙回忆："按预先排好的顺序，每一小时同时进场四到五名学生，先抽取考签，然后按上面的题目坐在教室准备约四十五分钟，再依次到主考老师处口述答题。老师听完后找出其中的漏洞或含糊之处再补充提几个问题，最后现场打分，一出考场，自己就知道了考试成绩。这种考试方法有点像'三堂会审'的样子，考场十分严肃。由于采用口试，每个学生的考题各不相同，考题量就很大，所以一门课的考题从教材的绪论到书的结尾，都有可能涉及到。我们期末的复习也极为认真、细致，每个细节都不敢放过。"[①]这种方法耗用的人力太多，从 1952 年年末开始采用，1958 年后即不再采用。

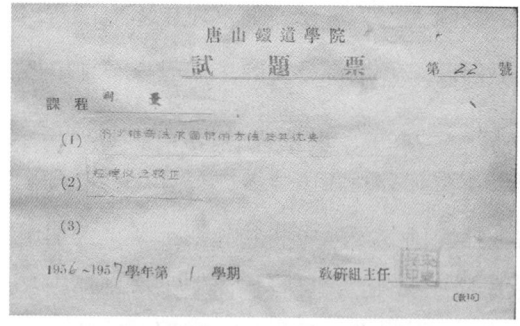

▲测量课采用口试的试题票

---

① 刘文熙：《回眸岁月 感悟人生》，《西南(唐山)交通大学校史资料选辑》，第 34 辑，第 7 页。

第三章 调整适应：新中国三十年的测绘学教育

在上课的方式上，则依循大班上课、小班辅导的原则，小班规定为30人。大班上课可以集中由有经验的教师讲课，以提高课堂讲课质量；小班辅导则可使辅导工作更为深入细致。

各门教材采用苏联教材的中译本，或以苏联教材为蓝本的自编教材。由于效仿苏联，老唐院以前执行的土木工程测绘类五门课程递进兼顾的体系被取消了，教学内容较前大为削弱。应当说，测量课在工科中的地位与作用都受到了削弱。

由于苏联五年制教学计划压缩至4年完成，带来了高校普遍存在的学生学习负担过重的问题，高教部指示加以研究解决。学校向高教部、铁道部专门写了情况报告，客观分析了超学时现象及其后果，提出了减负的十几条具体措施。1955年5月11日，高教部指示，为减轻学生负荷，考试课目限定不得超过5门。为了从本科学制上解决这些问题，高教部在6月18日作出决定，自1956年度入学新生开始改为五年制。为此，高教部委托学校与同济大学、中南土建学院共同修订铁道、桥隧等专业的五年制教学计划，并要求从1956年新学年开始即刻实行。这一学制一直实行到1966年"文化大革命"开始。到1955年，学校基本上在基础课、技术基础课及专业课上都有了统一制定的教学大纲或过渡性教学大纲。到1957年暑期以后，学校停止实行"六节一贯制"。

在教学方法的改革中，学习苏联的经验，增加了若干教学环节。由原来的讲授、实验、实习、考试等几个基本的教学环节，改为讲授、习题课、课堂讨论、实验、实习、课程设计（论文）、考查、考试、毕业设计及答辩等多个环节。教学日历和教学方案的制订具体到每堂课的教学进度安排，细化到每堂课的讲授提纲，这些都是从前没有过的新事物。也特别注重教学与生产实际相结合，与现场实践的"零距离"。

测量实习的安排开始紧密结合现场实际。1950年暑期，邵福昕教授带领毕业班学生进行同塘线（大同至塘沽）初测，48、49级土木系学生赴沈阳进行市政测量，黄万里教授带水利组学生开展京津运河的测量。这是学校有史以来测量实习规模最大、与生产实际结合最为紧密的一次,这些任务的完成,有效地提高了学生实际工作的能力,也弥补了现场技术人员的不足。

1951年3月25日,学校抗美援朝工程队第一批70人出发赴朝修建飞机场。师生们携带测量仪器经纬仪3台,水准仪2台,及其他附属设备若干,历时8个多月圆满完成任务,其中27人立功受奖。这也是全国高校中唯一赴朝参战的工程队。次年4月20日,第二批抗美援朝工程队携带同样的测量仪器再度赴朝。

1952年9月8日至10月6日,罗河教授带领学生赴北戴河进行测量实习。其间,李树阳副教授率领3位助教麦倜曾、闫树椿、陆万邦以及铁道专业二年级学生,无偿地为秦皇岛市政工程局测绘河东寨到鸽子窝的一条公路,全长7千米多,工程当年动工,1954年建成通车。1953年暑期按照新的教学计划进行为期4周的测量教学实习,实习地点在北京潭柘寺,实习内容为地形测量和铁路线路测量,即测绘1千米多的带状地形图,再根据这张地形图由教师协助进行纸上定线,并据以将铁路中线测设于地面。1954年暑期的实习则安排在济南进行。由于学生数量激增,辅导实习的教师不够,由新近毕业留校的土木工程专业教师参与实习辅导。

在学校层面,1954年8月,由院长和教务长领导成立了生产实习委员会。要求各专业除了学时内规定的课程实习,比如铁道建筑系学生测量课的实习外,还增加了在校期间每年都必须参加的4至6周的实习,一般安排在暑假前进行,由低到高,循序渐进,分别为教学实习、认识实习、生产实习和毕业实习。并且在实习中不仅注意对学生进行专业教育,还要进行思想政治教育。

三、测量教研组(室)的设立及其活动

1950年10月,在学习苏联的过程中,学校对原有的组织机构、教务、

总务、人事制度等进行了全面改革。在教学方面，各院系按课程（一门或几门相关课程）成立若干个教学研究指导组（简称教研组）。如土木工程系就组建了铁道、结构、测量、力学、工程图画、水利、市政、土木材料等8个教研组。教研组在成立之初作用较小，仅仅是作为时事政治学习和社会活动的单位，随着教学改革的全面深入，特别是学习苏联，讲求教学的计划性、统一性以后，教研组逐渐成为教学工作的基层单位，成为各门课程教学活动的中心。教研组主任成为课程领导的核心，教研组在教学工作中发挥着越来越重要的作用。

各教研组于每学期开始前制订本学期的工作计划、编译计划和科学研究计划，期末各班学生做实习总结，教师与各教研组做教学总结，而后由各系汇总编写本系一学期的教学总结，根据总结再修订教学计划。教研组组织讨论本教研组教师编制的各门课程的教学大纲。

到1950年年底，全校已成立教研组37个。在1953年10月学校正式制订的《唐山铁道学院暂行组织规程(草案)》第七条中，对教研组的性质和教研组主任的职责做出了明确规定："本院设各学科教学研究指导组（以下简称教研组）为教学基本组织，由一种课目或性质相近的几种课目之全体教师组成之，各教研组设主任一人，秘书一人，由院长就教师中聘请兼任之，教研组主任职责：（1）领导及检查本组的教学工作、编译工作和研究工作；（2）领导本组全体教师讨论及拟定本组课目的教学大纲与教学日历；（3）领导与组织学生进行有关本组课目的自习实验及实习。"[①]

规程规定，每个教师必须归属于一个教研室（组），教师成为统一教学计划的具体执行者，教研室（组）成为学校基层的教学组织，从而将教学活动这一高等学校最为基本的运行机制和行为模式集中地、统一地、步调一致地管理起来。教学过程成为教师在各自所在教研室领导下的集体活动，教学的目的性和计划性大大增强，统一性、整体性、规范性成为唐院教学

---

① 西南交通大学档案行政卷，1953年，卷14，1-1-1-2。

的主导模式。教研室（组）的主要任务是：（1）组织教师政治学习。（2）组织教学工作。包括给每一位教师分配教学计划规定的教学任务，根据教学大纲研究教学内容、教学方法。新讲课的教师要在老教师的指导下写出讲稿（教案），并由教研室（组）组织试讲，通过后方能走上讲台。有经验的教师有时也在教研室（组）进行示范性讲课。教研室（组）还经常组织教师互相听课，相互学习。系主任和教研室（组）主任还要有计划地进行检查性听课。教师必须执行教研室（组）有关规定或决定。教研室（组）通过实施这些程序以发挥教师的集体力量，保证和提高教学质量。（3）组织教师开展科学研究工作。

通过组建教研室（组），实际上构建了学科建设和发展的基本单元，也为开展集体性的教学研究搭建起了平台，明显改变了以前由任课教师单个主持的局面，改变了教师之间较为松散的状态。

测量教研组成立之初，只有罗河、王兆祥、宋卓民、邵福昕四人，罗河教授任组长，宋卓民为秘书。1952年院系调整时，哈尔滨铁道学院李树阳等6位测量教师划转来校，学校又择优选拔两名本校土木工程专业的毕业生王效通、卓健成留校。1953年7月，3位土木系的毕业生傅晓村、朱文道和谭顺卿留校，1954年李华文从清华大学毕业后分配来校，均安排在测量教研组任助教。通过采取积极有效的措施，学校测量学教师队伍在短短几年内即达到13人，呈现出蓬勃生机，这是测量教研组第一个鼎盛时期。

我国高等教育在1954至1955年迅猛发展，校内陆续成立了很多教研组，师资力量需要从原有的教研组重新调集。这期间李树阳、朱文道调铁道概论教研组，王效通调施工教研组。北京铁道学院（今北京交通大学）由于新设铁道建筑专业，急需测量教师，调教研组张庆珩、陆万邦前去支援。测量教研组由于师资锐减，自身也面临困难，于是在1956年从本校毕业生中留下林本恩等5人，将同济大学测量专业毕业生朱文德分配来校；1958年又将武汉测绘学院测绘专业毕业生任国慧分配来校，以解燃眉之急。1958年铁道部新设兰州铁道学院，其师资、设备、图书主要从唐山、北京两所部属铁道学院抽调支援,所需测量师资及设备皆由唐院测量教研组成建制的调派。学校积极行动,慷慨支援,教研组主任宋卓民带领助教潘文科、何志坚、周天恒,实验员李汉良等测量骨干远赴大西北,雪中送炭,差不多占了当时测量师资力量的三分之一强,同时还调拨了一批教学设备,包括经纬仪、水准仪数十台,为兰州铁道学院的起步和发展做出了宝贵的贡献。王兆祥接任教研组主任后,带领教研组老师着力加强课程建设,不断提高课程建设质量。

▲王兆祥(1923—2012)担任教研室主任20余年,
在教学和教材建设方面做出突出贡献

教研组内老中青队伍团结互助、互学,一心扑在教学革新上。为了培养师资和提高课堂教学效果,自1953年10月开始建立了试讲制度,这是教研组活动的重要内容之一。其具体做法是:挑选某个内容,让青年教师或新开课的教师在教研组内试讲,并进行讨论,以达到共同提高的目的。为提高学生学习的效果,建立了习题课与答疑制度。所谓习题课,就是辅导教师在课堂上辅导学生做题。有些概念性和技巧性强的内容,只听讲课教师在课堂上讲解,学生很难完全吸收,必须辅之以习题练习。习题课即是让学生在课堂里,在辅导教师的示范、引领下独立做题,如有共同性的疑问则在课堂上及时讨论,或由辅导老师予以解答。测量学的误差理论部分,即有习题课的安排。这种方式非常有助于学生学习的深入理解。为了便于学生询问教师问题，每周排有固定的答疑时间，届时有教师值班解答学生的疑问。

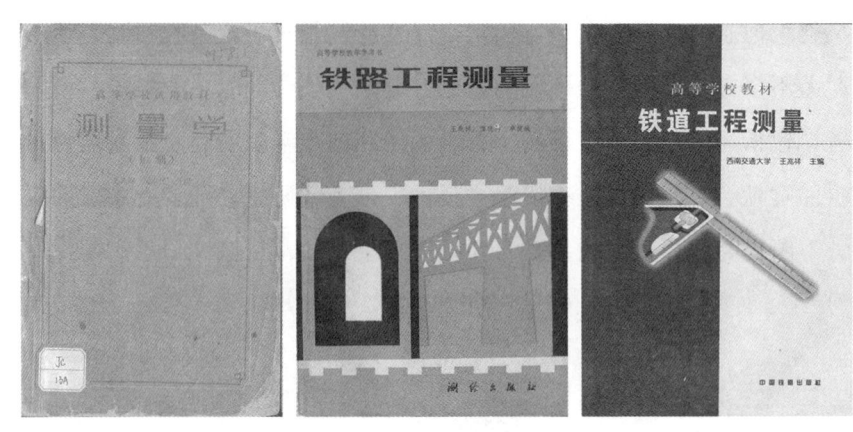

▲王兆祥倾注心血编写了多本测量学教材

翻译苏联教材既可以检阅速成学习俄文的成效，又能了解和熟悉苏联测量教育的要求和特点，对促进测量教学具有积极、现实的作用。测量教研组从1952年9月开始，边学边译，集体攻克难关，首先翻译成功费多罗夫的《测量学》，交由人民铁道出版社于1954年出版。这本教材经过教学中一年试用的结果，感到不太适用于我国，于是参照苏联教材及我国的实际情况，编写了油印讲义供教学试用。这种讲义，更为贴近实际，便于灵活修订，成为学校自编正式教科书的基础和滥觞。1958年，人民铁道出版社出版了由王兆祥、宋卓民合编的《测量学》（上下册）教材，这是学习苏联后教研组自编的第一本教材，除本校使用外还被许多铁路及工科学校采用。此后，铁路各高校测量学统编教材基本上都是由王兆祥主编。改革开放后的1986年，王兆祥与傅晓村、卓健成合编的教材《铁路工程测量》，由测绘出版社出版，被评为铁道部优秀教材二等奖。王兆祥对教材编写非常投入和认真，直到他退休多年以后还于1998年主编了最新的一本《铁路工程测量学》。王兆祥担任研究室主任20年，始终高度重视本科教学工作，在每两周一次召开的教研室会议上，始终研究讨论的都是教学工作。他亲自主持年轻教师的试讲，一一点评，严格把关。大批青年教师都在这种环境与氛围下,最终走上了庄严的讲台,迈过了教学关。几十年来,王兆祥总是工作勤奋,兢兢业业,默默奉献。他从不计较个人得失,待人诚恳,深受教研室老师们的尊敬与爱戴。

根据高教部、铁道部的部署,有关铁路专业的测量学教学大纲由唐院负责制定,并由有关院校,如北京铁道学院、同济大学、中南土建学院等共同讨论定稿。1954年暑期,大连举行了全国工科院校基础课教学大纲审定会,会议提出了着重培养学生独立思考与独立工作能力的问题。为了强化能力培养,学校加强了对学生学习的辅导,对低年级学生给予了更多的关注,在大学一年级的教学中成立了大一教学辅导委员会。该委员会为了交流学生的学习情况,于1954年11月7、8日两天举办了学生笔记及作业展览会。测量教研组的教师们合作编写了"如何学习测量"、"如何听课记笔记"、"如何做好习题"等辅导材料供学生们参考,同时也在展览会上展出。此后不久,教务处在教师中召开了习题课座谈会,广泛交流上好习题课的经验和体会。为了配合新的测量学教学大纲的执行,王兆祥编写了《测量学教学法指导书》,后又改名为《测量学教学法建议书》。这份指导书对各章节讲授的时间安排、重点难点、实习及习题讲授方法等,都做了较为详细的阐释说明。这是他教学经验的总结,对其他缺乏经验的教师起到了很好的指导作用,也从一个侧面折射出教研室团结奋进、传帮互助的好风气。

1956年以后,高教界开始出现对全面学习苏联进行必要的反思,认为要走中国自己建设社会主义新型大学的道路。1957年8月,中共中央政治局扩大会议通过了《关于教育工作的指示》(草案),强调"教育必须为政治服务,教育必须与生产劳动相结合","坚持党的领导,贯彻群众办学的路线"。[1]随即在"总路线""大跃进"的总体要求和政治氛围中,高校办学也出现了"大跃进",一个个运动此起彼伏,教学秩序受到冲击。铁道部

---

[1] 中共中央文献研究室编:《建国以来重要文献选编》(第11册),北京:中央文献出版社,1995年版,第489—498页。

在太原召开的"全国铁路教育工作会议"上,提出大跃进、大破大立、大办工厂,大闹技术革命,贯彻"勤工俭学、勤俭办学、勤俭生产"的三勤,克服"脱离政治,脱离生产,脱离实际的三脱离",达到"理论与实际、教育与生产、脑力劳动与体力劳动的三结合"。

在上述精神的指导下,给水专门化的四年级学生32人,由老师率领参加了河北水利厅主持的保定、石家庄、邯郸三个专区的水库勘测设计。1958年3月,学校成立了勘测设计总队,以便直接承担铁路的勘测设计任务。3—6月,承担了通(县)古(冶)线的定测,8—9月承担了唐(山)承(德)线和滦(县)青(龙)线的勘测。除此之外,还承担了皁(家店)水(厂)支线,唐山枢纽和六条专用线的勘测设计工作。1959年的5—7月,又承担了山东文登至成山角、文登至石岛两条线的初测和唐承线遵化至莫古峪段的定测。

▲20世纪50年代结合教学实习,学生们参加通古、唐承等铁路线的勘测外业

第三章 调整适应：新中国三十年的测绘学教育

在勘测设计总队中，包含了高年级学生及有关各科，如铁路选线、工程地质、线路构造及水力学的老师参加，测量教师也作为重要成员参与工作。这一阶段对正常的教学秩序有所影响，但对教师和学生深入地了解生产实际，确实起到了推动作用。以后各铁路院校都予以仿效开始成立勘测设计机构。

1960年3月，学校党委提出以毛泽东思想为纲、以社会主义建设实践为基础、以群众运动为动力，以机械化自动化为中心，深入教育革命，大搞技术革命，向高大精尖新进军，革新学制、教学内容、教学方法和教具。测量教研室根据这一指导精神，并借鉴了军委测绘学院的经验，自制了测量教学的数百件模型，为开展直观教学发挥了一定的作用。

由于自然灾害，国家经济出现困难，学生普遍营养不良。1960年暑期的测量实习，不再到外地而是在校园内进行，实习时间也由4周压缩为1周。

1961年1月，根据中央指示精神，为保证学生健康及劳逸结合，学校规定本学期的期末考试，学生一般只考一门主要课程，其他课程采用在老师领导下复习、讨论、分组总结，不少班级的测量课作为主要课程进行了考试。同年，党中央决定对国民经济的发展方式进行调整，实行"调整、巩固、充实、提高"的八字方针。9月15日，教育部公布了《教育部直属暂行工作条例（草案）》（简称"高教六十条"）。这个条例对规范高等学校的工作和提高教学质量起到了保证和促进作用。"六十条"强调学校必须以教学为主，10月份学校做出规定严控学生劳动时间。多数班级的劳动为2周，少数班级为1周。学校教学又重回常规。

1962年5月21日，学校召开教学工作会议，主题是解决学生负荷过重的问题，贯彻少而精，期末考试课目限定3门，但不少专业的测量课还是进行考试。自1958年以来教学实习往往由劳动取代，到1962年予以恢复。测量实验室开始用平行光管检校仪器，提高了仪器检校效率，保证了实习用仪器的正常工作状态，这在全国高校中是最早之一。

1963年5月，受铁道部委托学校主持了测量及路基两门课程的教材编审会议，出席会议的有北京、兰州、长沙三所铁道学院和同济大学的代表。会议审定了由唐山铁道学院修订的测量学教学大纲（见下图），讨论了编写提纲，确定了编写计划及分工。在5月18日校庆期间举行的1963年教学与科研报告会上，罗河教授作了有关航测解析法的研究报告。9月中下旬，在吉林召开了全路第一次科学技术论文报告会铁路勘测设计、路基工程专业学术会议，罗河教授任学术委员会委员，并宣读论文《立体摄形测量分析法发展的新阶段》。

▲20世纪60年代编写的测量学教学与实习资料

1964年2月，在全国教育工作座谈会上，毛主席发表最高指示：课程多，压力太重，是很摧残人才的。学制、课程、教学方法、考试方法都要改。学校按照指示精神又做出调整，在1964年上学期的期末考试就只考测量、理论力学、政治三门课，考试方法也是多种多样，有开卷、闭卷、写心得、写总结等，评分则结合平时成绩采取5级分记分。

在全国"备战、备荒、为人民"的形势下，1965年铁道部责令唐院内迁四川，学校开始新校址的选址及测绘工作，刘冠军、倪雁屏老师赴峨眉参加选址测量。1965级的新生也派到西南铁路建设现场进行"现场教学",教研室傅晓村、董振淑、张方明等参加了成昆线或峨眉校址的现场教学。

1966年,高校停止招生。学校正常的教学工作遭到极大影响。其间,铁道部撤销合于交通部。1972年3月,学校受交通部指令全部从唐山完成搬迁到四川峨眉,学校改称西南交通大学。从1972年起,改为招收工农兵学员。

第二节
"航测专门化"与"铁路航测"专业的创设

中华人民共和国成立后,我国新建铁路大多分布在边疆地区及困难山区,如果采用地面测量方法,十分困难。特别在修建兰(州)新(疆)线时,线路跨越戈壁沙漠,干旱无水,人烟稀少,因此必须采用航测方法进行勘测。当时我国既无设备也缺乏技术力量,只能求助于苏联。

1956年,铁道部为发展自己的航测事业,突破技术瓶颈,决定在我国铁路新线勘测中采用航空勘察新技术。为此,在原铁路专业设计院中成立航空勘察处(简称航察处),[①]由当时各铁路设计院抽调了一批年轻的、有一定俄语基础的工程技术人员组成。由于缺乏技术和设备,为了尽快掌握航察技术,铁道部聘请了苏联一支成建制的队伍,包括百余名航空勘测技术人员,携带从航摄飞机到整套航空摄影测量仪器设备,来华帮助我国开

---

① "航察处"几经演变,成为现今中国中铁工程设计咨询集团有限公司下属的航测遥感设计院。

展铁路新线的航空勘察工作。航察处的工程技术人员则跟随苏联这支外援队伍，一边学习，一边实践。测量教研室于当年8月派遣谭顺卿跟随学习。

要使铁路航测业务持续开展下去，最根本的办法还是要建立自己的航测力量。而建立自己的力量，首要的是培养技术人才。基于部门办学的长远考虑，铁道部打算依靠铁路教育系统，像培养铁路工务、机务、电务人才一样，建立起铁路自己的航测技术人才培养基地，初步决定由唐院和天津铁路工程学校分层次培养。

唐院在1956年就有设立航测专业的打算还有一个大背景。1956年1月，国务院成立国家测绘总局，与军队系统的总参测绘局共同承担全国性的测绘工作。当年夏天全国科学规划会议制定了我国科技十二年发展规划，其中第二项就是"测量制图新技术的研究和中国基本地图的绘制"，这标志着测绘学科成为我国科技界公认的一门独立学科。测绘出版社、中国测量制图学会也随即成立。中国科学院地理研究所大地测量组升格为独立的测量制图研究室，并拟发展为测量制图研究所。1955年，经同济大学夏坚白等人建议，国务院决定汇集全国高教测绘专业的人力、物力，于1956年9月正式创办我国第一所民用高等测绘院校——武汉测量制图学院。① 这所学院汇集了同济大学、天津大学、青岛工学院、华南工学院、南京工学院的测量专业，整合成工程测量、航空摄影测量与制图、天文大地测量三个系，开办工程测量、天文大地测量、航空摄影测量、制图四个专业。② "武测"的设立凸显了国家对测绘高级技术人才培养的重视，当时国内测绘界的著名专家学者夏坚白、王之卓、金通尹、陈永龄、叶雪安五位一级教授和二级教授李庆海齐集"武测"，也为推动测绘学科的发展承担起"领头雁"的重任。

学校的测绘力量要想继续壮大，推动学科的发展，创办测绘专业是必

---

① 武汉测量制图学院简称"武测"，1958年更名为武汉测绘学院，1985年改称武汉测绘科技大学。2000年7月，武汉大学、武汉水利电力大学、武汉测绘科技大学、湖北医科大学4校合并组建新武汉大学。

② 李建成主编：《武汉大学测绘学科六十年（1956—2016）》，武汉：武汉大学出版社，2016年版，第3—4页。

第三章 调整适应：新中国三十年的测绘学教育

须迈过的一道坎。铁路航测的巨大需求无疑是一场"及时雨"，形成了一个十分难得的机遇。当然，就测量教研室本身的力量而言，创设独立的测绘专业，其时机与条件仍显不足。在学校已有的学科体系中，仿照苏联模式，依托铁道建筑专业在已有4个专门化的基础上择时增设"航测专门化"就成为一种可行的路径。

即便如此，要开办"航测专门化"也面临着诸多实际困难，首先是师资问题。测量教师中，除罗河教授外没有一人学过航测，于是在铁道部的支持下采取派出去、请过来的办法加紧培养师资力量。

1957年9月16日，苏联专家格拉果列夫到校，为教师讲授"铁路航空勘测"，为期半年。他是苏联列宁格勒铁路设计院的航测工程师，讲授内容偏重在铁路勘测中航测方法的应用。当时，国内有关院校及生产单位都派人参加学习，如同济大学王彦彬，中南土建学院蔡俊，铁道部郑魁信等人。此次脱产学习的有8人，不脱产的有15人，翻译陈明清则是从铁道部借调的。每次讲授前都由王兆祥先将俄文讲稿译成中文，印刷后发给听课者。苏联专家除带来了讲课用的教材资料外，还带来了一些航测像片图，如镶嵌复照图、像片略图、像片平面图、立体像片略图等，提供给教学使用。这次讲课内容涉及航测基本理论和航测技术在铁路勘测中的应用。通过他的讲解，学员们对铁路航测的内容、方法有了一个全面的认识，这对学校日后开办航测专业起到了很大的作用。苏联专家结束讲课半年后，王兆祥的中文译稿被编印成教材《铁路航空勘察》。

在派出去方面，1958年和1961年先后选派卓健成和马德言到苏联学习。卓

▲格拉果列夫所讲"铁路航空勘测"由王兆祥译成中文作为讲义

113

健成在莫斯科测绘学院学习工程测量，4年后获得副博士学位并返校任教、担任测量教研室代主任；马德言作为进修生，学习铁路航测技术1年。他们在出国前都曾先在北京学习俄文1年。此外，陆续从同济大学、武汉测绘学院分配来工程测量专业、航空摄影测量专业的毕业生朱文德、任国慧、杜世鑑、曹文龙、沙成慧、倪雁屏和祝善林七人，作为师资储备。其他教师则通过各种方式积极地学习航测，为专门化的开办加紧准备。在有了本校航测专门化毕业生后，又相继留校10人。测绘学科的师资力量出现了第二个兴盛期。

1958年，筹建铁路航测专门化的工作进入实质性阶段。学校通过多种渠道搜集，想方设法增加教学设备。从国外订货，购得苏联CTA-2型地形量测仪1台；在北京举行的德国展览会展品中，由铁道部特别照顾、以罗河教授科研急需为由，分得多倍仪1台；还在仪器商店购得立体坐标仪、坐标展点仪各1台。因当时没有购置设备的经费，还是将搁置不用的OT-02经纬仪和HA-1水准仪卖掉，筹得资金支付的。开办专门化所需用的房屋，学校则专门修建了一个勘测馆。

1959年1月，**学校在铁道建筑专业中正式创办铁路航测专门化**。此时正值四年级最后一个学期，为了快速培养出应急人才，就在铁55级即将毕业的学生中抽调26名学生，改学航测专门化，期望他们成为既懂铁路又懂航测的"复合型"人才。鉴于校内师资、设备匮缺不足，先在校内进行半个月的航测基本理论教学，由王兆祥依据苏联专家格拉果列夫为教师们讲课用的讲义为学生讲授，后由窦居和、李华文两位老师带领前往北京铁路专业设计院航察处从事为期3个月的航测内业实习。全班分为4个小组，由航察处技术人员分别带领和指导，根据生产流程一个工种一个工种地依次轮流参加生产实践，边干边学，同时每周由带队老师再讲一两次理论课。通过3个月的实践，学生基本上了解并掌握了利用航空摄影测量方法进行铁路勘测的生产过程，当然对每个过程背后的原理和理论理解尚不深入。北京内业实习结束后，又赴山西五台山地区进行为期1个月的航测外业实习，直到 6 月才返回学校。55 级其他专业学生此时已开始陆续毕业离校，但航 55 班还有许多专业课未学，于是再集中两个多月进行补课。补学的课程主要包括尚未学完的铁路选线、桥梁、隧道和铁道建筑等专业方面的课程，毕业设计来不及做，也因此只好取消了。航测专门化第一届学生于 9 月底毕业（见下图），除分配到铁路航测生产部门外，刘文熙、王剑秋两人留校任教，作为航测师资继续培养。此外，原计划分配到武测读研究生的张方明、徐光荣二人，因武测迟迟未接收，也暂时留校当测量教师。

▲航测专门化第一届学生毕业留念

此后，学校又连续由铁 56 抽调开办两个航测专门化班，其中航 56-1 按五年制、航 56-2 按四年制；由铁 57 抽调开办航 57 一个班改学航测专门化，分别在 1960、1961 和 1962 年毕业。这 4 批航测专门化的约 120 名毕业生，成为我国自己培养的从事铁路航空勘察工作的早期力量，后来大多成为铁路各单位航测技术的骨干。

航测专门化办学确实困难重重，但教师们具有高度的责任心，几乎投入了所有的精力用于查阅资料、备课。像留校后做了一个多学期的辅导工作的刘文熙，就在1960年下半年给航56级的学生试讲一部分航测专业课的内容。"航空摄影测量学"这门课，主要是介绍从获取航空摄影相像片到编制成地形图全过程的原理与技术方法。当时的生产部门主要采用光学机械方法，所使用的仪器大部分是从瑞士和德国进口的，而学校还没有这些仪器。在讲授原理部分时学生们尚可接受，但讲到技术方法，特别是讲到仪器使用时，别说学生听不懂，就连试讲老师也不是很清楚。好在学完课程后即组织学生去北京航察处等现场参观实习，弥补教学中的不足与欠缺。后来为讲授"铁路航空勘察"这门课，教研室安排刘文熙先去北京铁路专业设计院收集资料并参加生产实践3个月，以便编写一本教材。这门课将航空摄影测量技术与铁路勘测设计工作相结合，实践性很强，没有现成可选用的教材。在几位老工程师的指导下，刘文熙边实践，边学习，边收集资料，返回学校后便埋头于编写教材，经过几个月的努力终于独立完成，学校用作油印讲义，安排在航57班使用（见下图）。

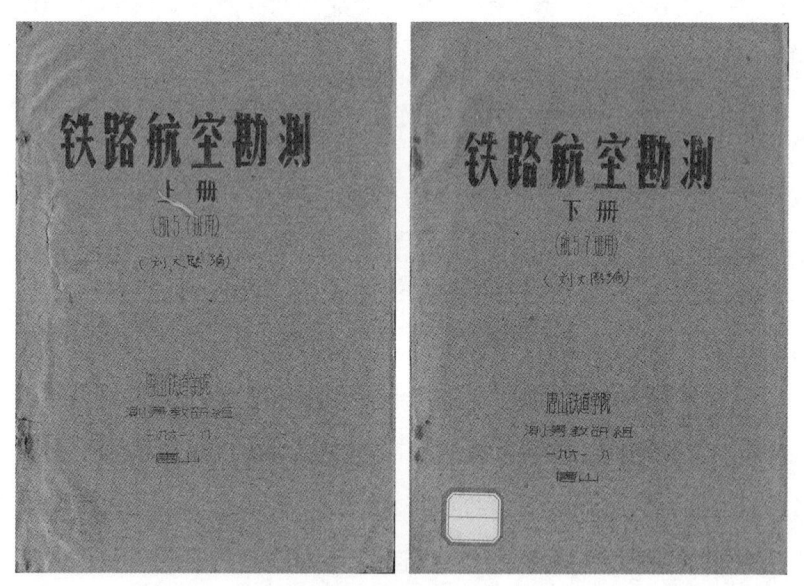

▲刘文熙编写的《铁路航空勘测》（上、下册）

学校想方设法为办好航测专门化创造条件。1960年夏，航测56级学生要做毕业设计，学校出资两万元在辽宁省朝阳地区凌源到喀喇沁左旗约 50 km 的新线上作航空摄影，学生们将利用这些资料进行航测成图和选线设计。在李华文、刘文熙两位老师带领下，学生们于 8 月开赴凌源，利用 1 个月的时间完成了航测外业工作，返回学校进行内业成图。因为校内无航测仪器，采用了从苏联教科书上学到的一种所谓"综合法"，一部分用手工完成，一部分用仪器完成。凡需用到仪器部分，就前往北京借用专业设计院的仪器，分文不收。铁路生产单位与铁路院校关系紧密，处处体现出协作精神，为铁路培养人才提供了强大的支持，做出了重要的贡献。1960 年，学校从航 56-2 班毕业生中选留路伯祥、许伦、谢葳和朱敏荣等 4 人补充测量教师队伍，1961 年又从航 56-1 班毕业生中选留了陈光华和张云芬。

1962 年，在航 57 毕业后，基于种种原因航测专门化下马，不再试办。之后，形势发展动荡不定，原由同济大学、武汉测绘学院分配来校的 5 名教师陆续调走。后来由于专业下马以及内迁四川等诸多原因，测量学科教师流失严重，到 1974 年仅剩下十三四人。

1972 年，卓健成、刘文熙二人分别参与了由成都铁二院主持的铁路测量规范隧道篇与航测篇的修订工作，时间长达 1 年。王兆祥、傅晓村参加了规范线路篇和桥梁篇的审定工作。1974 年，为做好航测专业的筹备工作，刘冠军、刘文熙、张延寿三人参与了铁二院韶柳线航测生产实践工作，为时近 3 个月。

1975 年，随着青藏铁路酝酿采用航测法进行勘测，技术人员青黄不接的问题凸显出来。先是铁道部委托铁二院和西南交大在铁二院举办全路航测工人培训班，学校就此以铁道建筑系副系主任秦杰和马德言、刘冠军为领导小组，组织测量教师刘文熙、许伦、张延寿，数学教师曾克和等任课教师，到成都铁二院航测处现场授课，航测处派出技术人员负责仪器设备的操作指导。学员中有来自全路 4 个设计院的工人学员 40 余名，另有闻讯而来的四川省冶金、地质系统单位的人员七八名。培训班持续了约 4 个月，学员们日后都成为各设计院航测处的生产操作能手。

▲秦杰（2排右5）、曾克和（3排右1）、刘文熙（3排右5）、许伦（3排右6）、张延寿（3排右7）、刘冠军（后排右9）与航训班学员合影

　　培训班结束后，为补充铁路系统航测高级技术人才，铁道部又决定在西南交大重建"铁路航空勘测"专业。为此，学校在铁道建筑系积极成立"航测专业"筹备组，重新调集师资，补充设备，许伦、刘文熙赴武汉、上海、南京和无锡等地，接踵收集有关院校的航测专业教学计划，了解国内航测科技与仪器生产情况。该专业原计划1976年开始招生，学制初定为两年。因根据生产现场的分工，此专业不搞定线部分，所以名为"铁路航空勘测"。在进行必要的准备后，学校还是扩大了专业范围，认为培养的毕业生要既懂航测也懂铁路勘测，最终决定招收"铁路航测与定线"专业工农兵学员一个班30人，学制与其他专业相一致定为3年，学生均来自各设计院（简称航76）。该班最终在1977年2月开办，学生于1980年初毕业。

　　航76的主要专业技术课程有：绘图、航外（第一学期），光电、制图（第二学期），光电基础知识、测量平差、铁道工程选线、大地测量（第四学期），解析法、航测、程序设计（第五学期），航测、电磁波测距仪、遥感技术应用（第六学期）。

　　这个三年制专业的开办，重新凝聚起校内的测绘力量，预告了铁路航测技术人才的现实需求和持续发展的前景，调动起教师们搞好测绘专业教育的积极性和巨大热情。

第四章

拨乱反正：
新时期测绘教育再起航

（1978—1991）

寻路学科，恢复性发展缓慢前行

1976年10月，中共中央采取果断措施，粉碎了"四人帮"集团，结束了长达十年的"文化大革命"，党和国家迎来新航程。1977年7月，邓小平复出后分管科学教育和文化领域的工作，首先在科学教育领域进行整顿，拨乱反正，着手落实知识分子政策。党中央果断做出了当年恢复高考招生的历史性决定，国务院批转教育部制定的《关于1977年高等学校招生工作的意见》，决定改变"文化大革命"期间高校招生不考试、"推荐上大学"的办法，恢复了"文化考试"的高校新生入学考试制度，促使高等院校重新走上正规化发展的道路。经过十年破坏的高等教育事业，从此进入了新的历史发展时期。

第一节
在铁道工程系创设铁路航测本科专业

1977年11月，学校决定正式恢复各教研室活动，所有测量教师重新汇聚测量教研室，教育教学工作逐步回归正轨，为迎接七七级新生入学展开了紧张有序的组织、准备工作。鉴于七七级的考试录取时间已近年底，教育部决定将入学时间推迟到1978年3月。我校当年共有11个专业录取新生521人。

当时，学校延续"文革"前的专业设置与管理体制，设有铁道工程系、桥梁隧道工程系、机械工程系、电机工程系、运输系和基础课部。测量教研室一方面要承担面向工科有关专业的测量课教学，同时要保证办好原三年制的"铁路航测与定线"专业，并且积极酝酿争取开办本科四年制的航测专业。从1978年到1980年，学校针对原有专业设置面过窄、过细的问题，积极研究如何适应新技术、新学科，尤其是边缘学科和交叉学科发展，对已有专业进行调整和改革，较为频繁地进行了设系及专业的动态调整。1978年，将铁道工程系与桥梁隧道系重组为铁道工程系，下设6个本科专业：铁道工程、桥梁、隧道与地下铁道、工业与民用建筑、工程地质、航空测量。

航空测量专业的设立，是测绘学科首次在学校独立开办本科专业，极大地强化了测绘学科按照自身规律探索发展，培养铁路需要的测绘人才，在我校工科高级人才培养体系中占有重要的一席之地。当时，国内仅有武汉测绘学院、解放军测绘学院和我校开设有航测专业。可以说，该专业的开设既有来自铁路系统生产需求的坚实支撑，也是我校测绘学科发展选择的有效突破，影响深远。

为了适应校内测量教学"两条线"的需要，原测量教研室因此一分为二，工程测量教研室由卓健成任主任、傅晓村任副主任兼实验室主任；新成立航测教研室，任命马德言为教研室主任、李华文为副主任，刘冠军为实验室主任。1979年改由刘文熙、路伯祥任教研室正、副主任。同年，又新成立了遥感教研室，马荣斌任主任。但那时的现实情况是，测量教师队伍已经大量流失，补充师资已成为当务之急。由于本校没有毕业生可以补充，只得通过多种方式和渠道，从外单位陆续调集师资。几年间，调入了丁怀日、许提多、董绍英、戴仕华、费人雄、吴世棋、张惠珍、刘其舒、廖重华、黄素珍、刘积云等 12 名教师，又从三年制铁道工程专业以及铁路航测与定线专业工农兵学员毕业生中选留徐华力、唐恩利、王丽华、刘凤群、顾潼、徐弘、沈前进、陈洪武、孔健、刘泉江等，补充进入测量学科教师队伍。后来又从本校航 78 级本科毕业生中选留顾利亚、李志林、李元军三人，安排在工测、航测教研室任教。

▲恢复高考后航测专业首届毕业生

就在 1978 年，学校决定从 78 级秋季入学开始试行学分制，增开选修课，克服了年级制教学中对专业学习模式要求"一刀切"的弊端，为学生成长成才提供制度保障，营造了积极、灵活、宽松的条件。作为铁道部所属全国重点大学，对航测专门人才的培养必须满足铁道建设事业的需要，使得毕业生既有理论基础又能快速成长为解决实际问题的工程师。教研室为航 78 制定的教学大纲和教学计划就体现出这种指导思想。

除了工科共同的基础课外，与专业相关的技术基础课和专业课有：测量学（第三学期），测量、测量实习、地形绘图（第四学期），电子技术、测量平差、铁路航空摄影、算法语言（第五学期），测量平差、大地测量、摄影测量、工程测量（第六学期），大地测量、摄影测量、航测解析法（第七学期），遥感技术、航测外业实习、航测内业实习、新技术讲座（第八学期）等。另外还有铁路选线和工程地质课，因为当时的专业名称还是铁路航测与定线专业。要求完成毕业设计或论文。

航空测量本科专业在1978年首次招生一个班以后，原计划每隔1年招收一届学生，根据需要从1982年开始每年招生。截至1982年，在铁道工程系共招收了1978、1980和1982三届。通过不断反思、不断总结、不断调整，专业培养计划不断补充完善，及时引入一些新的教学理论和方法。比如，马荣斌在1980年就为本科生开设了"遥感原理及应用"这门课，吸收了他参加相关科研项目的认识和理解，西南交大开设遥感课程在国内也算较早的。

教研室对相关教材的编写进行了大力的鼓动和有效的组织，以此作为教师提高教学质量的措施，教师们也投入了巨大的热情和精力参与其中。

1978年6月，马德言、刘文熙、许伦将先前为全路航测工人培训班编写的讲义加以修改补充，以"西南交通大学航测专业"的名义交由人民铁道出版社出版，这是本校测绘专业出版的第一本航测方面的著作，在业界扩大了影响。1979年，傅晓村参与编写了《短程光电测距和激光定位仪器及其应用》一书，次年由人民教育出版社出版。

1980年6月，由同济大学筹办在上海召开了全国测绘教材编审委员会暨教材工作会议，这是"文革"结束后首次召开的高校测绘学科有关教材工作的会议，国家测绘总局教育处主持大会。王兆祥、刘文熙两位老师应邀参加，会后又积极组织学校有关教师投身到测绘教材事业中，也由此奠定了我校参与全国测绘学科教材编写工作及后来教学指导委员会工作的基础。卓健成从20世纪80年代到1995年，一直担任教指委委员，曾任副主任委员兼工测组组长。

天地经纬

▲王兆祥（4排右1）、刘文熙（4排左2）出席全国测绘教材编审委员会成立暨教材工作会议

同年12月，由我校发起召开了一次全国铁路高校铁道工程专业《航空摄影测量与遥感》教学大纲讨论与教材编写会议，决定由西南交大与北方交大合编教材《航空摄影测量》。航测教研室主任刘文熙与许伦两位老师参与了编写工作，该教材于1983年3月由中国铁道出版社出版。马荣斌、杨怡、卓宝熙合编的《遥感原理与工程地质判释》（上下册）于1982年出版，并获得全国优秀科技图书二等奖。

▲1980年前后测绘教师编著的部分教材

西南交大铁路航测专业的恢复和发展探索，是改革开放早期测绘高等教育具有特色意义的组成部分，引起了测绘教育同行的关注和兴趣。为了向在马来西亚举行的东南亚航测与遥感教育问题国际讨论会提交题为《中国摄影测量与遥感的高等教育》的报告，时任武汉测绘学院副院长的学部委员王之卓教授，于1983年2月20日来函，要学校提供航测专业的概况，包括专业名称、教学计划、教师及学生人数以及设备和科研情况等，并告知这些内容将写入提交的报告中。

第二节
测绘与地质学科合组航测及工程地质系

一、测绘与地质学科合组设系

新中国成立后，大学或独立学院一般采用"校（院）—系"的两层架构，系作为学科的依托组织，拥有人员、设备和经费资源及行政权力，在教育教学和科研活动中有着举足轻重的地位和作用。像学校长期存在的土木工程系，院系调整后的铁道系、桥隧系等。旗下分布若干专业，为土木、桥梁等主干学科的持续发展提供土壤和养分。

一般而言，所谓学科，是根据知识体系的不同，对科学进行的分类。而专业则是根据人才市场的需求、人才培养的规律以及各学科的特点而设置的教学组织形式。学科与专业既有区别又有联系。构成学科的元素是知识单元，构成专业的元素是课程。学科支撑专业，专业依托学科。学科是专业的基础，专业则是多门学科知识的选择组合。[①]在当时的大学体制中，一个学科要获得足够的资源保障，能否独立形成系一级的组织至为关键，也是其学科独立的标志和表征。有了"系"这一级的组织，可以视作学科已经积累成长到一个相当的阶段、有了自主发展的能力，这也是一个学科做大做强的必由之路。

测绘学科固然有设系的冲动和愿望，但考量其条件还是要看学科自身发展的程度、已有的积累以及成长的空间。在铁道工程系的6个专业中，工程地质、航空测量两个专业在分工上属于为工程前期服务的技术工种，有其一定的关联性，同属于地学范畴。但它们在铁道工程中无法占居主导地位，两个本科专业的开办时间也不算长，力量都稍显薄弱，但自身表现出加快发展的强烈愿望。

1983年7月，学校通过研究和论证，将航空测量、工程地质两个专业从铁道工程系分出，合组成立航空摄影测量及工程地质系（简称"航地系"），为测绘、地质两个重要的工程学科加速发展创设一个新的平台，同时将铁道工程系改称土木工程系。分拆后的航地系与土木系、机械系、电机系、运输系一道构建起学校重要的工科体系。

航地系开办航空测量、工程地质两个四年制本科专业，分属测绘学科和地质学科。测绘学科下设3个教研室：工测教研室，由傅晓村任主任；航测教研室，由李华文任主任；控测教研室，由路伯祥任主任。

▲航地系首任系主任卓健成，承前启后的著名工测学家

航地系的首任系主任由卓健成教授担任，他于1962年在苏联莫斯科测绘学院获得副博士学位后回母校，一直从事测量课教学和科研工作，曾担

[①] 谢成枢主编：《刘文熙教授文集》，成都：西南交通大学出版社，2017年，第175页。

任测量教研室主任,是继罗河教授之后新生代的骨干。他在担任系主任后十分重视学科建设,主持制定了航地系的发展规划、师资队伍建设规划等,团结带领全系教师员工,励精图治,一步一个脚印,为办好航地系、办好测绘学科贡献了自己的智慧,奉献了毕生的精力。他十分重视教师的培养和提高,每周安排半天的时间,亲自为测量教师们讲授《概率论》、《测量误差理论与数据处理》,这些都是他的学术专长,以此来帮助老师们更新知识,适应学科发展的需要。鉴于师资水平仍亟待提升,学历要求日渐急迫,从1984年开始,系里安排由武汉测绘学院代培硕士研究生4人,从北京大学分配来研究生1人,留校的本科生也都开始陆续修读硕士学位。此后学校自行培养的硕士研究生陆续毕业后,也选留部分优秀者从事教学工作,充实到师资队伍。同时,打通各种渠道选派教师出国进修或修读学位,教师中学习钻研的风气愈加浓厚,自我期许激发了潜能和动力。教师认识的提高,良好风气的形成,为教学、研究等各项工作的推进产生了积极而重要的影响。1986年,李秉生接任航地系系主任。

20世纪80年代初,我国高校刚刚开始重新与美国高校建立联系,开展学术交流。西南交大与历史上素有交流合作的美国康奈尔大学以及佐治亚理工学院签订合作备忘录,派出访问学者,接受美国留学生,邀请美方教授来校讲学。1983年5月,康奈尔大学梁达教授来校讲授"遥感"技术,带来了许多信息,并受聘担任西南交大顾问教授。对外交往的大门从此打开,师生们开阔了眼界,得以及时了解到国际同行的学术工作和教育状况,对于办好专业、拓展研究提供了有益的借鉴。

系主任卓健成与傅晓村、刘文熙、李华文等教师,对如何办好专业,更好地服务于铁路,对铁路测绘技术人才的培养与使用等等问题,结合多年来的办学体会,进行了认真的思考和深入的研究,形成了有价值的观点,认为:对于测绘教育来说,既要考虑历史的经验,更要着眼于未来。

铁路测绘人才究竟按照什么方向去培养,业内对此多有议论,意见也比较分歧,但其中共同的看法是铁路测绘专业应密切结合铁路工程,更好地为铁路服务。但在如何结合上看法不一。一种意见认为，铁路测绘人员应同时掌握铁路工程的设计与施工知识，这样有利于更好地为铁路工程服务，因为他们对铁路工程的要求比较清楚，也有利于这部分人员的灵活使用，即认为应类似于过去那种铁路工程专业中的测绘专门化那样；另一种意见则认为，主要应按测绘专业的方向培养，但同时需要掌握一定的铁路工程知识，因而在教学计划中保证足够的测绘理论基础的同时，需要适当加强与铁路有关的教学内容，在测绘科学的应用方面要加强与铁路工程的结合。系里教师们的意见倾向于后者。因为测绘专业与工程专业基本上是两种性质不同的专业，它们所需要的基础理论分属两种不同性质的学科，两者有很大的差别。对测绘专业而言，主要的专业基础理论包括测量平差、控制测量等；而工程专业的基础理论则包括力学和结构设计原理等。要想在四年之内把这两种基础都打好是不可能的。同时，除了基础不同而外，为了要具备实际工作的能力，还必须学习一定的专业课程。如果硬要按具备两种能力去培养，其结果必然是两者都不能达到预期的效果。因此，作为测绘专业，其基础理论和专业知识自然应着重放在"测绘"方面；当然，在保证有宽厚的测绘基础理论和专业知识的前提下，增加一定的工程知识是必要的。

傅晓村等教师还认为，铁路测绘专业在与工程的结合方面，除了具备必要的工程常识外，更重要的是应着眼于在铁路工程中测绘新技术的应用，诸如地形测图的自动化、数字地形模型在自动化选线中的应用、施工测量的自动化、铁路大型建筑物变形观测中测绘新技术的应用、航空摄影资料的综合利用、测量成果的处理中近代数学方法的应用，等等。同时，要使铁路测绘现代化，工程专业的学生也应该了解一些近代测绘技术，这样更有利于先进的测绘技术在铁路建设中的推广与应用。为此在铁道工程专业中开设一些这方面的选修课程也是必要的。

提高大学测绘教育的质量，是办学的生命线。现代科学技术的迅速发展，使科学知识发生了"爆炸式"的增长，知识更新的周期在日益缩短。

仅就测绘科学而言，由于人造卫星、遥感技术、电子计算机、激光及其他新技术的出现，在短短的十多年里，已使测绘的理论和方法产生了巨大的变化，采用过去的单纯灌输知识的方法显然已经不能适应时代的要求了。一个大学生在学校短短四年的学习，无论如何也不可能学完将来从事工作所需的全部知识，即使在校学的是最"现代化"的内容，若干年后也会碰到知识过时的问题。为了提高学生对新知识的吸收能力和适应能力，以便比较顺利地跟上科学技术的发展步伐，航地系的领导及教师们特别关注测绘高等教育中的几个重要问题，结合办学实际，深入思考，凝炼观点。

一是加强基础理论。既包括一般技术科学的共同基础，如数学、物理、化学等，也包括专业课的基础理论。在这些课程方面打下了牢固的基础，就为吸收新的科学知识创造了一个良好的条件。至于专业课的基础理论，一般来说具有相对的稳定性，就测绘学科而言，虽然采用的手段在日新月异，只要把这些基础打牢，就能比较顺利地适应科学技术的发展变化。

二是注意开发学生的智能。包括自学能力、研究能力、思维能力、表达能力和组织管理能力等。必须改变传统上单向地向学生传授知识，以为学生积累的知识越多则教学的质量就越高这种狭隘的认识。在"知识爆炸"和知识陈旧周期不断缩短的当下，大学四年中学到的知识毕竟是有限的，应教给学生以"点金术"，更注重能力的培养。自学能力包括查阅和阅读文献的能力、熟练地运用工具书的能力；研究能力和思维能力，实际上就是分析问题和解决问题的能力；表达能力是指语言表达、文字表达等能力；组织管理能力包括了计划、决断和指导能力等。科技人员的组织管理能力，对于完成任务来说，几乎不亚于技术本身。测绘工作是由多工序、多工种组合而成，需要一套科学的计划、协调、组织、管理、预测，才能高质量、高速度地完成任务。忽视科学管理不单是企业界存在的问题，在教育工作中同样也未引起重视。大学生毕业后没有科学管理知识、没有经济观点，是多年来一直存在的问题。因而在测绘专业的教学计划中增设一些人文、管理方面的课程，如管理科学、经济学等，是十分必要的。

三是不断更新并精选课程内容。吸收20世纪60年代以来，测绘科学技术涌现出的新理论、新设备、新技术，在教学工作中及时地更新教学内容并认真精选。其中：相对稳定的基本理论和基本知识，在教学中要作为重点，要用足够的时间讲深讲透，力求使学生深入掌握；而对于那些不属于基本原理和基本知识的部分，则要求"新"和"精"；对于已经陈旧过时的内容，则应坚决摒弃；对某些最新的内容，只需把思路、原理阐述清楚即可，留给学生进一步思考的余地，并引导他们查阅有关资料；对于某些尚未达到实用阶段，但带有方向性的内容，也应扼要地对学生进行提示。至于仪器构造与作业的一些细节问题，则应力求删繁就简。

教学工作日积月累，永远是细水长流。发现问题，探讨问题，解决问题，通过教学的螺旋递进，不断总结其普遍性、规律性，找准特殊性、针对性，推动测绘本科教育稳步提升质量，推动教师在教学实践中提升水平。

二、规范开设摄影测量与遥感专业

恢复高校统一招生考试后，全国各高校办学积极性高涨，新设学系和专业五花八门，势头很猛，但随即也出现开办专业规范化的问题。1984年，按照教育部的要求，对大学本科专业目录第一次进行了修订。西南交大"铁路航空测量"专业被要求统一规范更名为"摄影测量与遥感"专业。

专业名称的规范意味着该本科专业的培养目标、教学大纲与课程体系趋向一个全国统一、具有可比性的体系。学校有关专业在目录修订后都普遍进行了一次有关培养目标、教学大纲与课程设置的较大调整，并体现在1985级秋季新学年的教学计划当中。

从学校层面看，当时除了应用数学等极少的理科专业外，西南交通

第四章　拨乱反正：新时期测绘教育再起航

大学几乎全部为工科专业，学科结构单一，发展空间受到极大的制约。1984年10月，在中共西南交通大学第七次党代会上，党委书记王润霖作题为《振奋精神、加快改革，努力开创学校工作新局面》的工作报告，大会提出要把学校办成以工为主，工、理、管、文相结合的具有现代化水平的万人规模的综合重点大学，并制定了几个配套文件。学校的学系及专业围绕新的定位和发展目标，进行了建校以来最大幅度的一次调整和改革。1985—1986学年始，学校共设有25个专业，按相近学科分属于15个系，它们是：土木工程系、建筑系、航空摄影测量及工程地质系、机械工程一系、机械工程二系、材料工程系、电气工程系、计算机科学与工程系、运输系、工业管理工程系、工程力学系、应用数学系、应用物理系、社会科学系、外语系。学校还设有应用力学、结构工程、轮轨关系、电气化自动化4个研究所和25个教研室，基本构建起多学科门类的发展格局。

航地系主要为铁路工程勘察设计工作培养高级技术人才和科研人才。航测和工程地质是铁路工程勘察的重要技术，是铁路工程设计、施工一切技术措施的主要依据，是整个铁路建设的先锋。航地系一方面要向其他工科有关专业开设属于测绘学科和地质学科的相关课程，如"测量学"、"工程地质"等，更主要的是办好两个本学科的专业，即摄影测量与遥感、水文地质与工程地质。

测绘地形图以前是在地面上测量出来的，航测与此不同。它是利用飞机或其他运载工具在空中对地面照相，经过加工，制成地形图。与地面测量比较，航测可减少大量野外作业繁重的劳动，可加快测图速度，图的质量好，并可根据相片上的地面形象获得勘察铁路所需要的地质及水文资料。采用航测是实现铁路现代化的重要手段。

摄影测量与遥感专业教学计划表（85级）见下表。[①]

[①] 西南交通大学教务处编：《西南交通大学教学一览　本科》，第63页，1986年6月。

摄影测量与遥感专业教学计划（85级）

类别	课程编号	课程名称	学分	总学时	1	2	短I	3	4	短II	5	6	短III	7	8
必修课	14·01	中国革命史	3	51	3										
	14·02	哲 学	2	34				2							
	14·03	政治经济学	2	34							2				
	19·01	体 育	8	136	2	2		1	1		1	1			
	15·01	外 语	16	272	4	4		4	4						
	02·16	高等数学A	10	170	5	5									
	02·17	线性代数	2	43				2.5							
	02·19	概率论与数理统计	4	68					4						
	16·05	化学及实验	2	34	2										
	03·10	大学物理	7	119		4		3							
	03·11	物理实验	2	51		1.5		1.5							
	04·03	画法几何及工程制图	3	51	3										
	17·01	计算机语言	3	51				3							
	06·01	测量学A	7	119	4	3									
	06·05	绘图技术	3	51		3									
	06·06	测量平差基础	7	119					4		3				
	06·57	电子技术基础	3	51					3						
	06·07	摄影及空中摄影	2	43					2.5						
	06·08	遥感原理	4	68					4						
	06·09	光电测距	2	34							2				
	06·10	遥感图象处理	2	43							2.5				
	06·11	控制测量	7	119								3		4	
	06·12	工程测量（I）	4	68								4			
	06·13	航空摄影测量学	8	136								4		4	
	06·14	解析空中三角测量	4	68										4	
	06·15	非地形摄影测量	2	43										2.5	
	06·56	外语专业阅读	3	102							2	2		2	
		合 计	122	2178	23	22.5		21	18.5		12.5	14		16.5	

续表

类别	课程名称	学分	总学时	各学期周学时数									
				1	2	短I	3	4	短II	5	6	短III	7	8
选修课	人文类必选	4												
	管理类必选	4		5										
	其他选修课	18												
	合计	26												
	测量实习					4周								
	工程地质认识实习								2周					
	控制测量实习											4周		
	摄影测量内业实习 概率论与数理统计												6周	
	毕业实习及设计	10												12
	总学分	170												

参考选修课

课程编号	课程名称	学分	学时	开课学期
06·27	工程地质B	3	51	4
06·29	BASIC语言及微型计算机	2	34	4
06·30	遥感图像判释及应用	2	34	5
06·31	遥感制图	1	17	5
06·32	地图投影	2	34	5
06·33	航测数字化及自动化	2	34	7
06·34	摄影测量新技术专题	1	17	7
06·35	工程测量（II）	2	34	7

从这个教学计划看，必修课中属于测绘学科的专业课有13门，合计55个学分，占全部122个学分的45.1%；合计962个学时，占全部2 178个学时的44.2%。此外还有7门参考选修课，合计13个学分、221个学时。在实习方面，分别在前三个学年末的短学期进行测量实习、工程地质认识实习、控制测量实习，在四年级最后一学期安排有6周的摄影测量内业实

习。其专业训练还是相当完备的。

在对其他有关工科专业进行基础性的测量教学时,根据专业特性开出不同层次的课程。如"测量学"课程,根据面向专业的不同,分为A、B、C、D四类,测量学A是为本系摄影测量与遥感专业而设,测量学B是为本系水文地质与工程地质专业而设,测量学C是为土木系工业与民用建筑专业开设,而测量学D是为建筑系建筑学专业开设,在学分及学时数上各异,表现出内容、程度、总量与占比的不同,体现了差异化与针对性。测量学A为7个学分、119个学时,测量学B为4个学分、68个学时,测量学C为3个学分、51个学时,测量学D则为2个学分、34个学时。

"工程测量学"课程除为本系摄影测量与遥感专业开设专业课程之外,也面向铁道工程专业、桥梁工程专业、地下工程与隧道工程专业开出普通课程。本系的"工程测量学"专业课程Ⅰ为必修课,计4个学分、68个学时;专业课程Ⅱ为参考选修课,计2个学分、34个学时。而"工程测量学"普通课程,面向铁道工程专业、桥梁工程专业、地下工程与隧道工程专业,都安排在二年级的两个学期,共102个学时,计6个学分。

通过教师们的辛勤努力,测绘学科的课程建设呈现出良好势头,为专业教育打下了坚实的基础。这些专业课程包括:

06·01 **测量学** A *Surveying* 学分 7 学时 119

先修:高等数学。

内容提要:测量学的基本理论、基本方法,仪器的使用。误差理论的基本知识,精度分析。

使用教材:《测量学》(武汉测绘学院编,测绘出版社出版)。

参考书:《测量原理》、《误差分析》。

06·05 **绘图技术** *Technigue of Drawing* 学分 3 学时 51

内容提要:画法几何——正投影的理论和方法,点、线、面、体及其相互关系的三面投影,轴侧投影;工程制图简单知识;地形绘图——绘图仪器、工具的使用和修磨、制图字体、地形图符号、大比例尺全要素地形图清绘。

使用教材：《画法几何》（本校土木系编，中国铁道出版社出版），《地形绘图》(自编)。

06·06 测量平差基础 Adjustment of Surveying　学分 7　学时 119

先修：高等数学，线性代数，概率论与数理统计，计算机语言，测量学 A。

内容提要：误差的基础知识与传播理论，误差椭圆；经典平差——条件平差，间接平差以及相关平差；近代平差——滤波与配置，秩亏平差；数理统计——参数点估计，区间估计，假设检验。

使用教材：《测量平差基础》（武汉测绘学院编，1983 年版，测绘出版社出版）。

参考书：《测量平差基础》（1978 年出版），《广义测量平差》。

06·07 摄影及空中摄影 Photography and Air Photography　学分 2　学时 43

内容提要：一般摄影机及航摄仪的基本构造、特性、类型、使用方法及其发展情况；如何进行地面与空中摄影；感光材料及其特性；摄影处理；影象的复制；航带设计及全息摄影。

使用教材：《摄影与空中摄影》(自编)。

参考书：《航空摄影测量内业基础教材》（中国人民解放军总参测绘局编），《航空摄影》。

06·08 遥感原理 Remote Sensing Principles　学分 4　学时 68

内容提要：现代遥感技术的形成和发展；遥感用电磁波与彩色的基础知识；多种摄影与非摄影方式（包括紫外、可见光、红外、微波，以及多光谱遥感）获取数据的基本方法与技术原理；不同遥感数据的信息特征与判释特点。

使用教材：《遥感原理和工程地质判释》（上册）（马荣斌 编，中国铁道出版社出版）。

06·09 光电测距 *Electro-optical Distancemeasuring* 学分 2 学时 34

先修：高等数学，概率论与数地筑理，测量学 A，测量平差基础。

内容提要：光电测距仪的构造，使用及测距原理，测距仪的检测方法，成果处理及应用。

使用教材：《光电测距》（自编）。

参考书：《激光测距》、《电磁波测距》。

06·11 控制测量 *Control Surveying* 学分 7 学时 119

先修：高等数学，线性测量学，测量平差基础。

内容提要：精密水平角观测，精密水准测量，高程系统，实用天文学，三角高程测量，椭球体理论，高斯平面坐标，大地测量的数据处理，水平控制网的设计与优化。

使用教材：《大地测量学》（自编）。

参考书：《大地测量学》（西德 W. 托尔格）、《大地测量的坐标系统》。

06·12 工程测量（Ⅰ） *Engineering Survey*（Ⅰ） 学分 4 学时 68

先修：测量学，铁道概论。

内容提要：铁路工程中的线、桥、隧工程的勘测，施工测量方法。

使用教材：《铁路工程测量》（王兆祥、卓健成、傅晓村编，测绘出版社出版）。

参考书：《工程测量》、《测量平差基础》。

06·13 航空摄影测量学 *Aerophotogrammetry* 学分 8 学时 136

内容提要：像片解析原理，双像测图原理，像片纠正原理及技术，立体测图的基本方法；分工法测图，多倍测图，精测仪测图，变换光束测图原理及方法，正射投影技术，解析测图仪测图。

使用教材：《航空摄影测量学》（自编）。

06·14 解析空中三角测量 Analytical Aerial Triangulation　学分 4　学时 68

内容提要：航摄像片及立体像对解析基础（内外方位元素，像片基本构象公式——光线条件；旋转矩阵特性及其构成；空间后交；像对前方交会；共面条件；像对相对定向；绝对定向等）；解析空中三角测量单航带法；解析空中三角测量区域网法（航线法，独立模型法，光束法）；解析空中三角测量作业方法；专题介绍（自检校法，粗差理论等）。

使用教材：《解析空中三角测量》（自编）。

参考书：《摄影测量原理》（王之卓 著）、《解析空中三角测量基础》（钱曾波 编）。

06·27 工程地质 B　Engineering Geology B　学分 3　学时 51

内容提要：矿物（指主要选岩矿物），岩浆岩、沉积岩、变质岩三大类常见岩石地壳运动地壳中常见的节理、褶曲，断层等构造形态。地表流水地质作用，地下水，风化，地震，岩体稳定不良地质作用，特殊工程地质问题等内容。

使用教材：《铁路工程地质》（西南交大主编，中国铁道出版社出版）。

06·48 近景摄影测量 Close-range Photogrammetry　学分 3　学时 51

内容提要：近景摄影测量的定义、特点、范围、发展状况；工程摄影测量的仪器和设备；近景摄影测量的基本理论及计算公式；地形摄影测量；内业处理方法及仪器；非地形摄影测量在工程中的应用；非地形摄影测量在其他方面的应用；内外业仪器的实际作业。

使用教材：《非地形摄影测量学》（自编）。

参考书：*Close Range Photogrammetry 1*，*The Handwork of Notopograph Photogrammetry*.

06·49 铁路航测及遥感 Railway Aerophotogrammetry and Remote Sensing 学分3 学时51

内容提要：航空摄影测量像片解析的基本理论，解析空中三角测量基本方法，全能法及分工法测图的基本理论及方法，像片的判读调绘。简介航测新技术与遥感的基本原理。

使用教材：《铁路航测与遥感》（西南交通大学航测教研室编，中国铁道出版社出版）。

06·50 遥感图象判释 Remote Sensing Image Interpretation 学分2 学时34

内容提要：摄影测量的一般知识；遥感图象的判释原理与方法，航空象片的地貌，岩性，地层，地质构造，不良地质现象及水文地质的判释；卫星图象的分析及各种宏观地质及工程地质判释。

使用教材：《遥感原理和工程地质判释》（下册）（马荣斌 编，中国铁道出版社出版）。

06·52 航测新技术 New Technigue of Aerophotogrammetry 学分2 学时34

先修：航空摄影测量学。

内容提要：解析测图仪（包括原理，几种解析测图仪的结构、作业方法），航测自动化（包括影象相关原理，自动化成图仪器等），数学地面模型及其应用（包括数学地面模型的基本概念，在铁路选线及土方计算中的应用），近景摄影测量，正射投影技术等5个部分。

使用教材：《航测新技术》（自编）。

第四章 拨乱反正：新时期测绘教育再起航

这些针对不同教育对象而设计的数十门课程，凝聚着测绘学科教师们在教学活动和教育改革中，对教学规律的探索和认识。通过一门一门课程的改进和完善，一步一步地提高专业教育的质量。

课程建设是专业建设的核心，通过上好一门课，教师对教学内容、方法和讲课艺术不断锤炼，感悟心得，在教学实践中成长。教学相长，师生互动，共同完成教育的神圣使命。通过一轮又一轮、一届又一届的教与学，鼎故革新，持续推进专业建设提质进位，学科教育生命长青。

航地系在开展测绘教育的实践中，教师们对测绘专业的培养目标和课程设置等诸多重要课题展开热烈的思考和讨论，勇于探索和改革。

对于铁道部部属院校开办测量专业，在培养方向上如何把握？傅晓村、刘文熙、李华文老师认为，"测绘和工程的基础不同，要想使测绘人员掌握工程设计知识，在有限的学习时间内是不可能的，应是在保证有宽厚的测绘基础理论和专业知识的前提下，补充一定的工程知识，同时，工程专业的学生应了解一些近代测绘技术，以利于发挥桥梁作用，推进近代测绘技术的运用"。[1]测绘教育的质量必须进一步提高，在"知识更新日益缩短的情况下，在培养学生时，必须改变灌输知识的传统做法，而应要加强基础理论，培养学生的智能，对课程内容也要不断的更新和精选"。[2]

对于航测专业来讲测量学是校重点课，不仅学时多，而且集中实习时间长，由于后续课程实习已排满，只好把"测量学"排在大学一年级来上，这不仅增大了学生学习的难度，也给教学带来了新问题，如何教好、学好这门课，是学生能否顺利学好后续课程的基础。张延寿老师认为："刚进大学校门的新生，对于工程知识可以说了解的甚少，同时又与高等数学、外语等平行进行，习惯势力使他们偏重基础课，而忽视测量学的学习。这就要首先使他们懂得测量学在'四化'建设中的尖兵作用，认识自己的地位，

---

[1] 傅晓村、刘文熙、李华文：《对铁路测绘技术人才培养和使用的一些看法》，《铁路航测》，第4期，1983年。

[2] 傅晓村、刘文熙、李华文：《对铁路测绘技术人才培养和使用的一些看法》，《铁路航测》，第4期，1983年。

激发起他们主动学习的热情。""从中学升入大学各方面条件变动较大,应当给予他们一个逐渐适应的阶段。开始的前半学期老师应当讲的详细点,板书多写点、进度放慢点,而在后半学期再逐渐加快进度,讲要点、难点,这种由详到简的做法,不但有助于同学巩固知识,而且能较快和较顺利地掌握大学的学习方法,提高学习的劲头。""测量是一门实践性很强的课程,只有亲自动手才能很好地掌握它。目前在大学生中有重理论、轻实践的倾向,我们在实习中严格要求同学,不合格就必须返工。在期末组织全班仪器操作考查,促进大家对实践的重视。"[①]

对于如何促进学生的知识与能力的发展,廖重华、许提多、刘成龙、肖永茂老师在航83的"平差"课和"大地测量"课中进行探索试验。组织"平差"课的课堂讨论,指定自学,由教师出题,全班酝酿,全班进行。半数以上的同学主动发言,争相阐明自己的观点,探讨认识分歧的理由。在教学内容膨胀的处境中,注意精与粗的取舍与结合。"粗,一是浅讲,一是讲思路、讲要点;精,则要讲深讲透。选择重点、深入分析,有时还要讲清楚一个科研问题的提出、解决、发展与改善的过程,给同学们做出提出问题、分析问题与解决问题的示范。在此基础上布置一定自学,出性质相近的题目,让同学独立查找资料、独立完成,以论文形式发表。"[②]这种做法在"大地测量"的一次试验中就取得了较好的效果。

当时,除武汉测绘科大等少数专门性的测绘高校外,包括铁道部所属西南交大、冶金部所属中南矿冶学院等几十所大专院校都相继开办有测绘类专业,都有较明确的为工程服务的指导思想。本来具有较好的条件横向扩展拓宽,但是由于受到传统习惯和自身某些条件的制约,没有能将专业面拓宽,毕业生较为明显地出现知识面过窄、适应能力不够强、难以胜任各方面工作的问题,用人单位对此也有反映。人才培养方面问题的出现,

---

[①] 张延寿:《由详到简、科学施教——浅谈低年级测量教学的体会》,《四川测绘》,第2期,1985年。

[②] 廖重华、许提多、刘成龙、肖永茂:《如何促进学生的知识与能力的发展》,西南交通大学《教学研究》,第2期,1985年。

第四章 拨乱反正：新时期测绘教育再起航

与行业的发展、测绘技术的深刻变化不无关联。

▲部分全国测绘专业教师代表于1987年汇聚峨眉对测绘教学展开热烈讨论

测绘学科由于近代科学技术的促进和需求，也由于它自身的发展，已成为一门需要借助近代数学、物理学、地学、空间科学、计算机科学、控制论、遥感技术和激光技术，并适时采集空间的、地面的、地下的、水面的、水下的几何和物理以及人为的原始信息，然后进行科学处理的综合学科。测绘学科的各个分支，如大地测量学、摄影测量与遥感、工程测量学、地图制图学、测绘仪器学和海洋测绘学等，在完成本学科综合任务方面，其界限和分工已经渐渐模糊，而且其中任何单一的分支学科都无法完成这一信息科学任务。再从测绘学科和其他学科的关系来说，"今后大地测量的发展方向是为地学研究、空间技术和国防建设服务。大地测量与地球动力学的相关性越来越密，大地测量不仅为地球动力学提供科学数据，而且要结合地球动力学进行科学研究。摄影测量学的一个分支——近影摄影测量，用于考古、生物医学、交通事故、建筑变形、原子核研究、体育运动、弹道轨迹、材料科学等，也不该仅限于提供数据资料"。工程测量学中的测量涉及建筑物的形变，工业构件的受力变形，滑坡、泥石流病害地区的检测等，显然也不能满足于仅提供形变点、场的信息，而应参与变形模型和引起变形原因的分析。对于遥感资料的应用，当然就更不应该停留在提供静态的或动态的几何数据方面，而要深入到地学、生态环境等领域的应用。总之，"应该进入到那些有关学科领域的边缘，才能获得更大的发挥。只有掌握了跨学科的科学知识，才有可能解决科学领域的重大问题"。[1]测绘学科本身尽管有若干分支学科（专业），但它们之间彼此相关，现代科学技术已将它们日益紧密地联系起来，并难以严格区别，因为它们有共同的基础理论、欲解决的问题本质一样，仅仅是使用的手段和方法不尽相同。

由于长期受到"科学分化"规律的影响，加之我国高等教育过去学习苏联的做法，即特别突出地强调了"专业教育"，使得专业越分越细，以致产生了一种误解，似乎"越窄越能对口""越深越能适应需要"。多年来，我们培养出来的毕业生，大多对本专业范围内的某些知识比较了解，而对本学科内原属同行的临近专业及相关之间的关系了解甚少，更不必说了解"边缘学科"了。

反思这样的结果，应该在测绘教育中从培养目标和课程设置等方面寻找原因，以深化教育改革特别是课程改革来提升教育质量，让一般工科院校的测绘教育扬其所长、办出特色，更好地满足社会需要。

工科院校办测绘类专业，应与专门测绘学院的测绘专业有所区别。培养的学生，一方面要具有测绘专业所必需的基础理论和专业知识，以便将工程对象从勘测设计到运营管理的全部测绘工作承担起来，另一方面又要有广泛合理的知识结构和一定的工程专业知识，使其有更强的适应能力和应变能力，借助于新的技术手段提高和促进本工程部门专业技术水平。测绘工作对工程部门而言只是其中的一部分工作或小部分工作，而在这一部分工作中，又有相当多的内容无需本科毕业生承担，即中等专业学校的毕业生就可胜任。对于大学本科毕业生来说，应该从事更大范围、更多类型、

---

[1] 刘文熙、许提多、傅晓村：《对一般工科院校中测绘类专业的培养目标和课程设置刍议》，西南交通大学《高等工程教育》，第2期，1988年。

更高层次的专业技术工作及技术开发工作，这就要求学生知识面要广，知识结构要趋于合理。

教师们对测绘学科的认识也在深化并趋于统一，以前传统的看法是测绘属于地学学科，但它现在更大程度上属于信息技术。因此，从现代科学技术发展和社会需求的观点看，测绘学科或专业既要着重研究和解决信息的获取与信息的处理，同时也要兼顾到信息的应用。根据不同的信息应用对象和要求，采用不同的信息获取和处理手段。信息的应用，还将涉及各有关相邻学科和专业。

当时一般工科院校所办测绘专业过多地强调了测绘学科本身的学科体系和理论体系，基本上套用了测绘院校的教学计划模式，在教学计划中绝大多数的学时都安排了测绘学科的课程，属于工程对象的专业知识太少且窄。基础理论也仅考虑测绘学科的需要，未顾及广泛的工程服务对象及横向相邻学科的需要。而测绘学科的课程，又有相当多的内容属于实际应用问题，无需通过课堂理论教学讲授，而通过实践环节更便于掌握。此外，各门课程内容重复较多，需要改革。将许多应用中的问题和纯属实践方面的内容都用讲授的方式教给学生，既占用了学时，又削弱了实践能力和自学能力的培养，远不及通过实习和写读书报告等方式来掌握。

因此，航地系在测绘专业教学计划中，从以下4个方面着手加以设计和调整。

一是加宽加厚基础。既要考虑测绘学科所需的基础，又要顾及相邻学科的某些需要。改变以往以"测量学—测量平差—控制测量（或大地测量）"统帅整个专业各课程的传统模式，适当增设一些相邻学科所必需的基础课程。

二是通盘考虑现行教学计划中设置的测绘学科课程。为缩减学时、避免重复，打破各门课程的界线，将它们有机地划分成少量的几门课程，只将其中必需的基础理论和专业理论设为课程，而大量实践性、应用性的内容可安排成一个个的独立的实习或课程设计、读书报告等形式去完成。

三是加强计算机应用内容的教学。这对测绘专业学生有着特别重要的作用。测绘领域是计算机应用最早、最普遍的部门之一，其使用的深度和广度领先于一般经济部门。地理信息系统、地图数据库等是测绘技术应用计算机的典型例子。其时仅学一两种算法语言已不符合需要，应增加介绍诸如程序设计方法及优化技术、数据结构和数据库基础、信息系统建立等知识。事实上，用计算机建立各种信息系统及管理系统乃至进行各种软件开发，已成为衡量现代技术人才能力的一种标志。

四是专业课覆盖面加大但不必太深。增加若干组相邻学科"浅而广"的课程，以期使学生具有广泛的知识结构。这样，既有利于日后从事横向学科的沟通和联系，又便于较好地适应生产工作的多方面需要。城乡规划、土地利用与管理、地质地理、环境监测与污染控制、工程勘察、城市交通与管理等专业均与测绘专业是相邻专业，因此应设置一些有关这些学科、专业方面的课程。

体现到课程结构上，将所有课程分为3种类型：

（1）基础理论课。除包括各专业共同的政治、外语、数学、物理、化学外，还包括应用数学（线性代数、应用概率与数理统计、线性规划等）和相邻学科必需的一些重要理论基础知识。

（2）技术类课程。主要围绕信息获取与信息处理和信息表示等方面的手段和技术，如计算机软件工程、应用测量（含测量学、控制测量、工程测量）、摄影测量与遥感、误差理论与数据处理、制图技术（含机助测图）等。

（3）应用类课程。主要是解决信息应用的问题，分为若干组，每组安排20到40节不等。目的在于引导入门，给予思路，拓宽视野，了解可能应用的领域。学生在实际应用时，当然还需要与相关专业的技术人员彼此配合，施行"杂交优势"。

自20世纪70年代以来，我国摄影测量技术随着改革开放的形势有了迅猛发展，大量测绘新技术得以应用，我国的摄影测量技术水平提高到了一个新的水平，缩小了与国际先进水平的差距。事实上，从1982年开始，

第四章 拨乱反正：新时期测绘教育再起航

主持摄影测量与遥感专业建设的航测教研室用了 5 年左右的时间，陆续将原"航空摄影测量"的课程内容和体系进行更新和调整。先是将原课程中的"控制点加密"部分首先分离出来，自成体系，单独设置了"解析空中三角测量"新课，完全用解析计算方法取代了光学机械模拟法；1984 年，将原课程中的"地面摄影测量"部分分离出来，独立设置了"非地形摄影测量"课，以专门介绍不以测制地形图为目的而主要研究对各类目标物进行摄影以确定其形状和大小的理论与技术，并侧重于近年来发展最快、应用最成熟和最广泛的近景摄影测量；1985 年，将原课程中属于较新的并已在我国开始应用于生产的解析测图技术和数字地面模型等内容，单独设置了选修课——"航测数字化与自动化"。将原课程中剔除了上述 3 部分后的内容，进一步作压缩、删减和调整；加强了专业基本理论内容，对单张像片和立体相对解析关系的阐述，改成用矩阵表达式和矩阵变换方法，这样既便于学生理解掌握，又便于实际应用；对原课程内容中的立体量测仪测图部分做了大量删减，只介绍其基本原理，对仪器结构与作业方法不作要求，仅安排几次课间实习，以培养训练学生的操作能力；将原课程中"纠正仪及像片平面图"内容，进行了适当压缩和删简，增加并充实了近年来发展并实际应用于生产的正射投影技术和正射影像图；对原课程中占有相当大分量的各类模拟测图仪器部分进行合并、压缩和重新组合，只从基本原理上进行分类，要求掌握每一类的基本结构原理，而不是像过去那样一个仪器一个仪器地介绍，并且每类结构只选择一种型号的仪器进行典型说明。为了加强实践性教学环节，把过去的课间实习改成为单独设置的"航测实习课"，并由实验室独立开设，单独计算学分。教研室又根据改革后的课程设置和内容划分，组织编写了相应的教材讲义。经过几年的教学实践，教学效果令人满意。

系里和教研室注意与国内、省内、路内学术界的广泛联系与交流，积极派出教师参加各类学术交流活动，及时地将国内学术界的研究动向和教学改革信息带回来。一方面促进了教研室学术水平的提高，另一方面也为进行教学内容更新、探索建立新的课程体系提供了有利条件。1985 年 5 月，系主任卓健成当选为中国测绘学会第四届理事会理事，以后又连任一届，推动学校及学科师生进一步密切与学术界的联系，借助学会专家、信息资源，帮助支持教学改革。1987 年 10 月，航地系在峨眉承办了中国测绘学会测绘专业教学讨论会，来自武测等专业测绘院校以及众多工科院校的代表、业内专家踊跃莅会，就如何办好新时期的测绘教育、课程改革等问题各抒己见，提出来不少新思路和构想。航地系教师与国内兄弟院校同行进行了深入的交流，这对于地处偏僻、交通不便的西南交大来说，是一次十分难得的机会（见下图）。

▲中国测绘学会测绘专业教学讨论会代表合影

在学校 1984 年度"教学优秀奖"和"教学改革成果奖"评选中，廖重华、路伯祥、许提多、刘泉江教学小组获得"教学改革成果奖"。1986 年 9 月，航测教研室的"航空摄影测量教学课程体系改革"获得学校 1985—1986 学年教改成果一等奖；1986 年 9 月，费人雄获得学校教学优秀奖。从 1985 年起，"工程测量"课程获评为西南交大的一类课程和重点课程，1988 年又被学校确定为"优秀课程"。工测教研室费人雄、张献洲、孟秉珍主持的课程建设项目"以加强实践教学为中心,提高教学质量"获得1990—1991学年学校优秀教学成果一等奖。

西南交大测绘教育改革的势头引起上级有关机关的关注和重视。1987年1月,国务院学位委员会委托武汉测绘科技大学主持全国测绘学科博士、硕士学位专业目录修订会,我校卓健成、刘文熙应邀参加。其后,在1992年和2000年又分别参加了在武汉、上海召开的两次专业目录修订会。这也从一个侧面表明西南交大的测绘学科在国内高校中的重要地位。

▲1986年卓健成(前排左2)、刘文熙(3排右3)参加国务院学位委员会委托举办的全国测绘学科博士、硕士研究生专业目录修订会。参加此次会议的测绘界部分知名专家有:武汉测绘科技大学校长宁津生(前排排3)、郑州测绘学院副院长高俊(前排右2)、张祖勋(前排右1)、李德仁(2排右4)、王家耀(3排左3)、郭仁忠(4排左2),他们后来均当选为中国科学院或中国工程院院士

第五章

核心关键：
形成测绘学科教育的完备体系

（1991—2010）

立基蓄势，完成测绘学科与人才培养体系建设

第一节
测绘学科建设与独立发展

一、设立测量工程系与测绘学科体系布局

随着教学改革的深化，对大学功能的认识引起教育界、知识界的高度关注。长期以来，大学是我国培养高级人才的主战场，但科研工作相对薄弱，学科建设还处在起步阶段。有观点认为，高校既是教学中心，也应成为科学研究的中心，而学科建设的好坏是其中最关键的因素。西南交大自1985年开始在成都建立总校后，重心逐步向成都转移，到1990年基本完成了这个转变。在解决了长期困扰学校的迁校问题以后，学校把加强学科建设逐步提上重要日程，要求夯实根基，有所作为。

1991年8月，经校党委常委会讨论决定，依托测绘学科独立设置测量工程系。这一举措既表明测绘学科在全校工科体系中的地位有了提升，也体现了学校对发展测绘学科的重视，为测绘学科的发展与建设提供了更加广阔的空间。学校任命前航测研究室主任刘文熙教授为测量工程系主任，两年后又接替已退休的卓健成教授出任中国测绘学会理事、四川省测绘学会副理事长、全国高等学校测绘类专业教学指导委员会委员、《四川测绘》主编，继续担任铁道部土建类专业教学指导委员会委员等职务。张献州任系主任助理。此后不久，张献州改任副系主任，费人雄任副系主任。

测量工程系下设工测、航测、控测和遥感四个教研室，分别由张延寿、

许伦、路伯祥和马荣斌任主任。另设有工测、航测、遥感三个实验室。刘文熙于 1996 年 2 月卸任系主任后，张献州、齐华任测量系正、副主任；2001 年由李永树、黄丁发任正、副系主任。

测量工程系成立之初，系里按照学校要求，组织了学科研究方向论证，明确选定学科应坚持的几个科学研究方向，它们是：GPS 导航与定位，摄影测量与遥感及其应用，精密工程测量。

▲ 测量系主任刘文熙

对于开办已有 7 年的"航空摄影测量与遥感"专业，如何不断适应学科发展，航地系及其后的测量系一直没有停止探索，深知不能固步自封。这种认识正是基于对国际摄影测量学科的发展趋势和动向，以及我国摄影测量的发展水平的把握和判断。持续 10 年之久的课程体系改革及试验，其核心就在于落实教育面向现代化、面向未来的方针，及时更新知识内容，扩大专业面，增强适应性，全面提升教育质量和人才培养质量。1995 年 9 月，国家教委下达本科专业引导性专业目录，将大地测量、工程测量、摄影测量与遥感、地图制图几个专业合并为一个"测绘工程"专业，正是体现了这种教育理念。有鉴于此，西南交大"摄影测量与遥感"专业再次更新，按照通识类知识、基础知识、专业知识来构建新的"测绘工程"专业课程体系。

测绘工程专业的毕业生应具有扎实的数学、计算机和地理信息科学方面的基础知识，有较强的外语应用能力及较宽广的专业技术基础知识，素质高，动手能力强，能够适应 21 世纪空间信息科学技术发展的新趋势，尤其在测绘新技术、交通土建工程的实际应用等方面具有坚实的基础和专业知识。主干课程包括：大比例尺数字测图、工程测量、测量平差基础、工程控制测量、摄影测量定位理论与方法、地形影像信息学、数据库原理与应用、地图学与地形绘图、遥感原理及应用、图学基础及计算机绘图、地理信息系统原理、地理信息系统设计、卫星定位技术与方法。测绘工程专业延续至今，成为测绘类教学国家标准中两个基本专业之一（编号081201），另一个为"遥感科学与技术"（编号081202）。

同年12月，由四川省测绘学会教育与科普工作委员会组织了一场"现代测绘科技人员合理知识结构与实现对策"研讨会，省级学术刊物《四川测绘》少有地开辟专栏，就此专题开展讨论。时任四川省测绘学会教育与科普委员会主任的刘文熙应编辑部之约，就有关问题畅谈个人的观点与看法。[①]

刘文熙教授认为，现代科学技术正向着多学科、综合化方向发展，各学科间的相互渗透、交流和交融的趋势已十分明显。现代高新技术，特别是空间技术、计算机技术和信息技术的迅速发展及其在测绘领域中的广泛应用，已使测绘学科在很大程度上成为一门信息学科，测绘行业已成为采集、处理、分析和应用开发地球环境信息和人文社会信息的一种信息产业，即地理信息产业，测绘行业面临着从传统测绘业向现代地理信息产业全面过渡和转化的艰巨任务。建立以高新技术为支撑的现代测绘技术体系，地理信息产业必须解决一系列的关键技术问题，其中实现一体化（集成化）、实用化和产业化是重点。现代测绘科技人员的素质和知识结构必须与时俱进，调整更新。在大学测绘教育中，专业知识面宜宽，应按一级学科范围要求，但不一定要求很深很细，以掌握"宽、浅、新"的原则为宜。知识面要拓宽，测绘科技人员要熟悉、了解相邻专业的一般知识，诸如城乡规划、环境保护、土地管理、资源调查等。对人文社会科学知识，比如经济、管理、法律等也应该具有一定的知识。此外，对外语、计算机知识的要求也需要提高。

他强调，现有的高等测绘院校和工科院校中测绘专业，是培养和输送未来测绘科技人才的主渠道。要更新教育观念，把过去长期在计划经济体

[①] 刘文熙：《现代地理信息产业与现代测绘科技人才》，载四川省测绘学会《四川测绘》1996年第4期。

制下形成的那种"专业教育"培养模式更新为适应市场经济体制的"素质教育"和通才教育的培养模式,注重学生全面素质及能力的培养,把培养"继承型"的人才观转变为"开拓型"和"创新型"。学校传授知识不是唯一"目的",更重要的是一种"手段"。通过传授知识,培养学生今后获取新知识的能力。在设计学生的知识结构与能力结构上,也就是教学计划的制定上,不必太强调已过时了的"专业细分"特点,把着眼点放在加强基础和培养能力上。

测量系通过持续多年的课程体系改革,打破了以传统"模拟法"为主线的旧课程体系,建立了以"模拟法→解析法→数字化"为主线贯穿全课程的新体系,更新课程内容,在教学中加强了学生计算机能力的培养,改革实践性教学环节,在铁二院航测所建立内业实习基地。改革的成效明显,表现在以下3个方面。

(1)学生的知识结构更趋合理,拓宽了专业知识面,综合能力有了明显提高,适应能力进一步加强。例如,近年来本科毕业论文选题方向新、工作量大、难度大,指导教师一致反映学生知识面宽,分析问题和解决问题的能力、计算机应用能力普遍有了明显提高;用人单位也一致反映,近几年毕业生到生产单位后都能较快地胜任工作,并承担了各单位的技术开发、新设备引进和科研工作,成绩显著。

(2)课程体系改革、课程内容的更新,加速了教师的知识更新,也相应地促使了教师对本学科在国内外发展的关注及对本校摄影测量与遥感专业发展的关注;每个教师都能胜任多门课程,开辟了多个新的研究方向,并取得了较高水平的科研成果,促进和充实了教学。

(3)有力地推动了学校测绘学科的发展。在课程体系改革的实践中对学科发展方向与趋势进行了较系统、深入的探索,开拓了新的研究领域和研究方向。[1]

---

[1] 刘文熙、许伦、齐华:《适应学科发展,调整专业课程体系与内容》,载《铁路高等教育》1996年第2期。

▲1990年代测绘学科教师编写的部分教材

峨眉分校正式挂牌后主要任务以培养专科生为主。当时，高等教育正处于大发展时期，社会对专科层次的实用性人才也有相当的需求。1992年，测量工程系与峨眉分校合办了专科层次的"土地管理与地籍测量"专业，测量系承担了主要的教学任务。因生源问题，开办两届后停办。

从1977年到90年代，经过十多年的发展，高校新设了不少的系和专业，但也随之产生一些问题，系与系之间，学科与学科之间都忙于各自扩充，相互之间的联系、协作以及协同发展受到不同程度的削弱。在系之上增设学院，将相邻或相关的系或学科划入，在学校的统筹下发展，变原来的两层结构为三层结构。这是高校内部管理体制的一次重大变革，许多高校都开始试验和调整。学校在1993年4月成立土木工程学院，原土木工程系重新分设为铁道及道路工程系、桥梁及结构工程系、地下工程及岩土工程系、建筑工程系，测量工程系、地质工程系也划入新的土木工程学院。测量工程系内部的架构与管理方式没有太大的变化，测绘学科建设由测量工程系主导。

为了使测量系更好地发展，同年9月，经学校批准，测量工程系聘请了中国科学院学部委员（院士）、时任武汉测绘科技大学摄影测量系系主任李德仁教授，武汉大学工程测量系系主任陈永奇教授为顾问教授，其后陈永奇教授受聘担任香港理工大学测量系主任，从此开启了我校与这两所高校间的学术交流与人才培养合作。

二、新建两个本科专业，完成学科全专业布局

测绘工程专业经过几次更名，课程体系与内涵随之发生一些显著的变化。但伴随着测绘业及测绘科技的迅猛发展，业界对专门技术人才的需求也催生了新的专业。步入21世纪，测量系着眼学科发展与社会需求，先后开设了两个新专业。

（一）地理信息系统专业

我国地理信息系统的教育始于测绘与地理专业。20世纪80年代初，武汉测绘科技大学和解放军测绘学院的制图系以及南京大学、北京大学等校的地理系，相继开设计算机地图制图等课程；武汉测绘科技大学的航测与遥感系开设数字摄影测量与机助制图等课程，1988年该系正式设置信息工程专业，主要讲授与地理信息系统有关的课程，其毕业生广受欢迎。与此同时，武汉测绘科技大学、北京大学、南京大学、北京师范大学、华东师范大学、中科院地理所、遥感所等单位相继招收以地理信息系统为研究方向的研究生。西南交大于1990年就已经开辟了地理信息系统研究方向并在国内较早地开始招收GIS方向的硕士研究生，建立了"地理信息系统及其应用"这一基本研究方向。邓春老师在数年间多次举办讲座的基础上，于1998年正式为本科学生开出GIS课程。

1998年7月，教育部颁布更新后的《普通高等学校本科专业目录》，将原归属于测绘学类中的"地理信息系统与地图"专业，与地理科学类中的"地图学与地理信息系统"专业合并，并确定在地理学科中设置"地理信息系统"专业。迈入新世纪，测量系前系主任刘文熙与李永树副教授、时任副系主任齐华副教授联袂在《西南交通大学学报》（社科版）2000年第3期发表《地理信息系统——新兴的高技术信息产业》一文，公开提出发展我校地理信息系统学科的构想。鉴于我校师资队伍的专业结构与知识背景，有近1/3的青年教师正从事地理信息系统领域的研究工作，前期积

累准备工作已有一定基础，他们呼吁学校"应不失时机地尽快设置地理信息系统专业，以便早日为国家培养出社会迫切需求的地理信息系统专业人才"。经过一年多的筹备，学校批准测量系于 2002 年正式开办"地理信息系统"本科专业，并在秋季招收本科第一届学生。由于该专业归属一级学科地理科学，属于理学门类，这就为学校已有数学、物理等理科类专业拓宽了涉及面，为"理科强基"战略增添了新的内涵。

"地理信息系统"专业的培养目标是：适应地理信息科学技术与产业的发展需要，培养具备地理信息系统、测绘、摄影测量与遥感等方面基本知识、基本理论、基本技能，能在科研机构、高等院校以及国民经济各行业胜任应用开发、教学工作和科学研究，能在测绘、交通、国土、资源、环境、人口、旅游、国防、基础设施和规划管理等部门成为 GIS 应用技术开发、生产管理和行政管理等方面的高级技术人才。同时为地理信息科学与技术应用研究提供高素质的研究生生源。在教学上采用大类与专业培养相结合的培养模式。主要课程包括：误差理论与测量平差基础、大地测量学基础、地图学、图学基础与计算机绘图、地理信息系统原理与方法、摄影测量学、遥感原理与应用、遥感信息分析与应用、遥感数字图像处理、空间数据库原理、数字图像分析与处理、GIS 应用开发、GIS 数量分析方法与应用、数字高程模型等。

▲首届地理信息系统专业部分学生与他们的老师

（二）遥感科学与技术专业

西南交大遥感科研与教学活动起步较早，马荣斌早在1980年就首次为本科生开出《遥感原理及应用》课程；我校与北方交大合编的教材《航空摄影测量与遥感》1983年由人民铁道出版社出版；1984年规范"铁路航测与定线"专业为"摄影测量与遥感"专业，该专业按照国家教委规定在1995年更名为"测绘工程"专业以后，其覆盖面大大拓宽，相对而言有关遥感的知识内容有所弱化。但在测绘业界，遥感技术的发展却是突飞猛进，科研进程倍速递增，对整个测绘业及测绘学科的支撑保障作用日显突出。仅仅依靠本科"测绘工程"专业，难以满足行业专门人才及学术发展的需要。正是在这样的背景下，"遥感科学与技术"专业应时而生，成为测绘类教学国家标准中两个基本专业之一。

对于"遥感科学与技术"专业的设立，测量系具有很好的基础与条件。2004年9月，该专业正式开办，培养具有坚实的摄影测量与遥感理论基础、信息处理与分析技术能力，能在测绘、交通、国土、资源、环境、国防、基础设施和规划管理等部门进行摄影测量与遥感技术应用研究、技术开发及管理等工作的高级专门技术人才，可在相关院校从事专业教学、科研工作，同时为摄影测量与遥感应用研究提供高素质的研究生生源。这一专业同样采用大类与专业培养相结合的培养模式，适度控制招生规模。主要课程包括：地貌学、误差理论与测量平差基础、大地测量学基础、地图制图学基础、地理信息系统原理、摄影测量学、雷达干涉测量、地理信息系统原理与方法、空间信息可视化、数字测图、遥感原理与应用、遥感信息模型与模式识别、遥感数字图像处理、空间数据库、遥感影像地学解译、资源环境遥感、GPS原理与应用、数字地球技术等。

在此期间，测量工程系借力学校"323实验室建设工程"（简称323工程），决定专业建设向新建的"遥感科学与技术"倾斜，由黄丁发和刘成龙分别负责组织全系教职工完成遥感和地理信息系统专业实验室的建设改造，以及教育部修购计划的申报和实施，达成"遥感科学与技术"和"地理信息系统"专业培养计划的基本要求和条件。

▲首届遥感专业毕业生与院系领导及教师合影

综观上述历程，截至2004年，测量系全面开办了测绘工程、地理信息系统、遥感科学与技术3个本科专业，涵盖了测绘大类基本的本科专业，专业覆盖面完整，对于人才培养和科学研究提供了有力的支撑。

测量系一如既往地抓好课程建设、教材建设、实习基地建设，优化教学体系，继承学校本科教育的优良传统，在21世纪持续推进一流本科教育。在教材编著方面，继承了50年代开始的合作传统，将心得与经验及时体现编入教材与教参当中。1986年6月，王兆祥、傅晓村、卓健成合编的《铁路工程测量》由测绘出版社出版，并于1992年获得铁道部优秀教材二等奖；1990年11月，卓健成出任第三届全国测绘教材委员会副主任，并兼任工程测量专业组组长；1995年由张延寿、孟秉珍、费人雄编写的《铁路测量》由西南交通大学出版社出版；1996年7月，卓健成编著的《工程控制测量建网理论》由西南交通大学出版社出版；2006年5月，刘国祥编著的 *Monitoring of Ground Deformations with Radar Interferometry* 一书由测绘出版社出版；2006年10月，黄丁发和熊永良等编著的《全球定位系统（GPS）——理论与实践》由西南交通大学出版社出版。2009年6月，黄丁发编写的"十一五"国家级规划教材《GPS卫星导航定位技术与方法》由科学出版社出版；2010年9月，陈强编写的"十一五"国家级规划教材《工程测量实习教程》由西南交通大学出版社出版。在实习基地建设方面，2007年建立犀浦校区室外测量实习场地和测量教学陈列室，在绵阳建成遥感野外实习场地，在九里校区建成航测野外实习场地。

在1991至1995年间，学校举办了3届土木、航测、地质、运输等专业的测绘技能大赛。参赛人员由各班选拔产生，每届参赛人数均在60人以上。参赛内容为角度测量和水准测量，分小组进行，每组4人。通过竞赛有力地提高了学生学习测绘的兴趣和测绘技能。教学成果又有新收获。1993年4月，费人雄、张献州、傅晓村、夏志林、唐恩利在四川省普通高校第二届优秀教学成果评奖中，"以加强实践环节为重点，提高测量课的教学质量"项目获二等奖。

由航测教研室完成的"更新课程内容，建立适应本科发展方向的专业课课程体系"教学改革项目获得1994年度校级优秀教学成果一等奖。1995年10月在南京召开的铁路高校第六次高教研究论文报告会上，由刘文熙、许伦和齐华三人撰写的论文《适应学科发展，更新教学内容，逐步建立新的专业课课程体系》获大会优秀论文二等奖。航测教研室完成的"适应学科发展，更新课程内容，建立摄影测量课程新体系"获得1996年度校级优秀教学成果一等奖。工程测量实验室获得学校1997年度实验室工作先进集体。2001年获批成立"地理信息工程中心四川省重点实验室"；2002年获批成为"四川省测绘与空间信息工程类人才培育基地"；"工程测量学"课程2003年获得四川省精品课程，2006年荣获国家精品课程，"卫星定位技术与方法"获省精品课程，达到了课程建设的一个"高峰"；2005年，"空间信息工程中心"被批准为四川省重点实验室，我校依托测量工程系与中海达合作建立"全球导航卫星系统联合实验室"致力于产学研的合作与人才培养。2008年，测绘工程专业被评为四川省特色专业。

20世纪90年代初，学校的重心由峨眉向成都转移后，峨眉成立分校。分校土木、运输专科的工程测量课程由成都总校派教师承担。在1992至

1995 年间，每学年测量系派出 3 至 4 名教师承担测量课教学及实习任务。在此期间，还为峨眉分校培养了两名测量教师。测量系派出的两名教师分别获得峨眉分校 1993 年、1994 年教学成果一等奖。

▲ 学生们在校内开展测量实习

第二节
师资队伍与资源建设

一、师资队伍建设

在所有教育与学术活动当中，人的因素始终是第一位的。教师队伍是一个系、一个学科立足的根本。高素质的教师队伍既是一流教学质量的保障，也是学科建设的决定性因素。一个教学名师的形成，一个学科带头人的出现，有着诸多因素，也必然遵从自身的成长规律。这是一个较为长期的过程。既有各个方向的学术带头人，又能形成合理的梯队，这样的师资队伍就有极大可能搞好教学和科研工作，繁荣学术，推进学科。

第五章　核心关键：形成测绘学科教育的完备体系

在20世纪50年代末创办"航测专门化"的时期，测绘专业教师曾一度出现兴旺喜人的景象。后来专业停办，又遭十年"文革"破坏，师资队伍遭到极大冲击，流失严重。到改革开放的80年代初，测绘学科师资青黄不接的情况已经较为严重，特别是缺乏一支高学历、高素质、年轻化的一流团队。其时，整个学校师资队伍的问题都比较突出。为此，学校在1985年先后推出《关于推荐优秀青年教师及党政科技工作人员免试在职脱产攻读硕士学位研究生、不脱产攻读研究生课程的试行办法》《西南交通大学助教进修班管理办法》（试行）等，创造条件重点培养青年教师。学校还规定，从研究生中选拔教师。从1986年起，除体育、外语、测量、制图课外，明确本科生不留校当教师。由此可见，测量学教师的缺乏更加严重，差距更加明显。

时任航地系主任的卓健成教授，对加强培养青年教师、尽快形成学术团队认识深刻，很快制定了师资发展规划，采取了一系列的积极措施。他亲自上阵，不计报酬，每周用半天时间为教师们讲课，更新知识，系里也形成了自我学习的良好氛围。

在师资队伍建设上，主要采取两项措施。一是看好"苗子"选材培养。不管是本校，还是武测、同济、中南矿冶等其他高校的毕业生，根据学科专业的需要，选留或接收优秀的本科毕业生或硕士，先当助教进行"打磨"锻炼，利用校内学位点在职攻读研究生，拿到硕士学位或博士学位，支持他们到国内外访学交流，提升他们的学术能力。比如，1982年将航78级本科毕业生顾利亚、李志林、李元军留校当助教。鼓励年轻教师出国深造，如：李志林于1986年出国读研，先后获得硕士、博士学位，并在德国、澳大利亚和香港高校任教。优秀研究生留校任教，航82级本科生朱庆留校免试攻读航测方向的研究生，后留校任教，又在武汉大学任教多年（2008年被聘为教育部"长江学者"），2013年正式从武汉大学引进回母校任教，作为学术带头人为培养高水平人才和科学研究身先示范。

在本校测绘学科博士点未设之前，卓健成、刘文熙两位教授依托"铁道工程"博士点招收测绘学方向的博士研究生，培养毕业的博士生9名，其中绝大部分是系里的教师，克服了重重困难，较为有效地部分解决了在职教师的学位提升问题，精心进行学术训练，使他们相继成为系里教学和科研的骨干。

培养青年教师要有开阔的视野，也要有开放的胸襟。卓健成等就一直鼓励和提倡向先进学习，避免学术上的"近亲繁殖"。因为这样的理念，系里积极寻找机会，将测量系的青年教师、骨干选派到测绘学科力量雄厚的武汉测绘科技大学、香港理工大学等高校学习深造。20世纪80年代，先后接收武汉测绘学院、中南矿冶学院工测专业的本科毕业生张光宇、刘水、范东明、田青、邓春、夏志林以及北京大学研究生李成文来校任教，委托武汉测绘科技大学代培硕士生黄培之、黄丁发、熊永良、张献州等人，他们亲身经受测绘强校的熏陶，增长了学识和见闻，与来自五湖四海的师长和同学相处切磋，发展了更为宽阔的学术网络，十分有利于自身的成长和测绘学术的交流发展。

20世纪80年代中，我校获批建立了"工程测量"硕士学位点，卓健成、傅晓村、马德言、李华文、刘文熙等陆续开始招收工程测量方向与航测方向的硕士研究生。到1995年，"文革"后毕业的教师，已全部具有硕士以上学历。在职的测绘学科教师共有23人，其中教授3人、副教授9人、讲师10人、高级工程师2人。具有硕士以上学位者10人。师资队伍建设取得阶段性的成果。

值得一提的是，80年代后期，由于政策、社会多种因素的影响，高校教师队伍特别是青年教师队伍出现不稳定，师资队伍建设难度加大。高校教师群体老化现象严重，"断层"问题突出，青年教师"流失"问题明显。本校测绘专业教师队伍的状况是：教授超过56岁的占教授总数的67%，平均年龄60.1岁；51岁以上的副教授占副教授总数的91%，平均年龄54.8岁；36至45岁的教师仅有2人，占教师总数的比例尚不足6%；1981年以后补充的青年教师已占教师总数的45%。几年间先后流失了青年教师14

人，占教师总数的30%左右。[①]

1997年3月，已在香港理工大学土地测量与地理资讯系任教的李志林教授心系母校，希望母校推荐教师到理工大开展合作研究，他们那里有科研经费和项目。徐柱成为我校测绘学科首位赴香港理工大学进行合作研究并攻读博士学位者，他综合素质好，基础与能力俱佳，借助港理工大更为有利的条件，结合合作研究，在理工大完成博士论文也是很好的安排。徐柱赴港后工作出色，由此开启了交大测绘学科与港理工大持续至今的交流与合作。李志林彼时是国际测绘学界的知名专家，多年来一直关心母校及测绘学科的发展；港理工大测量系主任陈永奇教授早在武测任工测系主任时被西南交大聘为顾问教授。他们都对两校间开展合作热情支持，积极创造有利条件，安排交大测量系教师赴港从事学术研究工作，同时在职攻读博士学位。自徐柱之后，又有刘国祥、高山、袁林果、钟萍、邃鹏先后在香港理工大获得博士学位，他们均学成归校或作为引进人才回校任教；朱庆、黄丁发、岑敏仪、熊永良、陈强等人也先后赴香港理工大学土地测量与地理资讯系进行合作研究。齐华考取了武汉大学的博士研究生（导师李德仁院士），得到了李院士的悉心培养，接受了严格的科研训练。朱军、曹云刚等获得中国科学院遥感应用研究所理学博士学位。

与此同时，系里从国内外高校引进接收具有博士学位、学术能力较强的教师多人，同时积极支持教师赴国外大学和研究机构作访问学者或进行访问交流，开阔学术视野，争取国际合作。通过多种措施的积极作用，促进测绘教师队伍的总体素质不断跃上新台阶。

2001年9月，熊永良赴美国俄亥俄州立大学（Ohio State University）做访问研究1年。2005年9月，刘国祥赴美国德克萨斯（Austin）空间中心做访问研究1年。2006年6月，汤家法赴加拿大多伦多大学做访问研究，为期2年。2007年7月，黄丁发赴美国加州大学（UC San Diego, UC

[①] 刘文熙、刘其舒：《创造一个有利于青年教师迅速成长的良好环境》，西南交通大学《高等工程教育》，第4期，1991年。

Berkeley）做访问研究，为期半年。2007年8月，朱军赴香港中文大学太空与地球信息科学研究所博士后研究1年；2008年2月，胡亚赴香港中文大学太空与地球信息科学研究所担任研究助理两年。2010年袁林果在香港理工大学获博士学位后应台湾"中央大学"邀请，赴该校做访问学者1年。

▲刘文熙率队访问香港理工大学土地测量与地理资讯系，推进青年教师培养和科研合作

刘文熙、胡建、路伯祥、黄丁发等先后赴香港理工大学土地测量与地理资讯系以及徕卡公司香港分公司进行学术交流和访问。岑敏仪作为学校赴欧洲高速铁路考察团成员，于2006年9月参加考察。

2008年，刘国祥入选教育部"新世纪优秀人才支持计划"，并获得相应的研究资助；徐柱入选"西南交通大学高层次教师队伍建设系列计划"的"竢实之星"，获得相应的研究资助，并于2012年入选教育部"新世纪优秀人才支持计划"。

经过大约30年持续不断的建设，西南交大测绘学科已经基本建成了一支结构合理且学历层次较高的教师队伍和学科团队，其中具有博士学位的占总人数的2/3以上，且半数以上均有在国外和境外留学的经历。[1]

---

[1] 刘文熙：《有小到大 由弱渐强——我校测绘学科发展与建设三十年历程之我见》，《西南交大报》，总第552期，2008年11月15日。

第五章　核心关键：形成测绘学科教育的完备体系

青年教师在西南交大测绘学科的成长得益于无数前辈师长的关怀、支持与提携，他们也从老一辈教师身上强烈地感受到对教师职业的挚爱、对教学与学术的满腔热忱，并从中吸取养分与力量。傅晓村教授就是这样一位受人尊敬的人，他为专业课程和实验室的建设倾注了一生的心血，对培育和传承交大测绘文化不遗余力。他一手创办的"测绘教学陈列室"成为交大测绘学人不忘初心、奋勇前行的精神家园。

傅晓村自1953年毕业留校任教以来，始终在测绘学科工作。他一如既往地关心和指导实验室的建设，如在九里校区建立的电磁波测距仪检测基线、周期误差检测平台等都是在他亲自谋划和指导下建成的。他在80年代曾兼任实验室主任，先后主持在峨眉、成都校区建成了测量仪器平行光管检验校正装置，在四川省内高校中是领先和率先

▲ 傅晓村一手筹建起测绘教学陈列室，宣讲学科历史

的。由于有这样的基础和条件，四川省计量局于1994年6月批准西南交大测绘仪器中心可以为社会提供"检定并修理电子速测仪、经纬仪、水准仪"等服务。20世纪90年代，他曾担任四川省测绘学会仪器专业委员会、测绘科普和教育委员会的主任，在测绘学会抓住一切机会扩大交大测绘专业的影响，如到省电视大学中去授课、组织许多学术和科普讲授，举办四川省青少年测绘夏令营等。在西南交大建校一百周年前夕，为了铭记交大测绘学科百年历程，继承和发扬交大测绘文化，他开始主持筹建测绘仪器陈列室，在原有老旧测量仪器的基础上，多方争取支援，广泛收集各铁路部门测绘单位已经废弃的各类测量仪器，经整修后在百年校庆时开放展出，受到参观嘉宾和校友们的一致好评。随后，他又继续收集学校测绘学科各个时期的教学和科研资料、教具、模型等，最终在犀浦校区六号楼建起了"测绘教学陈列室"，每一届新生入学都会到陈列室参观，一件件仪器、一

份份文献总是让大学新生深受感染和教益。测绘事业需要一代又一代的青年学子接续，傅晓村教授的心愿正在变成现实。退休以后，他仍然为学科发展和测绘专业的本科及研究生教育出谋划策，长期担任本科及研究生教学专家，总是亲力亲为地到课堂听课，与青年教师座谈，听取青年教师上岗试讲，指导他们的教学工作，直到80多岁高龄。

▲1989年8月，四川省青少年测绘夏令营在西南交大开营

二、支撑平台等资源建设

西南交大重视和支持测绘学科整合资源、搭建平台。1989年5月，学校批复航地系，同意成立遥感技术应用中心，对外称"西南交通大学遥感技术应用中心"。该中心由遥感技术应用教研室、测量与遥感研究室、遥感技术应用实验室组成一套工作人员。

测绘学科具有明显的应用特性，与国民经济和生产部门的联系十分紧密，大量的科学研究必须借助先进的仪器与试验设备。直到20世纪90年代学校重心转移至成都时，用于科学研究的先进仪器设备仍然十分欠缺。测量系开展学科研究方向论证之后，西南交大加大了对测绘学科的支持力度，投资10.5万美元（时折合人民币100万元）购买了3台Wild System 200型GPS接收机，有力地促进了GPS卫星导航和空间定位方向的研究。

2001年获批成立"地理信息工程中心四川省重点实验室",为GIS研究搭建了重要的研究平台。

2006年与广州中海达合作建立"全球导航卫星系统联合实验室",为卫星导航方向提供产学研合作平台。

第三节
科学研究能力与学术水平提升

大学的定位与功能是一个动态发展的过程。现代中国大学逐渐形成教学、科研两个中心并承担社会服务职能也经历了漫长的演进。传统的大学只是教学的场所,教师基本上就是教书。新中国成立前,绝大多数高校都是如此,老交大、老唐院的情况也大致类似,只有极少数教师开展一些零星的研究活动。20世纪30年代的交通大学研究所唐山分所,主要以材料试验分析研究为主,科研的真正发展还是在新中国成立后的20世纪50年代。

一、罗河、卓健成对测绘科研的引领与贡献

罗河早期曾致力于初等数学及图算的研究,是我国图算研究的先驱,曾出版《图算原理》专著,这是我国第一本全面阐述图算的原理、设计与应用的著作(见下图)。20世纪40年代他在英国剑桥大学进修期间,开始

了航空摄影测量问题的解析解法研究。①

▲罗河编写的《图算原理》

他在剑桥阅读大量资料后曾专门去荷兰及瑞士作短期考察，主要是参观这些国家制造精密航测仪器的环境及使用这些仪器的具体操作过程。参观后，他认为当时在中国自制这类精密仪器是不可能的，而购置它们并用来长期大量绘制地图也不现实。于是他便想到最好是尽量多地用解析计算来代替操作复杂精密的光学仪器，因为中国人很能算，而制造精密仪器则条件尚不具备。20世纪30年代中期，美国邱池教授曾有论文，利用空间光线束角锥体原理解决了单张像片的定向问题，其后西方学者没有沿此方向再做努力。罗河教授认为，单张像片的定向既然能解决，依同理应该也能解决两张像片即一个立体象对的定向问题；而解析法中计算量大，其公式推导宜利用空间解析几何中的方向余弦为工具。经过多年钻研和改进之后，他提出了由角锥法原理出发，以方向余弦为主要工具，用以解决航测

---

① 本节关于罗河教授科研活动的撰述根据傅晓村、刘文熙、卓健成、黄棠等人的数篇文章《罗河教授传略》《回忆罗河教授治学与教书育人的风格》《严谨 创新 爱国 献身——纪念罗河教授逝世一周年》等改编。

制图问题的解析方法，不但在理论上证明了其可行性，而且推导出整套的公式。阐述此法的英文论文"Mathematical Analysis of an Aerial Survey"(《航空测量的数学分析》)发表在 1950 年美国土木工程师学会论文集第 14 册上。苏联学者对他的研究颇为赞许，所以曾一度将之作为中苏合作的科研课题。从 50 年代到 60 年代的持续钻研，罗河教授不断发展并完善这种解析方法，使它能很好地为祖国建设服务。

1956 年 3 月，在中央"向现代科学进军"的号召下，唐院制定了十二年发展规划，全院性科技活动迅速开展起来，次年 5 月学校召开了第二次科学讨论会。罗河教授对航测解析法的研究，曹建猷教授对铁道电气化电流、电压制的研究，任朗教授对电磁理论和天线的研究，孙竹生教授对蒸汽机车改进问题和货物列车制动问题的研究，是当时学校有代表性的几项科研成就。[①]

1957 年以后，罗河教授从唐山市副市长的岗位上退下来，[②]专注于科学研究和指导研究生。1958 年 6 月，铁道部科学研究院与苏联铁道运输工程学院签订的合作项目《航空勘测的加速与简化》，确定由罗河教授负责，这是唐院首次承担国际科技合作项目。罗河教授在国内最早提出使用电子计算机采用解析方法来解决航测中控制点加密和测图问题，并于 1957 年、1958 年和 1964 年相继在《土木工程学报》《测量与制图学报》和《测绘学报》上发表了《航空摄影测量的分析制图法》(上、下)、《空中三角测量的一般解析法》和《以射线角为根据的解析法空中三角测量》等 3 篇著名论文，全面系统地阐述了他的以射线角为根据的航测解析法理论。他所创立的这套理论，虽未能在实际生产中应用，但航测学界普遍认为，这一理论

[①] 何云庵主编：《西南交通大学史》(第四卷)，成都：西南交通大学出版社，2016 年版，第 98—99 页。

[②] 20 世纪 50 年代，罗河历任唐山铁道学院教务主任、副教务长、教务长等职，1955 年 4 月当选为唐山市副市长，1956 年兼任唐山市科协主席、河北省科协副主席等职。历任中国测绘学会理事、中国土木工程学会常务理事、中国铁道学会理事等职。

体系是"另辟蹊径""独树一帜",极具"创新性",突出地表现了创新精神和结合中国条件的努力。罗河教授也因此成为我国航测学界公认的著名学者。

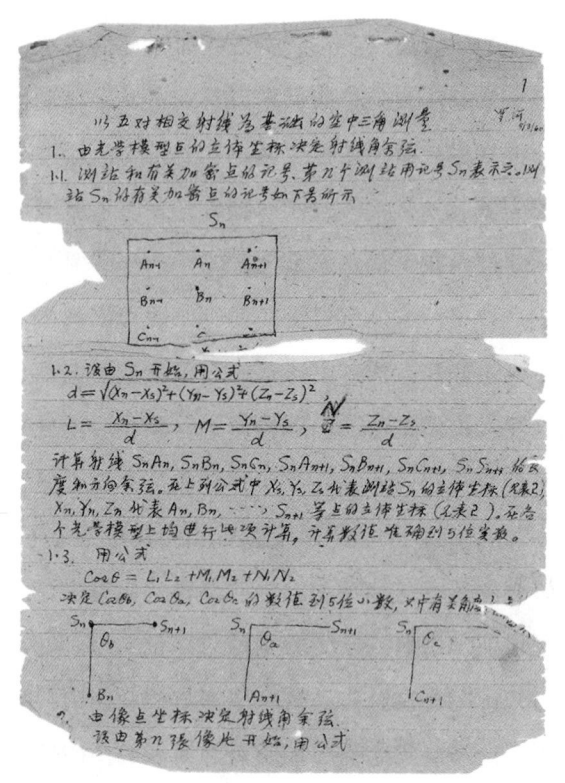

▲罗河 1960 年所撰空中三角测量的论文手稿

罗河无论是在学术领域还是为人处世上,一贯对正确的东西勇于坚持,从不趋炎附势。他的研究在 20 世纪 70 年代以前,并不为国内航测学术界所理解,在学术讨论会上也经常遭到非议。因为传统的航测学术研究都是采用模拟方法,充分利用各种仪器探索,而唯有他在相反的道路上研究。他所考虑的是如何根据中国实际,尽量减少使用昂贵的精密仪器,以节约经费和充分利用中国的人力资源。当电子计算机问世以后,他更增强了对航测解析法的信心,坚决地、义无反顾地在这条道路上走了下去。后来的历史证明了他研究方向的正确性。

进入 70 年代,国际上发展了解析空中三角测量的区域网法,罗教授又

第五章　核心关键：形成测绘学科教育的完备体系

不失时机地于1976年在《铁路航测》上发表了《由互不相关的独立模型构成区域地形》一文，阐述了独立模型法区域网平差的实施方案。

1978年，航测教研室3位老师一同到北京（当时罗河教授借住在北京郊区），帮助罗河教授完成"文革"前中断的试验计算工作。当时计算机已经换代，有了高级语言，编程工作较过去大大简化了。他们几个人分块编制程序，有问题及时请教罗教授，待程序基本完成并初步调试后才返回学校，一边上课一边利用学校的计算机调试程序。不久，程序全部调试通过。又利用从北京测绘研究院获得的一套试验场数据，很快计算出了结果，十分令人满意。当然，这时罗河教授的研究方案已在原来的基础上又有了很大发展，由原来的单航线扩展到了多条航线的区域，由单纯配赋偶然误差扩展到了同时补偿系统误差，由连续像对的相对定向扩展为独立模型的区域网平差，这与当时国际上的航测解析空中三角测量的发展趋势几乎是同步的。计算结果验证了罗河教授以射线角为根据的独立模型区域网平差理论正确无误，且切实可行。于是，由刘文熙执笔写成了论文，并陪同罗河教授参加了1980年11月在杭州召开的"解析空中三角测量学术讨论会"，这是"文革"结束后国内航测界的首次大型学术会议。

▲罗河（第二排坐者、右9）最后一次参加全国有关学术会议

罗河教授在会上介绍了论文成果。会后,《测绘学报》约稿,经修改补充后,论文《以射线角为根据的三连象片独立模型法区域网平差》发表在《测绘学报》1981年第四期上。他在逝世前的两年中,已注意到国际摄影测量学界对粗差理论以及粗差检测方面的研究动向,也曾在这方面做过探讨研究并撰写了一篇论文初稿,题目是《分析空中三角测量里像对相对定向新理论,为加密点粗差的侦察与剔除扫清道路》,但未能公开发表。

罗教授每完成一项研究成果,并不急于发表,都要经过计算实例的反复验证确认无懈可击时,才肯公开发表。他不是一个"多产"学者,但他的每篇论文都有自己的独特见解。可以说,每篇论文都是高水平的,都具有理论和学术价值,都是在继承前人研究成果的基础上进行了发展、扩充和创新。他研究的航测解析理论和方法,就是吸取和发展了美国学者提出的射线角理论的基本思想并加以创新的。当初射线角理论仅能用于解决航测的前方交会、后方交会和双点后方交会的解算,而罗教授将其扩展用于像片相对定向,并进而用于三连像片定向中,从而完善了理论,从另一个途径上解决了摄影测量的相对定向问题。这些都突出地表现了罗教授的创新精神。

可以说,罗河教授为交大测绘科研树立了一个高度、一个标杆。而他倡导学术自由与学术民主的精神与风范也深深地感染了周围的同志和学术界同行。罗河教授提倡在学术上不分年龄、资历,都应自由、平等地进行讨论与争鸣。他经常鼓励年轻人要敢于冒尖,敢于超过前人,不要迷信书本。与他一起工作过的同事,都感到和他共事心情舒畅,毫无拘束,敢于发表意见,能与罗河教授平等地进行讨论和研究。当有的同志提出一些与罗河教授不同的设想时,他经常鼓励说,不妨试试看。1979年,国内一位学者对课题组发表的一篇论文提出了一些看法和建议,罗河教授坦诚地表示支持公开发表这位学者的信,并说学术争鸣十分必要,通过争鸣,才能推动科学发展。他对学术界的一些霸道作风,十分厌恶。他还认为,"兴趣"是学术研究的持续动力,他就是利用别人打桥牌、喝茶聊天的时间,用来

第五章　核心关键：形成测绘学科教育的完备体系

钻研自己感兴趣的问题。

卓健成教授比罗河小了21岁，他是新中国初期交大唐院的毕业生。卓健成生于1925年9月，原籍广东中山。1951年3月毕业留校任教，随即赴朝鲜参加抗美援朝筑路工作，并荣立三等功。1958—1962年他赴苏联莫斯科测绘学院攻读研究生并获科学技术副博士学位，回国后一直在母校从事测绘教学与科研工作，先后担任教研室副主任、主任、航测与地质系系主任等工作，多次被评为学校和省、部的"优秀共产党员"和"优秀教师"，享受政府特殊津贴。[①]

在留学期间，卓健成开始了原始量数据误差理论的研究，毕业论文题目是《考虑原始数据误差的影响时，关于平差量函数中误差的若干问题》。此文对原始数据误差存在的形式，通过多级控制网的传播规律，在多级网中的影响分布，采用不同平差方法时其影响值的计算公式，控制网中各种元素受其影响的理论分析公式、简化计算公式，有关控制网更完备的优化设计方法等方面，都做了全面、系统的研究与论述。在这一领域，做了前人没有做过的开创性工作。返回学校担任教研室领导后，卓健成看到教研室的年轻教师，大多是学土木工程的，测绘基础理论较差，他便制订了一个青年教师培养计划，开列出必读的测绘基础理论书单，要求青年教师系统地进行学习，并由他亲自指导。这批青年教师正是在这几年打下了测绘理论的扎实基础。

20世纪70年代末，教学科研工作开始步入正轨，与欧美教育学术界的交往得以恢复。卓健成亲自为测绘教师讲授英语，当时他们大多仅对俄语熟悉，正是通过他的培训逐渐能初步掌握英语阅读。他担任航地系主任后非常重视学科建设，上任伊始就制定了学科发展规划。从师资队伍建设、科研方向到发表论文，都规划得完善详尽、细致具体。为提高师资水

---

① 本节关于卓健成教授科研活动的撰述根据傅晓村、刘文熙等人的数篇文章《卓健成教授传略》《治学的榜样 做人的楷模——沉痛悼念卓健成教授》《严谨 创新 爱国 献身——纪念罗河教授逝世一周年》等改写。

平、优化师资结构，他一方面每周用半天时间亲自给在职教师讲授"误差理论与数据处理"，持续了半年之久，一方面争取学校的支持，请武汉测绘学院代培3名硕士生，充实教师队伍。1985年获得硕士学位授予权后，他又率先招收研究生，补充新鲜血液。

卓健成作为最早关注并研究原始数据误差在测量控制网中传播规律的学者，卓健成意识到，在当时这依然是一个国际学术界经常遇到并亟待解决的重要理论问题，难度极大，涉及许多复杂的数学工具，如张量计算等。卓教授不畏艰难，知难而进，他领导组织测量教师们共同进行了更为深入和广泛的研究与实验，陆续取得丰硕成果。1986年他卸任系主任后，集中精力，在承担本科教学的同时，组织工测教研室的一批中年教师参与他主持的多项科研工作，使得这批中年教师得到了锻炼，提高了能力，取得了可喜的科研成果，帮助他们顺利地晋升高一级职称。

从1963年到1988年，卓健成先后在我国重要的测绘学术刊物上发表了有关原始数据误差在多级控制网中传播的途径和形式、传播规律、影响分布，采用不同平差方法时的影响值计算公式，控制网中各级元素受其影响的理论分析式，考虑原始数据误差时多级控制网的更合理更完善的优化设计方法，在三角网、精密导线网、水准网等各种测量控制网中的传播和特殊影响规律及影响值分布等一系列学术论文，并且在野外通过多级三角网的实地测量，使这个传播理论的正确性得到了充分验证。这一研究成果通过鉴定后，被新修订的国家标准《工程测量规范》所采纳，将研究成果中有关的部分写入规范的相应条文和规范说明中。他还针对我国铁路山岭隧道众多，且普遍采用三角网方向平差的数据处理方式，在国际国内学术界又无合理的贯通误差计算公式可供引用的情况下，研究了山岭隧道整体三角网及其局部锁段的测量误差对各隧道贯通面的横向贯通误差的影响，并导出了严密、合理的计算公式，填补了工程测量领域中的这一空白。其研究成果被《铁路测量规则》所采用，并写入规则说明中。此外，卓健成教授还出版了《工程控制测量建网理论》专著（见下图），与他人合编出版过多本教材。他的这些成果，是对我国工程测量领域的重要贡献。卓健成教授在我国测绘学界特别是工程测量界有着广泛的影响，受到了同行们的敬重。

▲卓健成编写的《工程控制测量建网理论》

他一向认为，开展学术交流是提高教师学术水平的重要途径，总是留心留意，积极支持和参与国内测绘学界的学术活动，担任过众多的学术职务，其中包括中国测绘学会理事和中国测绘学会工程测量分会副主任，全国高等学校测绘专业教材委员会（现称教学指导委员会）委员、副主任和工程测量组组长，四川省科协委员，四川省测绘学会副理事长，《测绘学报》《测绘译丛》等刊物编委，《四川测绘》主编等。他曾被评为四川省科协先进工作者、中国测绘学会活动积极分子，曾4次被评为西南交大优秀党员，被授予全国铁路优秀共产党员称号，为扩大西南交大测绘学科在国内的影响力发挥了很大的作用。

卓健成所倡导的一系列学科建设与发展理念，对西南交大测绘学科建设也起到了"潜移默化"的作用。如，高校教师必须搞科研，这是提高学术水平的必由之路；扎实的理论基础是学术成长和学术水平提高的关键；

学术交流是学术发展和提高的重要途径；培养学生创新精神和创新能力是提高人才培养质量的关键，等等。他的这些观点一直在影响、激励着测绘学科的教师们。几十年来，卓健成总是襟怀坦白，待人诚恳，为人忠厚，严于律己，关心同志，乐于助人，诲人不倦。测量系的每位老师几乎都曾在业务进修、科学研究、攻读学位、撰写论文等方面得到过他无私的帮助、指点和解疑，受到过他的教诲。他的学术造诣，他的精神世界，他的人格力量深刻地影响了交大的测绘学科和测绘学人，是西南交大测绘学科公认的创建人和奠基人之一，为测绘学科的建设与发展做出了重要的贡献，赢得了师生们的敬重与爱戴。

罗河和卓健成两位教授，虽属两代人，但其经历、学术思想和教育观念却颇多相似：两人均曾在国外留学，了解欧美发达国家的教育制度和人才培养模式，并深受其熏陶与影响；两人均积极倡导高校教师必须从事科学研究，认为这是提高教师学术水平和教学水平、提高高等教育质量的根本途径，并身体力行，始终坚持在一个稳定的研究方向上，并且取得了系列的高水平研究成果；两人均主张高校教师要有扎实、宽厚的基础理论，这样才能有进一步的学术发展潜力；两人均主张鼓励学生的创新思维，强调对学生创新意识、创新精神和创新能力的培养。两位前辈治学严谨、视野开阔、思想开放，躬身垂范，对交大测绘学科的发展起到了启蒙和引导的作用，也在很大程度上影响和塑造了交大测绘学人的学术风气和精神气质，影响至远。

正是在罗河、卓健成两位教授的影响和带领下，西南交大的测绘科研蓄势积累，一步一步地艰难前行。

1978年，马荣斌、徐华力参与了中国科学院在云南腾冲组织开展的遥感综合试验（该项目后来获得中科院重大科技成果一等奖、国家科技进步二等奖），为西南交大开展遥感教学与研究奠定了基础。随着次年12月遥感技术应用教研室的成立，遥感方向的研究与学术工作受到重视，开始步入正轨。在短短几年中，就在新开课程和编撰教材、出版学术著作方面有了明显的起色。

1986年，傅晓村、张延寿和唐恩利等承担了广州洛溪大桥的施工定位及施工监测任务。该大桥为180米跨径的预应力混凝土连续钢构桥，在当时属于同类结构的最大跨径，是我校首次承担大型工程的测量工作。洛溪大桥工程后来获得国家银质奖；卓健成、路伯祥等7人完成的《原始数据对工测三角网精度的影响及其野外实验验证》项目，在西安通过部级评审，1990年获得四川省科技进步三等奖；由马德言和田青完成的《数模—纵断面优化设计》和《计算机利用数模自动绘制等高线》项目在昆明通过铁道部鉴定。

1987年，由马荣斌和房明烈等进行的"MSS卫星数据在成昆铁路泥石流普查中的应用"项目通过鉴定；马荣斌和徐弘等人完成的《陆地卫星MSS数据在成昆线沙湾—泸沽段泥石流普查中的应用》获四川省科技进步二等奖。

1988年，刘文熙、许伦和李华文等人完成的项目"DCX-1型数字信息采集系统"通过鉴定，获得1989年四川省科技进步三等奖，并获铁道部基建总局基建科研优秀项目奖。卓健成等完成的项目"原始数据误差对工测多级三角网精度的影响及其野外实验验证"获得1990年度四川省科技进步三等奖。1992年8月，由朱庆和铁三院完成的项目"立体坐标测绘仪全要素机辅绘图系统"通过了中国铁路工程总公司的鉴定。

总体而言，在20世纪80年代，西南交大地处峨眉，办学条件差，全校的科研工作尚属薄弱，测绘科研同样面临极大的挑战，主要是科研队伍的现状，包括思想准备、学术能力与科研条件的基础不牢、欠账较多，无法全面开展系统性的研究，但罗河、卓健成多年的理论研究工作在测绘业界具有很大的影响。发挥西南交大铁路重点高校的优势，依托铁路的重大工程，测绘应用科研还是取得了一些成果并获奖，折射出测绘学人坚韧拼搏的精神。

二、以学科方向论证导引科研工作行稳致远

1992年,测量工程系按照学校要求,对测绘学科的研究方向进行论证。这一举措影响深远。罗河教授就曾多次指出:选择科研项目时应该注意方向性。为此,要努力了解学科发展的总体动态,以及我们自己的具体条件,要选择与学科发展关系较大而我们有能力基本解决的问题。而科研大方向是更为重要的问题,决定着交大的测绘学科往哪里发展以及能够走多远。

现代科技发展迅猛,知识增长速度极快。每一个学科的研究方向与研究内容都十分丰富和广泛,测绘学科也是如此。空间科学与技术、信息科学与技术、计算机科学与技术以及网络技术等,都极大地丰富了测绘学科的内容。受自身人员、装备、规模的限制,不应该也不可能全面出击,只能有所取舍,选择前期基础较好、有一定积累和支撑,兼顾交大学科特色与行业背景,具有发展前景的几个方向,并围绕重点方向配置资源,形成团队。

测量系在校内聘请了卓健成、邓域才、姚先启教授作为评审专家,经过充分论证,确定"GPS导航定位"、"精密工程测量"、"摄影测量与遥感"作为交大测绘学科长期建设和稳定发展的主要研究方向,以此为契机与起点,树立和强化教师中的"学科建设"意识,将科学研究作为学科建设的重要手段,在全系有组织、有计划地开展起来。在这一过程中,根据测绘产业与科技发展的变化与需要,优化完善,更为精准地凝练成"GPS卫星导航定位理论与应用"、"星载遥感与高分辨率卫星遥感理论与应用"、"地理信息系统理论与制图综合技术"、"高速铁路及大型建筑物精密工程测量"四个稳定且具有一定前瞻性的研究方向。

1993年8月,经测量系提议、学校批准,聘请武汉测绘科技大学摄影测量与遥感系主任李德仁教授、工程测量系主任陈永奇教授为顾问教授,为交大的测绘学科建设与发展出谋划策。李德仁教授当时是中国科学院院士,1994年成为中国工程院首批院士,1997年升任武汉测绘科技大学校长。陈永奇教授是国内外著名的工程测量专家,1994年后被聘为香港理工大学

土地测量与地理资讯系主任。两位业界顶级专家受聘交大顾问教授后，测量系与他们所领导的两个系，乃至后来与香港理工大学，都开始了密切的学术交流与人员交往。两位顾问教授曾数次来校讲学，测量系也派出多名教师前往他们那里进行合作研究、学术交流和攻读博士学位，系主任刘文熙也多次应邀参加了李德仁院士的博士生学位论文答辩以及为他主编的教材审稿等活动，更加密切了双方的合作关系。李德仁院士一直关心交大测绘学科的建设，他于1995年5月16日写信给白家棣副校长，对测量系的发展提出了一些具体的建议，包括应当尽快建设地理信息系统（GIS）硬、软件环境以服务于教学和科研。他认为："测量系目前的GPS技术、航测遥感技术和野外数字化测量技术，需要在该GIS系统下集成，就铁道系统而言，它可构成铁路选线、施工、规划、管理、运营的信息系统，对'九五'和跨入二十一世纪均十分重要。"他还在信中对建立GIS硬软件环境的实施计划、具体步骤、设备配置进行了说明，并阐述了开展这些工作对于支持测量系的研究生教育和教师科研，对于学校与铁路单位的合作，对于将来GIS与GPS、与遥感（RS）相结合成为三S集成系统，对未来高速铁路系统作实时显露状况自动监测等等的意义。李院士的来信得到了学校领导的重视，对测量系的工作产生了推动作用。所有这些安排和互动活动，使得测量系有机会方便快速地了解业界信息、观点和动态，对交大测绘科研和学术工作带来了有益的帮助。

测量系所确定的这四个科研方向，有的依托了学校百年来工程教育的传统与积累，有的随航测专业办学进行了多年的培育，研究工作具有一定的基础，有的是近年来测绘科技新发展的重点领域，具有广阔的成长空间。

如地理信息系统（Geographic Information System，简称GIS），作为集计算机科学、测绘学、地理学、环境科学、空间科学、信息科学及管理科学为一体的新兴边缘学科迅速兴起和发展，广泛应用于资源调查、环境监测、城市管理、规划决策，涉及测绘、农业、林业、地矿、水利、电力、煤炭、冶金、交通、邮电、土地管理、建筑、市政管理、气象等几十个部门，GIS

的应用从解决基础设施的规划（如道路、输电线等）转向更为复杂的区域开发，如土地利用、城市化的发展、人口规划与布置等。在许多工业国家，GIS 已作为有关部门的必备工具，投入日常运转。GIS 与卫星遥感技术结合已开始用于解决全球性问题，如全球沙漠化、全球可居住区的评价、全球变化与全球监测等，地理因素已作为社会经济发展、投资决策的重要依据。在信息社会，GIS 作为一种集地理空间特征和各种统计信息为一体的信息系统，是政府部门、商业公司科学管理与快速决策时不可缺少的工具。测量学科的教师较早关注到这一科学方向，在 1990 年就已经开辟了地理信息系统研究方向并在国内较早地开始招收 GIS 方向的硕士研究生。而其他几个研究方向都有多年来潜心用力、相对突出的人物。系里对研究方向的确立，也有助于他们坚定信心，继续深耕细作，挑起学术带头人的重担。就在科研方向论证后不久，路伯祥等人抓住时机，积极争取，我校参加了铁道部 1993 年首次设立的两项 GPS 科研项目——"GPS 全球定位技术在铁路线路控制测量中的应用"以及"GPS 全球定位技术在铁路隧道控制测量中的应用"，并在其中发挥了重要的作用。这两项成果后来都获得了铁道部科技进步三等奖。

测量系以学科方向论证牵引科学研究和学科发展的一套规划布局，展现了测绘学人奋发进取的信心和昂扬的精神。时任校长孙翔教授当时正大力倡导"以学科建设为龙头"的发展理念，卓健成教授和刘文熙主任、黄丁发副主任向他汇报工作时，坦陈测绘学科发展与建设中遇到的困难，希望学校加大支持和投入。孙翔校长明确表示："不管是重点学科，还是非重点学科，只要自身努力，学校都会支持。"

三、以争取高级别科研项目夯实方向提升学科水平

自 20 世纪 90 年代以来，改革开放再提速。在高等教育领域，国家相继实施 211 工程、985 工程，高水平大学要承担人才培养、科学研究和社

会服务三大职能。测量系上下对科学研究工作的重要性，对推进测绘学科发展的路径有了明晰而统一的认识，并通过主动作为，提升自身的竞争力，积极争取高级别的纵向项目和有影响的横向项目。

首先是在1997年，黄丁发申报的"基于小波变换的GPS数据处理与抗SA的小波滤波"项目获国家自然科学基金资助。这是测绘学科获得的第一个自然科学基金项目，激发了在国家高级别基础研究和应用研究项目竞争中的信心。

2000年，李永树的"铁路沉陷预报方法及治理技术研究"项目获中国博士后科学基金资助。

2001年，刘国祥的"改善星载Insar DEM精度的方法研究"项目获得武汉大学测绘遥感信息国家重点实验室开放基金资助。

2003年，黄丁发的"基于WEB和移动计算的增强VRS理论与完备性"项目、岑敏仪的"无控制点表面差异探测及其在泥石流灾害地区的应用研究"项目获国家自然科学基金资助。

2004年，获国家自然科学基金资助的项目有3个：李永树的"非层状空间环境下地面沉降预测模型研究"、刘国祥的"基于永久反射器的时序差分雷达干涉应用于区域地表形变探测的研究"和黄丁发的"基于多源数据融合的青藏高原多年冻土多分辨、多时相空间分布模型研究"。

2005年，黄丁发的"基于子波—神经元网络的GPS/INS系统集成"项目获教育部博士点专项资金资助，并于同年主持国家科技攻关课题"生命搜救与定位技术实用化研究"；熊永良的"长距离RTK关键技术研究"项目获教育部留学回国研究基金资助。

2007年，黄丁发的"基于网络计算和中央差分的广域分布式GNSS/RTS研究"项目获国家自然科学基金资助、"广域分布式大规模网络GNSS增强参考站技术研究"项目获国家863计划资助。

2008年，刘国祥的"基于散射体时序差分雷达干涉检测区域地表形变的研究"项目、徐柱的"道路网模型综合与传递式更新"项目获国家自然科学基金资助。

2009年，熊永良的"轨基移动GNSS反演大气水汽研究"项目获国家自然科学基金资助。

到了2010年9月，测绘学科有4人的5个项目获得国家自然科学基金资助，掀起了一个小热潮，预示着测绘研究群体的学术能力正步入上升通道，标志着测绘学科在高级别项目申请上的重大突破。4个研究项目是：刘国祥的"融入大气改正的多波段PSInSAR及其应用于近海平原沉降漏斗监测"，陈强的"GPS和PS-InSAR联网检测的龙门山震后滑坡时空演变特征研究"，袁林果的"利用全球GPS连续运行参考站资料研究地球潮汐形变"，朱军的"基于元胞自动机和多智能的溃决时空分析模型研究"。

此外，刘国祥申报的"高速铁路精密测量理论及测绘新技术应用国际学术研讨会"首次获得基金委的支持，詹天佑科学技术发展基金也给予资助。此次研讨会在西南交大召开，两院院士、武汉大学学术委员会主任李德仁教授担任指导委员会主席，测绘界的10位中国科学院或中国工程院院士陈俊勇、高俊、刘经南、刘先林、宁津生、沈荣骏、王家耀、许厚泽、杨元喜、张祖勋，以及ISPRS秘书长、中国地理信息系统协会主席陈军教授任委员，中国工程院院士、铁道部总工程师何华武和铁道部总规划师郑健担任大会委员会顾问，香港理工大学教授、国际制图学会（ICA）副主席李志林担任大会主席。铁道部总工程师何华武、测绘学界7位院士莅临大会，并举办了"院士论坛"，西南交大聘请7位院士为学校顾问教授，岑敏仪和刘国祥在大会上作了主题报告。此次大会为国内外同行专家学者提供了一个交流平台，与会专家学者和工程技术人员的论文涉及高速铁路精密测量理论、测绘新技术及相关测量仪器等方方面面，不少研究成果在高速铁路勘察、设计、施工和运营管理等方面已经或将要得到更广泛的应用。研讨会获得圆满成功，有力助推了高铁测量新技术的工程应用。

第五章　核心关键：形成测绘学科教育的完备体系

第四节
研究生培养与学位授权点建设

西南交大历史上素以本科教育见长，工科毕业生质量优异。早在1921年叶恭绰创设交通大学时即有培养研究生的筹划，1929年孙科担任交通大学校长时创设研究所，在唐院开办研究所分所，也有培养研究生的打算。1949年院务委员会主任唐振绪在中国交通大学的筹建计划中，明确提出设立研究院培养硕士的方案。但所有这些努力因诸多原因都未能实施。新中国成立后，高教部安排苏联专家来校任教，同时担负培养研究生的任务。1955—1959年先后共有14位专家来校，帮助唐院培养了35名两年制的研究生。在苏联专家培养研究生的同时，本校罗河、曹建猷、高渠清、孙竹生、王竹亭等教授也开始招收研究生，结束了唐院没有中国教师培养研究生的历史。

罗河教授当时是唐院为数不多的二级教授，一直致力于航测解析法理论体系的研究。1961—1964年期间，他在我校铁道建筑专业和武汉测绘学院航测专业先后招收了李悦铭、胡志贵、周长怀等航测方向的研究生。李悦铭曾忆及，罗教授"一直非常严格的要求，不能有任何的差错，要反复从不同角度证实结论的正确，并掌握技巧，才能真正学到知识。[①]他还经常教导我，说科研来不得半点马虎，不能轻易地做结论，要有充分的论据"，"为了将摄影测量的几何关系图形纳入计算，将几何关系以泰勒级数展开，它的取项、收敛性、误差等等都要演算、推导和研究，最后确定计算基本公式和计算步骤。我记得论文之外的附件就有四本"。

后来曾任铁道部专业设计院航测遥感处总工程师的胡志贵撰文回忆："1962年在恢复学位制的考试中，我被罗河教授破格从铁建专业录取为解

---

① 李悦铭：《怀念我的导师罗河教授》，西南交通大学编：《罗河教授诞辰110周年纪念文集》，2014年。

析三角测量专业方向的研究生,很荣幸在罗河教授的悉心指导和关怀下,根据射线角解析空中三角测量理论边学习边研究,实现了在我国第一代计算机上编程并利用一批数据进行了验证,取得了较为满意的实验结果,受到罗河教授的赞许和鼓励。这一研究成果为我以后的研究开发工作奠定了坚实的基础。我体会最深的是,罗河教授在学术上一丝不苟,不仅要求严格,而且谆谆善诱,启发培养学生独立分析思考,激励学术探讨。"[1]

一、挂靠铁道工程博士点培养研究生

"文革"开始后,高校停止招生,研究生培养也随之中断。1977 年恢复高考招生后,国家教委于 1978 年 1 月发布《关于高等学校 1978 年研究生招生工作安排意见》,决定将 1977 年和 1978 年两年研究生招生计划合并,国家正式恢复招收研究生。1980 年 2 月《中华人民共和国学位条例》颁布,学位制度正式建立,研究生教育开始步入与国际同步的新阶段。1981 年 11 月 2 日,经国务院批准,西南交通大学成为全国第一批有权授予博士、硕士学位的单位,固体力学、桥梁、隧道、结构工程,铁道牵引电气化与自动化三个学科、专业准予授予博士学位。工程地质、铁道工程、桥梁隧道及结构工程等 11 个学科、专业准予授予硕士学位。

1978 年 8 月,学校建立研究生部,恢复研究生招生。1981 年,卓健成副教授在铁道工程专业开始招收工程测量方向的硕士研究生。这也是沿袭了罗河教授早前在铁道工程专业培养研究生的方式。因为在当时西南交大测绘专业尚未获得硕士学位授予权,这也是一种变通和过渡的办法。

从 1983 年开始,国务院公布《高等学校和科研机构授予博士和硕士学位的学科专业目录(试行草案)》,最终确定包含 11 个学科门类、64 个一

---

[1] 胡志贵:《深切悼念卓著的测绘专家罗河教授》,西南交通大学编:《罗河教授诞辰 110 周年纪念文集》,2014 年。

第五章　核心关键：形成测绘学科教育的完备体系

级学科和647个二级学科。一级学科中有测绘学，西南交大的铁道、桥梁、隧道等具有传统优势的系及专业主要归入铁路、公路、水运一级学科，土建、水利一级学科，机械设计与制造一级学科、力学一级学科等。1986年6月，经国务院学位委员会第七次会议审核通过，学校又有铁道工程、运输管理工程、机车车辆3个学科获得博士学位授予权，工程测量、一般力学、计算力学、机械学、机械制造、内燃机、管理工程、建筑结构工程、水力学及河流动力学9个学科和专业获得硕士学位授予权。这些学位点的取得为测绘学科在有关硕士点和博士点开展研究生培养创造了十分有利的条件，而在测绘一级学科最终获得博士授予权也就成为航地系及测量系推进学科建设的重要目标之一。由于有了工程测量硕士点，也为培养测绘研究生带来了便利。

1986年，王兆祥、卓健成教授招收了张光宇、夏志林、刘水、顾利亚4名工测方向的研究生，航测方向第一次也招收了3名：朱庆（马德言指导）、陈楚江（李华文指导）、王国昌（刘文熙指导）。硕士毕业后朱庆留校任教。截至1995年，已有12位正、副教授招收指导过硕士研究生，培养方向也扩大到工程测量、摄影测量、遥感等。

▲第一位测绘学科博士生黄丁发顺利通过博士论文答辩，
武汉大学陶本藻教授担任答辩委员会主席

经学校批准，从 1993 年开始，卓健成教授、刘文熙教授挂靠"道路与铁道工程"博士点招收博士研究生。这也成为测量系依托自身力量提升骨干教师学历、强化学术训练的一条有效路径。卓教授先后培养了黄丁发、岑敏仪、范东明等青年教师获得博士学位，他们后来都成为测量学科的中坚。卓教授为博士生开设了全新的"GPS 前沿理论"、"高等物理大地测量"等课程。以他渊博的学识、良师的风范，为他所钟爱的测绘教育事业，诲人不倦，奉献不止，为测量学科的成长与壮大奋斗了近半个世纪，作出了重大贡献。1997 年以后，刘文熙教授继续挂靠"道路与铁道工程"博士点，先后招收航测方向的 6 名博士生熊永良、彭仪普、张山山、罗德安、吴旭彦、唐文清，他们均顺利通过博士论文答辩。

国务院学位委员会和教育部根据学科建设与发展的状况和需要，先后在 1983 年、1990 年、1997 年、2011 年对学科专业目录进行过 4 次调整，2011 年颁布的学科目录不再公布二级学科的设置，由学位授予单位在一级学科学位授权权限内自主调整，一级学科调增至 110 个。迄今为止，国家仍对学科专业目录进行不定期更新，并规定一级学科每 10 年调整一次。[①] 学科、专业目录不断修改、发展、完善。受国务院学位委员会之邀，学校派卓健成、刘文熙参加了 1987 年、1996 年、2000 年召开的测绘学科学位专业目录修订会议。1996 年那次会议后，工测组委托卓健成、航测组委托刘文熙，分别整理、归纳和定稿工测、航测两专业的专业目录。这几次专业目录修订会议，除武测、军测外，其他开办有测绘专业、培养研究生的学校也仅有西南交大、同济大学、中国矿大、中南工大等几所，学校的测绘学科在国务院学位委员会中仍有一定的地位。

1987 年 1 月召开的测绘学科专业目录修订会议，有国务院学位委员会以及武测、军测、同济大学和西南交大四个修订小组成员单位的代表（西南交大卓健成、刘文熙参会）。经过较充分的讨论后，建议在测绘学科中增

---

① 王占军主编：《中国学位与研究生教育 40 年（1978—2018）》，北京：中国科学技术出版社，2018 年版，第 19—22 页。

第五章　核心关键：形成测绘学科教育的完备体系

设"海洋测量"和"地籍测量与土地信息系统"两个新专业。与会者就测绘学科的研究对象、性质、任务、作用及发展趋势等问题进行了较广泛、深入的研讨，对于学科专业的性质，乃至办好专业有很大的启发和收益。这次会议建议将原试行草案中专业名称"航空摄影测量"更改为"摄影测量与遥感"，以培养利用摄影测量理论和遥感技术从事和研究各类信息的获取、处理、开发与应用的高级专门人才，其毕业后适合在测绘、遥感以及国民经济各部门中从事科研、教学、生产开发与技术管理工作。专业更新改造，主要是调整专业内涵：一是横向的，注意拓宽专业面；二是扩大知识面，既要注意增加本学科内各相近专业的专业面，又要注意增加相邻学科、交叉学科的某些知识，改变过去那种窄而深的做法，提倡广而博。摄影测量和遥感专业与大地测量、工程测量、环境、地学等是相邻的专业，要有这些专业方面的必要知识；它与计算机科学、信息工程、模式识别与智能控制等相邻学科，也要对这些学科方面的知识有一定的了解。对本专业课内容进行更新，除对专业理论注意不要削弱外，坚决删除过时的、陈旧的内容，增加业已成熟的新内容，对代表学科发展方向的研究内容也要作必要的介绍。对模拟法方面的内容大量压缩和删除，变为以解析法为主，并逐步增加数字化部分的内容。针对本校实际，在教学内容上还要适当增加一些工程方面的知识。面对这些新变化、新举措、新要求，本校"摄影测量与遥感"专业的现状存在明显差距，步履仍很艰难。主要困难是师资队伍严重短缺，实验设备过于陈旧。解决问题的出路，一方面是挖掘内部潜力，调动现有师资队伍的积极性；另一方面要积极推动学校层面的扶持，给予一般专业创造一个"良性循环"的条件。[①]

在参加 1996 年学位委员会研讨会之前，测量系先期组织有关教师进行了研究与讨论，就测绘学科、专业拓宽口径培养博士生和调整专业目录等问题形成较为统一的认识，向学位委员会提出了一个建议方案。大家认为，测

---

① 刘文熙：《参加测绘学科专业目录修订会议的体会》，西南交通大学《高等工程教育》，第 1 期，1989 年。

绘学科原有的各分支学科的研究内容、研究方法和应用领域逐渐趋于一致、难以明确界定；测绘学科原有各分支学科的内涵发生了深刻变化。根据这些趋势和变化，以及测绘学科本身的研究对象和特征来考虑，可以通过将原来一级学科下设的各二级学科加以适当合并来拓宽口径培养博士生。

▲中国测绘学会摄影测量与遥感专委会1997年4月在交大召开，李德仁院士（前排左4）等业界专家学者与会，测量系刘文熙（前排右1）、刘国祥（2排左1）、齐华（3排左2）参加会议

可以考虑两个方案，一个是把原来测绘学科的6个二级学科，合并为两个二级学科，即大地测量学和测量工程学。大地测量的研究内容一般是两个：其一属自然科学的地学，其二是应用大地测量，属于工程技术。大地测量作为地球的定量研究，它与地球的定性研究是相辅相成的。另一个二级学科，是把应用大地测量、摄影测量与遥感、工程测量、地图制图、海洋测量（实际为海洋工程测量，其属地学的海洋大地测量这部分，归属于"大地测量学"）、地籍测量与土地信息学这些原来的二级学科合并为一个二级学科——"测量工程学"，因为它们绝大部分研究内容是属于应用技术。

第二个方案，是把一级学科"测绘学"分为3个二级学科，即大地测量学（同第一方案）、遥感信息学（包括摄影测量等所有遥感手段）和测量工程学（其他原来的二级学科合并）。①

关于拓宽口径后博士生的知识结构，"坚实、宽广的基础理论，系指按一级学科范围要求；系统、深入的专业知识，其中系统性系指按二级学科范围要求，深入性系指在专业研究方向上的要求；较广博的知识面，系指在一级学科之外相邻学科方面的知识广度"。②

在硕士、博士研究生培养中，测量系进行了大量探索，及时总结当中的得与失，积累了宝贵的经验和教训，积极推进学科建设固基增效。

二、测绘学科博士点、博士后流动站的设立与建设

2001年5月，经国务院学位委员会批准，西南交大获得"大地测量学与测量工程"专业博士学位授予权，这是测量工程系的第一个博士点，标志着测绘学科在资源建设、科学研究和研究生培养等方面取得了重大进展，测绘学科建设步入新时期。同时获得"地图制图学与地理信息系统"硕士学位授予权，"测绘工程"成为学校新增的工程硕士培养领域。2003年10月，获得"地图制图与地理信息工程"专业博士学位授予权；2005年在拥有两个二级学科授权点的基础上，直接获批"测绘科学与技术"一级学科博士授权点。西南交大的测绘学科建设已经进入一个加速发展的上升期，是对自1983年学科设系20年来教学、科研及人才培养工作的一次集中检阅，态势令人鼓舞。特别是2006年1月获得"测绘科学与技术"一级学科博士学位授予权，开创了测绘学科建设历史性的里程碑，实现了20多年交大测绘人奋斗的目标。2007年9月，经全国博士后管委会专家组评审，西

---

① 卓健成、刘文熙：《关于测绘学科博士生培养和修订专业目录有关问题的认识与建议》，西南交通大学《高等工程教育》，第4期，1996年。
② 卓健成、刘文熙：《关于测绘学科博士生培养和修订专业目录有关问题的认识与建议》，西南交通大学《高等工程教育》，第4期，1996年。

南交大设立"测绘科学与技术博士后科研流动站",在培养高级创新人才方面又跃上了一个新台阶。以此为标志,西南交大的测绘学科已建设起完整的学科体系和人才培养体系,进入了全面跃升、争创一流的崭新阶段。

从20世纪80年代到21世纪初,测绘科学与技术学科已实现了由传统测绘向数字化测绘的转变和跨越,目前正在沿着信息化测绘道路迈进。当今世界各国都把加速信息化进程视为新型发展战略,因而测绘信息服务的方式和内容在国家信息化建设的大环境下发生了深刻变化,由此促进了测绘信息化的发展,推动了测绘领域相关技术的优化升级,继而催生了信息化测绘的新概念。

信息化测绘的基本含义是在数字化测绘的基础上,通过完全网络化的运行环境,实时有效地向社会各类用户提供地理空间信息综合服务的测绘方式和功能形态。其特征为:技术体系数字化、功能取向服务化、数据更新实时化、信息交互网络化、基础设施公用化、信息服务社会化、信息共享法制化。因此该阶段测绘科学与技术学科的发展现状和趋势,主要是以卫星导航定位技术(GNSS)、遥感技术(RS)、地理信息系统技术(GIS)为代表的现代测绘技术做支撑,发展地理空间信息的快速获取、自动化处理、一体化管理和网络化服务,建立较为完善的全国统一、高精度、动态更新的现代化测绘基准体系,建成现势性好、品种丰富的基础地理信息资源体系,基于航空、航天、地面、海上多平台、多传感器的实时化地理空间信息获取体系,基于空间信息网络和集群处理技术的一体化、智能化、自动化地理空间信息处理体系,基于丰富地理空间信息产品和共享服务平台的网络化地理空间信息服务体系,以此推进信息化测绘的建设进程。与此同时,开展基础地理信息变化监测和综合分析工作,及时提供地表覆盖、生态环境等方面的变化信息,进行地理国情监测,成为新时期经济社会发展对测绘学科的新需求、新要求。测绘科学与技术学科需要实现从静态测绘到动态测绘、从数据生产到信息服务、从数据提供到综合掌握地理国情与服务重大决策并重的转变。[①]测绘学科在中国的发展已经取得令世人瞩目的成就，未来的发展前景依然令人期待。西南交大测绘学科经过几代人的坚韧努力，成果丰硕。面向未来，任重道远。

在我国三级学位制中，博士是最高等级。博士生的培养既关乎大学研究生教育"金字塔尖"的高度与质量，也是学科建设的重要内涵。培养测绘学科高水平、有创新能力的博士是研究生教育中的重大课题和光荣使命。2002年，李永树、黄丁发获批成为首批测绘专业博士生导师。到2010年，又有刘国祥、岑敏仪、范东明、熊永良等多人成为博士生导师。事实上，这些博士生导师通过完成国家自然科学基金项目和产业大型应用项目的研究，发表高级别论文，其学术水平快速跃升，从而对培养测绘科学与技术所属各专业领域的博士生提供了保障。而高水平博士生的培养是一个复杂的系统，通常而言需要一个较长的积累成熟周期。

从2000年到2010年的10年间，测绘学科博士生教育尚处于起步攀登阶段，与30余年本科教育的经验与积累相比，专业博士生教育带来的挑战与艰巨性是空前的；而"测绘科学与技术博士后科研流动站"更像是一个初生的"婴儿"，预示着测绘学科顶级人才培养和科学创新事业的高起点、新征程，它涵盖大地测量学与测量工程、摄影测量与遥感、地图制图与地理信息工程等学科、方向，必将推动和引领学术探索和学科创新，为学科发展注入强劲的"推进剂"。

[①] 国务院学位委员会第六届学科评议组编：《一级学科博士、硕士学位基本要求》（上册），北京：高等教育出版社，2015年版，第384—385页。

第六章

面向未来：
学科群聚合地球科学与环境工程学院

（2010—2020）

精准推进，测绘学科步入快速发展期成效瞩目

天地经纬

第六章 面向未来：学科群聚合地球科学与环境工程学院

第一节
地球科学与环境工程学院聚力起航

学系与学院是各学科建设发展的组织载体，具有举足轻重的作用。测绘学科经过改革开放后 30 余年的发展，体系基本完备，具有向高水平发展的条件。但在"校-院-系"三层结构中，学系组织还无法保障一级学科的发展需要。从学科而言，许多相邻或相近学科的边界逐渐弱化，交叉渗透的趋势十分明显，学科群的聚合作用对推动各学科的融合发展显得越来越重要。因此，依托一个或数个一级学科优化重构学院，是大学学术机构优化设置的基础，也是学科发展的必然。

土木工程学院是学校历史最为悠久也是规模最大的学院，涵盖了多个一级学科。1993 年 4 月合组时设立有铁道及道路工程系、桥梁及结构工程系、地下工程及岩土工程系、建筑工程系、环境科学与地质工程系、测量工程系。在学科优化的过程中，学系设置也做过动态调整。1999 年环境科学与地质工程系分设为环境工程系、地质工程系；2001 年地下工程及岩土工程系分设为地下工程系、岩土工程系，与此同时环境工程系从土木学院分离，扩充组建环境科学与工程学院，它最早是从地质学科分出部分力量演进而来。西南交大历史上曾涌现出地学界的著名学者，如北京大学第一任地理系主任何杰（1906 级）、中国科学院工程力学研究所及国家地震局研究所所长刘恢先院士（1929 级）、中国矿业大学陈清如院士（1948 级）、南京大学薛禹群院士（1949 级）等。测绘学科本身的专业设置、研究生培养体系已经实现全覆盖，在这样的情形下构建学院一级机构的条件与时机已经成熟。

陈春阳担任校长期间，对学科优化和院系设置进行了大量深入的调查和研究，推进实施了部分调整改革。2010年11月11日，学校决定将测绘学科和地质学科由土木工程学院分离出来，与环境学科共同组成"地球科学与环境工程学院"，原环境科学与工程学院撤销建制。

▲科技部原部长徐冠华院士（右2）、校党委书记顾利亚（右1）、校长陈春阳（左1）为学院成立揭牌

新组建的地球科学与环境工程学院（以下简称地学学院），设置测绘工程系、遥感信息工程系、地质工程系、环境工程系、消防工程系，建立测绘科学与技术、地质资源与地质工程、环境科学与工程、消防工程四个实验中心。2016年，又将测绘工程系和遥感信息工程系合并为测绘遥感信息系。这几个学系在学科体系上属于测绘科学与技术、地质资源与工程地质、环境科学与工程三个工学门类的一级学科，也与地球物理学、地质学等一级学科相关联。其时，学院拥有"测绘科学与技术"和"地质资源与地质工程"两个一级学科博士学位授权点及博士后科研流动

站，两个学科均为四川省重点一级学科，也是国家"211工程"与"特色985"优势学科创新平台重点建设的学科。环境学科也具有4个硕士点。3个学科总体而言都具备了相当的基础和实力。从这样的多维度、泛边界来构划建立地球科学与环境工程学院，体现了学科交叉融合的特性，顺应了学科集群发展的大趋势，在高水平创新团队、多学科研发平台建设等方面能够发挥集聚效应。维也纳大学地理和区域研究系地图学和地理信息科学讲席教授Wolfgang Kainz来学院访问时，就认为地学学院的学科设置与维也纳大学地理和区域研究系相似度极高，都包含测绘学科、地质学科和环境学科。

▲地学学院首任院长李志林，时任国际制图学会副主席、中国测绘学会名誉副理事长

地学学院筹建之初，院长人选几乎是众望所归。一直与母校联系紧密、特别是十多年来倾力推进交大测绘学科与香港理工大学深度合作的校友李志林教授接受邀请，受聘担任首任院长，任期5年。刘国祥、胡御文和黄涛教授担任学院副院长。测绘学科的两个系，测绘工程系聘黄丁发教授任系主任，刘成龙和张献州教授为副主任；遥感信息系聘武汉大学"长江学者"、校友朱庆教授兼任系主任，齐华任副系主任。朱庆在2013年回到母校西南交大全职任教，担任学院执行院长至2016年，并出

任学院教授委员会主任。

两位知名校友此时的回归对学院的发展、学科的建设，对凝聚人心开创未来起到了积极的鼓舞作用，学院、学系可谓深幸得人，师生员工寄予厚望，对学院的美好未来充满期待。

李志林教授1982年毕业于本校航测专业并留校任教，承担测绘教学工作及"数字地形模型在铁路设计中的应用"等课题研究。1985年作为访问者被派往英国格拉斯哥大学地理及地形系进修，一年后转为博士研究生，1990年获得博士学位。此后在英国纽卡斯尔大学城市及乡村开发中心任副研究员，在英国南安普顿大学地理信息研究中心和德国柏林工业大学任研究员。1994年任澳大利亚柯廷大学讲师。1996年到香港理工大学，历任助理教授、副教授、教授，2010年入选国家级人才计划。他长期从事空间信息科学研究与教学，主要研究方向包括多尺度空间表示与空间数据综合、多维空间建模。在从事教学科研的20多年里，出版英文专著两部、中文专著1部，在国际期刊上发表论文120多篇（其中SCI收录68篇），在空间数据的多尺度表达、数字地面模型、地理信息科学及遥感方面等方面做出了杰出科学贡献。2008年获得国际摄影测量与遥感学会Gino Cassinis奖，2005年获国务院颁发的国家自然科学二等奖，2004年获国际摄影测量与遥感学会Schwidefsky奖章，2003年获得"全国测绘科技进步奖"一等奖，2003年获国家自然科学基金委"杰出青年基金"（海外），2002年获教育部"全国普通高等学校优秀教材奖"二等奖。

李志林教授于2000年应邀成为国际地理信息科学权威期刊 *International Journal of Geographical Information Science*（《国际地理信息科学学报》）当时的唯一华人编委，出任学院院长时正担任英国 *The Cartographic Journal*（《制图学报》）亚洲区主编、国内外多个期刊的编委、中国GIS协会GIS丛书副主编，同时还担任 *Journal of Geospatial Engineering* 的创刊主编。他于2007年当选为国际制图学会副主席，同年被增选为中国测绘学会名誉副理事长，2009年被聘为温州市海外科技顾问，他的母校英国格拉斯哥大学授予他科学博士学位，这一荣誉性质的学位是为表彰取得国际公认成就的科学家而设。李志林也是武汉大学、中南大学等多所大学及研究单位的客座教授。他在香港理工大学从事科学研究和教学工作时，交大母校的多位老师曾在1997—2010年以访问学者或博士研究生的身份，赴港参加了他主持的研究项目，在合成孔径雷达干涉、地形数字建模、地理空间建模与分析等多个研究方向开展了广泛而深入的合作研究。

▲朱庆曾任地学学院执行院长，现为学院教授委员会主任，教育部长江学者特聘教授

朱庆教授1986年毕业于西南交大摄影测量与遥感专业，毕业后为免试研究生获得硕士学位，1995年在北方交通大学获得博士学位。从1998年起在武汉大学从事博士后科研工作，并在测绘遥感信息工程国家重点实验室任教。他先后入选教育部长江学者特聘教授、百千万国家级人才。

李志林在2010年被批准为国家级人才计划特聘教授后回到母校担任学院院长，对学科整合、平台合建、团队建设、学术创新、国际合作等重要而关键的事项进行了积极的谋划，发挥了自己在国际学术界多年来积累形成的影响和人脉，为把学院建设成为"国内一流、具有国际影响力的"的学术机构贡献了自己的智慧和力量。

第二节
打造团队，创新平台

一、申建教育部创新团队启动高端人才计划

高水平的教学和创新团队是学院的核心，决定着事业的发展和学科水平。创新团队有层级之分，通过循序渐进、夯实根基，由大而强，直至迈进教育部创新团队这一国家级方阵。

长期以来，交大地学学科的科学研究与技术研发主要围绕铁路及交通领域的勘测设计、铁路空间信息管理、地质环境治理、减灾防灾等重大需求展开，先后取得国家及行业部门的许多重大项目支撑，奠定了在国内相关研究领域的学术地位，前期研究基础和科研实力可谓深厚。

2011年7月，以院长李志林为团队带头人，西南交大向教育部正式申报，在资源环境领域建设"高速铁路运营安全空间信息技术"创新团队。这一团队以测绘学科力量为主，包括地质学科和环境学科，有学科骨干及成员刘国祥、黄丁发、胡卸文、刘成龙、岑敏仪、黄涛、齐华、徐柱等27人，他们都是地学学科群的优秀学者，长期从事空间信息技术研究，近十多年来，面向铁路运营安全，开展了合作创新研究，形成了高速铁路运营安全空间信息技术创新团队。这个团队中还有一批以博士后、博士生、硕士生组成的朝气勃勃的年轻力量。李志林担任院长后，整合优化高速铁路运营安全空间信息技术创新团队，也以其自身的成果和积累充实和提升了团队实力。这个团队的实力体现在：有国家级人才计划特聘教授1名，国家杰出青年基金（B类）获得者1名，四川省人才计划特聘教授1名，教育部新世纪优秀人才计划1名，铁道部突出贡献专家2名，铁道部中青年科技拔尖人才3名，四川省学术和技术带头人2名，四川省有突出贡献的优秀专家2名，四川省学术和技术带头人后备人选2名，团队中11人具有

海外留学经历，其中从海外著名大学获得博士学位4人。团队成员近年来主持承担各类科研项目近100项，其中国家973计划子课题1项、国家863计划项目2项、国家科技攻关（科技支撑）项目2项、国家自然科学基金项目22项、省部级项目40余项；团队成员近5年内主持承担科研项目年均经费超1 000万元；团队成员近年出版专著11部、发表论文600余篇（被SCI、EI收录近300篇）；团队成员近年获国际学术奖励及荣誉3项，国家级科技奖励3项，省部级科技进步奖20余项。

通过申报教育部创新团队，集中力量开展高速铁路运营安全空间信息关键理论与技术研究，既可进一步发挥研究团队的优势，为我国高速铁路运营安全提供技术支撑，又可促进团队和交大地学学科更高层次、更高水平的发展。

随着中国高速铁路时代的来临，国内外十分关注我国高铁核心技术的自主知识产权和高铁系统的运营安全问题。实际上，高铁带来速度快捷的同时也对铁路线路运营安全提出了更高的要求。影响铁路线路运营安全的因素包括线路轨道问题、供电问题、线路信号故障、机车车辆损伤与故障以及环境地质灾害等诸多方面。其中，因地质条件、列车高速运行等，高铁轨道会产生损伤与变形，路基会发生沉降，而高速铁路要求轨道几何精度达到亚毫米级、路基沉降小于几个毫米，因此必须进行轨道平顺性检测与路基稳定性监测。另外，洪水、冰雪、大风、崩塌、滑坡及泥石流等环境地质灾害会威胁到列车运营安全，因此必须对高铁沿线灾害进行监测与预警。这些问题都属于测绘、地质、环境等地学学科的研究范畴。而解决这些问题的基础，是空间信息，即与地理位置有关的信息，包括地形、地貌、地质、水文、环境及其动态变化等信息。一方面，需要严密监测高铁线路与沿线地质环境，获取关于轨道几何、路基沉降以及潜在地质灾害的动态信息，这就要求创新铁路线路与沿线地质环境空间信息获取技术，以获得高精度、高监测频率的动态信息；另一方面，在获取相关动态空间信息的基础上，需要充分运用这些信息，对可能发生的影响高铁运营安全的轨道故障和地质灾害进行评估、预警，尽最大可能避免安全事故，并在突发性故障及灾害发生时，以实时化的空间信息技术支撑故障处置与救援等应急响应，这要求创新高铁沿线灾害监测技术、灾害预警模型以及应急响应关键技术。"高速铁路运营安全空间信息技术"团队多年来一直围绕铁路空间信息技术开展相关理论与应用研究，为我国铁路特别是高铁的发展做出了突出的贡献。团队针对高速铁路对线路稳定性、轨道的平顺性、自然灾害预警与应急响应等问题开展了深入而系统的研究，形成了4个特色鲜明的研究方向：（1）高速铁路运营安全保障的空间信息基础理论与关键技术；（2）高速铁路线路几何平顺性检测与稳定性监测；（3）高速铁路地质环境安全动态监测、预警与评估；（4）高速铁路沿线灾害应急响应与对策。

团队的主要目标就是要充分发挥已有优势，在今后相当长的一个时期内，将高速铁路运营安全的关键理论与技术问题作为主要研究领域，相互配合，协同攻关，占领国内该研究领域的制高点，辐射并带动我国地学学科相关研究领域的国内外合作，为提高我国高速铁路运营安全的理论研究水平、推动高速铁路运营安全的技术进步、更好地服务国民经济建设共同努力。

经过竞争激烈的比选，教育部科学技术司以〔2011〕376号文件公布了2011年度教育部创新团队培育计划立项项目，地学学院"高速铁路运营安全空间信息技术"创新团队成功入选，教育部提供团队资助300万元，为创办不久的学院迎来"开门红"，极大地鼓舞了全院教职工。创新团队在前期研究基础上，充分顾及高速铁路对轨道平顺性、沉降稳定性的极高要求，充分顾及高速铁路穿行于复杂地质条件区域的特征，充分顾及高速铁路有大量空间相对封闭的超长隧道一旦发生紧急情况难以施救等困难，系统地就线路监测、沿线环境监测与灾害预警、沿线灾情信息快速获取与应急响应等保障高铁安全运营的关键问题，研究各种先进监测检测技术方法，研制关键监测检测技术系统，研究高速铁路沿线灾害应急响应预案生成与多方案比选技术，研究基于先进空间信息技术的应急响应关键技术，为高速铁路线路与环境安全保障提供技术支撑；同时，就其中涉及的空间信息基础理论与共性核心技术展开研究，推动相关学科发展。在具体4个研究方向上以综合创新的思路进行攻关——

由李志林、黄丁发负责"高速铁路线路与环境安全保障的空间信息基础理论与技术"，在团队前期研究的基础上，开展基于地面移动平台的摄影测量快速获取空间数据技术研究，基于无人机航拍影像的灾情信息快速提取方法与三维重建关键技术研究，进一步探索高分辨率卫星遥感（含雷达立体测量、高光谱遥感）及视频摄影测量在监测与监控中的应用。其研究思路是：在广域分布式大规模网络GNSS增强参考站技术和GNSS/RTK的研究中，重点研究平台级差分服务信息的关键技术与系统软件，包括实现大规模异构资源共享、管理、数据融合、分析处理以及综合位置服务等；结合中央式差分的思想，研究简化目前RTK流动接收机的理论方法，结合高速铁路基于位置服务（LBS）的应用需求，开发低成本、高精度广域导航定位终端。针对高铁遥感信息采集、处理与分析进行理论与方法研究，解决高铁动态监测与灾害评估的信息快速获取问题。以高速移动载体为摄影平台，研究线路影像的快速获取与处理关键技术；采用电子防抖、分块滤波等手段，实现无人飞机航拍高分辨率影像序列的拼合，制作立体像对，进行灾情信息提取与地形三维重建；研究覆盖铁路线、桥、隧道、路基、地下结构、地质环境的快速三维建模技术和基于模型组装的场景构建技术，解决铁路三维GIS应用的建模瓶颈问题。

由刘国祥、刘成龙负责"高速铁路线路几何平顺性检测与稳定性监测"，探索基于动态GPS相对定位的轨道几何平顺性检测新方法和新途径，实现高铁运营期间的轨道轨向、高低、水平和轨距等平顺性技术指标的检测方法；探索多波段InSAR融合技术监测高速铁路沉降漏斗的基础理论，深入研究采用多波段InSAR进行高速铁路区域沉降监测的实用技术体系。其研究思路是：引入动态GPS测量技术，基于单历元观测值动态相对定位的思路，建立GPS解算数学模型并验证其几何检测精度。将抗差最小二乘估计、奇异值分解（SVD）及经验模式分解（EMD）等方法引入到 PS 数据处理中，探索大气信号、线性沉降及非线性沉降时间序列的分离技术，解决多波段融合的 PS-InSAR 沉降时间序列计算问题。

由胡卸文、黄涛负责"高速铁路地质环境安全动态监测、预警与评估"，开展地下水作用下无碴轨道软土路基沉降机理和预测模型研究，复杂地质环境条件下高速铁路沿线突发性地质灾害的动态监测、预警系统及其快速处置技术研究，无砟轨道路基病害车载探地雷达检测技术的改进和完善，有砟轨道道砟厚度和密实度车载探地雷达检测技术研究，高速铁路对生态脆弱地区的影响及生态修复模式研究。其研究思路是：对高速铁路沿线地质环境条件进行复核和系统调查，补充和完善地质灾害及生态脆弱地区数据，对原有地质灾害监测预警系统进一步升级、完善；通过理论和试验相结合，进一步完善多通道高速扫描的铁路车载探地雷达技术，拓宽到高铁无砟轨道结构与路基检测、隧道衬砌结构检测和桥墩基础河床冲刷断面检测，并建立与其相配套的数据采集和处理系统及其预警系统。

由齐华、岑敏仪负责"高速铁路沿线灾害应急响应与对策"，开展高速铁路沿线典型灾害时空过程快速模拟与灾情评估方法研究，突发灾害情况下基于 GIS 的区域性人员疏散模拟与应急处置技术研究，高速铁路沿线灾害应急响应预案生成与多方案比选技术。多维时空动态建模与空间数据管理基础理论与技术研究；分布异构数据共享、灾害情景模拟分析、多用户会商协同等应急响应平台关键技术的完善与提高。其研究思路是：选择 2 至 3 种高速铁路灾害，在保证模型解算精度合理的前提下，通过对灾害发展态势与情境感知模型的离散化等方法，避免大量非线性微分方程的求解；根据多种灾害发生情形下的模拟分析结果，生成对应多种应急预案，进行多种灾害救助方案的仿真模拟、评估与优化比选；分析恐慌压力和人群效应等对人员疏散的影响，建立高铁特殊复杂环境下的人员疏散行为模型。在多维时空动态建模与空间数据管理基础理论与技术中，针对铁路带状特点，重点研究基于线性参照系统的动态数据模型，建立时态线性参照系统与二维时态、三维时态模型的映射关系，解决铁路复杂多源动态空间信息的集成管理问题；通过构建高铁应急反应与决策支持系统，集成灾害时空过程模型，进行灾害情形模拟与分析，检验并完善高铁灾害应急响应平台构建的关键技术。

创新团队在教育部的资助期里，在上述方向的研究工作都取得了丰硕的成果。

地学学院以教育部创新团队申报建设为契机，贯彻落实学校"人才强校"战略。2012年3月20日常务副校长蒋葛夫到学院调研时，部署了学院2012年重点和关键工作，正式启动地学学院高端人才建设工程、扎实做好教育部创新团队有关后续工作。他再三强调，高端人才是支撑和引领学院发展的关键因素，学院高端领军人才培育计划应尽快形成具体方案并尽快启动，在高端人才引进培育工作中学院务必高度统一思想，步调一致，全力以赴，创新团队建设和创新平台建设要同步推进。

在地学学院创办五周年之际，执行院长朱庆提出了高端人才引进要占到5%的目标。高端人才引进工作在学院创办示范性国际学院的工作中被放到了极为重要的位置，并通过新理念、新机制、新文化形成强大"磁场"，大大增强了对高端人才的吸引力，有效推进了引进速度。与此同时，创造条件对学院青年教师加大培养力度，在教学、科研的一线工作中压担子、加任务，在实践中成长成才。2015年学院诞生了西南交通大学第一个国家级人才计划青年拔尖人才袁林果。身边的榜样，自身的期许，良好的氛围，都形成了青年教师追求高质量发展的动能。测绘学科教师群体迄今已形成60余人的规模，在职教师中拥有博士学位者占到90%，师资结构合理，人才梯队整齐。有教授21人，副教授27人，讲师16人；博士生导师20余人（另有兼职博导5人），博导的平均年龄不足50岁。他们是：

朱庆，男，教授，教育部长江学者特聘教授，博士生导师，国务院学位委员会第八届学科评议组成员（测绘科学与技术），新世纪百千万人才工程国家级人选，国家测绘地理信息局科技领军人才，首批四川省教书育人名师，四川省测绘地理信息科学技术委员会副主任，国际数字地球学会中国国家委员会虚拟地理环境专业委员会副主任，中国地理信息产业协会理论与方法工作委员会副主任，四川省测绘地理信息学会副理事长。二级学科摄影测量与遥感的数字摄影测量，三维 GIS 与虚拟地理环境等研究方向。

黄丁发，男，教授，博士生导师。中国测绘地理信息学会理事、四川省测绘地理信息学会常务理事，四川省学术和技术带头人。二级学科大地测量学与测量工程、地图制图学与地理信息工程、摄影测量与遥感的卫星导航与位置服务系统理论，应急辅助抉择支持信息系统，卫星对地观测与全球变化等研究方向。

岑敏仪，男，教授，博士生导师。二级学科大地测量学与测量工程、摄影测量与遥感、地图制图学与地理信息工程的高速铁路精密工程测量理论与技术，模式识别与数字摄影测量，空间数据质量控制等研究方向。

范东明，男，教授，博士生导师，国务院学位委员会测绘学科评议组成员。二级学科大地测量学与测量工程的卫星重力测量与全球变化检测，空间大地测量与地球动力学等研究方向。

熊永良，男，教授，博士生导师。二级学科大地测量学与测量工程的高精度 GNSS 定位理论与应用，GNSS 大气反演等研究方向。

刘国祥，男，教授，博士生导师，教育部新世纪优秀人才，四川省学术技术带头人。二级学科摄影测量与遥感、大地测量学与测量工程的高分辨率卫星遥感影像处理与分析，合成孔径雷达干涉（InSAR）等研究方向。

徐柱，男，教授，博士生导师，教育部新世纪优秀人才。二级学科地图制图学与地理信息工程的时空数据分析与挖掘，空间多尺度模型与空间数据自动综合，空间数据共享与地理信息服务等研究方向。

朱军，男，教授，博士生导师。二级学科地图制图学与地理信息工程的空间智能与地理协同、时空过程建模与可视化分析、三维地理信息系统与虚拟地理环境等研究方向。

陈强，男，教授，博士生导师，四川省学术和技术带头人后备人选。二级学科摄影测量与遥感、大地测量学与测量工程的雷达干涉测量，数字摄影测量，地球物理大地测量与地震反演等研究方向。

李永树，男，教授，博士生导师。主要从事工程测量学研究与教学。

袁林果，男，教授，博士生导师，国家级人才计划青年拔尖人才。二级学科大地测量学与测量工程的卫星大地测量、地球潮汐形变等研究方向。

高贵，男，教授，国家优秀青年科学基金获得者、四川省省级人才、省学术与技术带头人。二级学科摄影测量与遥感的合成孔径雷达信号处理等研究方向。

尹高飞，男，教授、博士生导师。入选欧盟玛丽居里学者、国家级青年人才、自然资源部青年科技人才、四川省杰青。主要从事植被遥感机理与应用研究。

叶沅鑫，男，研究员，博士生导师。全球唯一一位同时荣获国际摄影测量与遥感大会和地球空间周最佳青年论文奖的学者。主要从事遥感图像处理和分析研究工作。

曹云刚，男，副教授，博士生导师。从事遥感科学、地理信息技术相关的科研和教学工作。

遆鹏，男，副教授，博士生导师。二级学科地图制图学与地理信息工程的地图可视化，空间信息可视化等研究方向。

张瑞，男，副教授，博士生导师。

周乐韬，男，副教授，博士生导师。从事大地测量与导航领域的教学与研究工作。

游为，男，副教授，博士生导师。主要从事卫星重力测量与测量数据处理方面的研究。

陈敏，男，副教授，博士生导师。两次以第一作者获得国际权威学术奖励。主要从事多源多平台影像特征提取、匹配和配准、三维重建等研究应用。

此外，地学学院前院长、名誉院长，香港理工大学教授李志林，国家基础地理信息中心总工程师、教授（后于 2019 年当选中国工程院院士）陈军，香港中文大学教授、教育部长江学者讲座教授黄波，中国测绘科学研究院研究员刘纪平和张福浩，在测绘科学与技术学科有关研究方向招收博士生。

目前，地学学院测绘学科拥有"高速铁路安全运营空间信息技术教育部创新团队"、"地球观测与卫星导航技术与应用创新团队"，"遥感数据处理与信息转化创新团队"、"精密测量的理论与技术的应用研究创新团队"、"虚拟地理应用创新团队"，以及"应用地球物理"、"地球观测与卫星导航"、"地图制图学与地理信息工程"、"数字交通与数字铁路"、"摄影测量与遥感"、"高速铁路及大型工程精密工程测量"等多个科研团队。学术带头人年富力强，一批富有朝气和学术激情的年轻人正在地学学院茁壮成长。

二、创建"高速铁路运营安全空间信息技术"国家地方联合工程实验室

测绘学科建设有"地理信息工程四川省高校重点实验室"，一直发挥着重要的作用。地学学院成立后，为进一步提升面向高速铁路的测绘综合研究能力，必须建设更多的、更高层次的重点实验室或工程中心。在申报教育部"高速铁路运营安全空间信息技术"创新团队时，同步建设"高速铁路运营安全空间信息技术四川省工程实验室"的构想就相随而生。为了调动和发挥有关大学、研究机构和科技型企业的积极性与优势资源，由西南交通大学牵头于 2011 年 10 月向四川省发改委申请，在西南交大建设该工

程实验室。11月,项目建设获得四川省发展和改革委员会的批准(川发改高技〔2011〕1368号)。在申建过程中,实验室经国家发展改革委员会批复,于2013年10月升格列入国家高技术产业发展计划项目,批准为"高速铁路安全运营空间信息技术国家地方联合工程实验室"(发改办高技〔2013〕2064号),简称GSNN联合工程实验室。

2013年11月,实验室决策机构——工程实验室理事会成立,同时还成立了工程实验室管理委员会。项目依托单位西南交通大学为理事长单位,中国中铁二院工程集团有限责任公司、中国科学院遥感与数字地球研究所等为副理事长单位。理事会为实验室决策机构,负责实验室主任的聘任、确定实验室发展方向和重要研发领域、审议和批准财务预决算、年度工作报告等重大事项的决策,宏观指导实验室工作,监督实验室的日常运行。实验室设立技术委员会,为实验室的技术咨询机构,对实验室的发展目标、任务、研发方向和技术发展动态提供咨询和建议,决定实验室的研发方向、审定研发课题、协调开放事宜和成果评价,并向理事会提出年度重大立项审议报告,其成员由建设单位聘任,由与本领域相关的科技、企业界的国内外专家学者组成,每届任期5年。

2014年年初,高速铁路运营安全空间信息技术创新团队获得教育部批准。2015年5月,联系地学学院的校领导张兵总会计师率学校科技处、资产处、校园规划处、设计院有关单位领导到学院召开现场办公会,协调落实GSNN联合工程实验室建设方案,就"轨道几何状态检测中心"和"GNSS研究中心"等子平台建设进行了研讨和论证,最后对子平台拟建设选址方案达成了一致意见。

从2016年5月至2018年6月,工程实验室进入全面建设阶段,并取得丰硕成果。2016年5月,工程实验室邀请龚健雅、何满潮、多吉、翟婉明等23位在高速铁路建设以及测绘、地质、环境、消防学科领域知名的院士、专家、学者齐聚一堂,召开了高速铁路安全运营空间信息技术国家地方联合工程实验室建设与发展专家咨询会。与会专家以丰富的经验和远见

第六章 面向未来：学科群聚合地球科学与环境工程学院

卓识为工程实验室的建设与发展提出了非常好的指导性意见。2017年7月，工程实验室举行技术委员会委员聘任仪式及技术委员会第一次会议，业界诸多著名专家学者担任委员（见下图）。

主任委员：赵国堂，研究员，中国铁路总公司副总工程师。

副主任委员（以姓氏笔画排序）：何满潮，中国科学院院士，中国矿业大学深部岩土力学与地下工程国家重点实验室主任；龚健雅，中国科学院院士，武汉大学遥感信息工程学院院长；翟婉明，中国科学院院士，西南交通大学校学术委员会主任。

委员（以姓氏笔画排序）：王长进，国家勘测设计大师，铁道第三勘察设计院集团有限公司副总工程师；多吉，中国工程院院士，西藏自治区国土资源厅总工程师；朱庆，教育部"长江学者"特聘教授，西南交通大学地球科学与环境工程学院教授委员会主任；朱颖，教授级高级工程师，中铁二院工程集团总经理；刘国祥，教育部新世纪优秀人才，西南交通大学地球科学与环境工程学院院长；何川，教育部"长江学者"特聘教授，西南交通大学校长助理；张卫华，国家杰出青年科学基金获得者，轨道交通国家实验室（筹）常务副主任；杨元喜，中国科学院院士，西安测绘研究所研究员；李志林，国家级人才计划特聘教授，高速铁路安全运营空间信息技术国家地方联合工程实验室主任；李建成，中国工程院院士，武汉大学副校长；周启鸣，香港浸会大学教授，西南交通大学地球科学与环境工程学院海外院长；胡卸文，西南交通大学地球科学与环境工程学院副院长（科研）；郭仁忠，中国工程院院士，国际欧亚科学院院士，深圳大学特聘教授、智慧城市研究院院长；郭华东，中国科学院院士，中科院遥感与数字地球研究所；唐辉明，俄罗斯自然科学院外籍院士，中国地质大学（武汉）副校长；黄勇，四川省公安消防总队总工程师；黄涛，西南交通大学利兹学院副院长；崔鹏，中国科学院院士，中科院山地所研究所；谭述森，中国工程院院士，北京卫星导航中心高级工程师。

工程实验室在建设与发展的同时，积极与地方政府合作开展科技成果转化，并于2018年5月与成都市新都区政府签订了战略合作协议。在新都区政府的大力支持下，工程实验室科技成果转化中心落地新都，新都区政府为工程实验室建设了4 700平方米的电子厂房以及2 000平方米的工业厂房，并为实验室提供3 000万元财政补贴用于实验室的设备购置、团队建设和实验室运营。

2018年7月，工程实验室筹资340万元建设的计算中心顺利通过专家验收，此举标志着工程实验室建设全面完成。

2019年1月，工程实验室顺利通过项目竣工验收。同年，实验室被四川省科学技术厅认定为轨道交通安全运营空间信息技术四川省国际科技合作基地。

GSNN联合工程实验室概算投资3 000万元，截止到2018年12月10日，实际到位资金约3 050万元。

通过这一工程实验室的建设，建立起高速铁路空间信息获取与处理中心、高速铁路线路安全检测与监测中心，研发高速铁路地质环境灾害预警与应急响应系统平台；形成人才培养基地和成果转化基地；建立起高速铁路运营安全空间信息技术体系，全面提升高速铁路安全保障技术装备水平和自主创新能力，研究成果可应用于我国高速铁路和西部综合交通枢纽的建设，将对我国高速铁路安全运营提供强有力的全方位支持和服务。通过实验室的建设，有效整合西南交大及合作单位的各类资源，充分发挥互补优势，特别是发挥西南交大在交通学科科研的积累优势和丰硕成果，提升研究成果工程化的速度。

该工程实验室的重点是建成两个中心——高速铁路空间信息获取与处理中心、高速铁路线路安全检测与监测中心，一个系统平台——高速铁路地质环境灾害预警与应急响应系统平台。它们的主要功能与任务分别是：

高速铁路空间信息获取与处理中心：从事空间信息获取及数据处理技术系统研发，解决高速铁路沿线空间定位、三维空间信息快速获取及智能分析的关键技术难题，从而为高速铁路的安全运营提供数据支持，并推动空间信息获取技术发展，促进相关领域的科研成果转化与应用。

高速铁路线路安全检测与监测中心：开展高速铁路精密测量技术研发与社会技术服务，提升我国高铁精密测量技术理论体系，开展轨道几何状态检测系统技术与产品研发，开发雷达干涉测量监测高铁沿线区域地表形变及路基沉降的技术系统，成为我国高速铁路精密测量与轨道检测新技术的重要研发基地；进一步完善多通道高速扫描的铁路车载探地雷达技术，将其应用拓宽到高铁无砟轨道结构与路基检测、隧道衬砌结构检测和桥墩基础河床冲刷断面检测，并建立与其相配套的数据采集、处理及其预警系统。

高速铁路地质环境灾害预警与应急响应系统平台：开展高速铁路沿线滑坡、崩塌、泥石流、地面沉降等地质灾害的系统分析评估研究，研发地质灾害的有效预警技术和综合处治技术；研发环境与火灾风险评估及应急响应关键技术；开展多维时空动态建模与空间数据管理基础理论与技术研究，完善与提高分布异构数据共享、灾害情景模拟分析、多用户会商协同等应急响应平台关键技术。

此外还建设有相关专业方向的 12 个研究室。

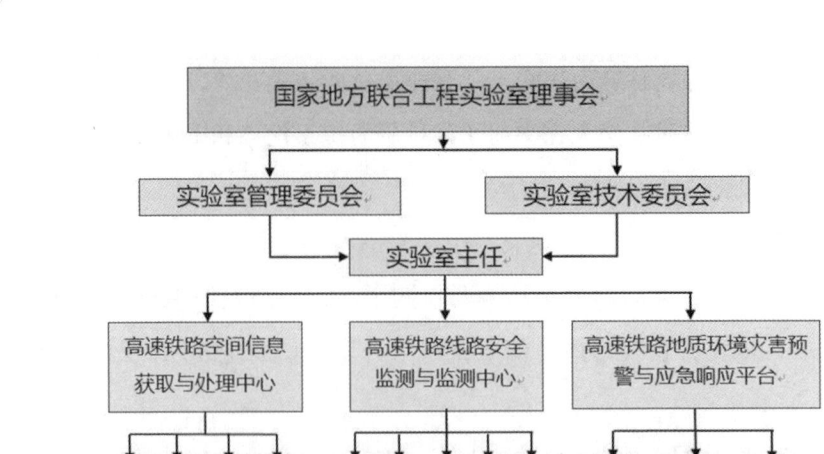

```
                    ┌─────────────────────────┐
                    │ 国家地方联合工程实验室理事会 │
                    └─────────────────────────┘
                         │           │
              ┌──────────┴──┐   ┌────┴──────────┐
              │ 实验室管理委员会 │   │ 实验室技术委员会 │
              └──────────────┘   └───────────────┘
                         │           │
                    ┌────┴───────────┴────┐
                    │     实验室主任        │
                    └─────────────────────┘
```

▲ 国家地方联合工程实验室的结构组成

下属三个中心：高速铁路空间信息获取与处理中心、高速铁路线路安全监测与监测中心、高速铁路地质环境灾害预警与应急响应平台。下设研究室：导航定位技术研究室、视频摄影测量研究室、无人机航摄研究室、激光扫描测量研究室、动态遥感监测研究室、高铁精密监测研究室、轨道几何状态检测研究室、雷达干涉监测研究室、探地雷达研究室、沿线地质灾害预警及处置评估、应急处置研究室、环境风险评估与应对研究室、灾害应急响应地理信息系统研究室。

为此，工程实验室适应性改造建筑面积 4 200 平方米，并充分整合利用原有馆舍，最终在犀浦校区形成的实验室总建筑面积达到 4 730 平方米，超过批复建设要求。仪器设备方面，在充分利用原有设备仪器的基础上新增关键仪器和系统设备 28 台/套（含应用软件），包括北斗接收机、地面三维激光测量及数据处理系统、激光惯性导航仪、无人机航测遥感系统、精密测绘仪器设备系统、摄影测量仪器设备、雷达干涉测量实验设备、岩石三轴徐变试验机测试系统、岩石动三轴试验系统、地质体长期变形监测自动传输与接收系统、试验数据高精度自动采集系统、支挡结构长期稳定性监测系统等，为开展研究和试验提供优越的条件和强大的保障。

工程实验室迄今取得的最主要的成绩之一就是关键核心技术自主创新、核心技术设备研发以及核心技术/产品带头人的积淀和形成。在自主创新高速铁路精密工程测量成套技术、长大高铁线路沉降监测技术与预测模型、基于遥感原理的高速动态及无干扰地质环境隐患探测技术与系统、高速远程滑坡动力学机理揭示、基于卫星导航的高铁地质环境隐患位置服务平台、国家数字城市地理空间框架技术体系构建与应用等6个领域全面取得高水平成果，在成果转化与技术应用方面成效突出。

工程实验室的建设和发展一直得到理事会单位的重视和支持，2015年3月，中铁科学研究院董事长朱本珍率领副院长马慧民、西北分院院长王翔、西南院院长王文灿、西北分院副院长张红利来校洽谈校院合作事宜，特别就共建"铁路安全运营空间信息技术国家地方联合工程实验室"进行了深度交流并达成共识。

三、联合协作，共建平台

联合与协作是当今形势下学术发展与学科建设的普遍规律和基本方式。大学、研究机构和企业以自身最具优势的条件，通过学术伙伴的加盟设立特色鲜明的研究中心、工程实验室，资源共享、优势互补，可以快速形成一个个协同创新平台，打造一个个学术"朋友圈"，相互支持，共同发展。测绘学科在研究试验平台的建设上，得到了业界伙伴的大力支持，也积极参与和支持其他伙伴的平台建设和学术发展，同样从中受益匪浅。事实上，当下学科发展愈加明显地呈现出"学术命运共同体"的特征。

2014年，测绘学科积极支持国家测绘地理信息局四川基础地理信息中心，创建"应急测绘与防灾减灾国家测绘地理信息局工程技术研究中心"。该中心由四川测绘地理信息局、西南交通大学与中国科学院水利部成都山地灾害与环境研究所联合组建，由国家测绘地理信息局批准建设。朱庆教授担任该中心副主任。它以"创新、产业化"方针为指引，瞄准应急测绘与防灾减灾的国际前沿和国家重大需求，从理论方法、关键技术到装备和体制机制等方面，系统研究应急信息快速获取、灾害评估与监测预警、信息服务与应急响应等共性关键问题，形成技术创新与应用创新体系，旨在打造代表国家水平、具有国际影响力的应急测绘与防灾减灾领域科学研究、技术创新与成果转化和高层次人才培养基地。2015年11月20日,执行院长朱庆教授、副院长齐华教授参加了该中心建设期满的验收会。地学学院的本科生教学和实践实习、研究生培养、学术交流合作都得到了该中心的支持与帮助,保持着高质量的伙伴关系。

  2015年3月,为做好国家重点战略区域长江经济带建设测绘地理信息保障服务,推进长江经济带测绘地理信息共建共享,提升长江经济带地理信息自主创新能力和服务水平,促进长江经济带地理信息产业发展,在国家测绘地理信息局的指导下,四川测绘地理信息局与部分省市相关单位共同发起,联合11个长江经济带沿江省市测绘地理信息主管部门、科研机构、高等院校等,发起成立"长江经济带地理信息协同创新联盟",共同推动长江经济带地理信息技术和产业发展。联盟的核心任务是整合产、学、研、用各方资源,通过机制创新、科技创新、成果创新和服务创新,推进地理信息产业发展,实现测绘地理信息支撑长江经济带国家战略实施、地方重大工程建设和生态文明建设,最终达到区域经济社会协调发展、科学发展的总体目标。国家测绘地理信息局科技与国际合作司、四川测绘地理信息局、交通部长江航道局、水利部长江水利委员会水文局、湖南省测绘地理信息局、江苏省测绘地理信息局、重庆市测绘地理信息局、湖北省测绘地理信息局、武汉大学、西南交通大学、四川省第二测绘地理信息工程院等11家单位共20余人参加了筹建商讨会,校党委常委、总会计师张兵教授和地学学院执行院长朱庆教授出席。国家测绘地理信息局副局长李朋德出席会议并对联盟发展提出明确目标,指出:"联盟的创建是紧扣国家经济发展战略,为经济社会发展做好保障服务,以地理信息数据资源、人才资源、技术资源、工业资源做基础,构建协调统一、运行高效的长江经济带地理信息协同创新体系,打造测绘地理信息产业高地,以实现共同发展的目标。"9月,该联盟在成都正式成立,由30家联盟成员单位选举产生了联盟理事会。交大作为联盟发起单位被推选为副理事长单位,张兵教授当选为副理事长并作为联盟成员代表发言,朱庆教授被选为联盟副秘书长。张兵表示,西南交通大学将以加盟"长江经济带地理信息协同创新联盟"为契机，为实现测绘地理信息支撑长江经济带国家战略实施、推进地理信息产业发展、服务地方重大工程建设和生态文明建设做出积极的贡献。

第三节
坚持特色道路，追求卓越发展

一、特色鲜明的科学研究与学术成果

科学研究改变了自然与社会，推动着人类文明的进程。测绘科学与技术与新中国的各项建设事业紧密相连，是推动我国社会前进发展的强大生产力。西南交通大学因中国铁路而生，也因中国高铁而兴。交大的测绘学科紧密服务铁路建设，测绘科研紧紧瞄准铁路所需，具有鲜明的行业特色与优势，发挥了促进与引领的作用。近年来，学校特别重视"新工科"的发展，提出了"工科登峰"计划。高速铁路的建设和运营管理为测绘科学研究和工程应用提供了千载难逢的机遇，正如科技部国家遥感中心李加洪总工程师在学院考察指导时所言,学院具有"铁路行业和西部地区的优势"，应"瞄准国家全球化发展、智慧城市和一带一路等重大需求，进一步凝练科学问题，进行跨学科创新研究，强调开拓卫星视频数据处理和互联网+轨道交通等方面研究的重要性"。

通过20多年的不懈努力，测绘科研在申请国家自然科学基金以及部委科技创新计划、横向科研合作上保持强劲势头，实现了国家自然科学基金重大项目的突破。2016年，朱庆教授申报的"面向建筑物精细建模倾斜摄影测量理论与方法"获批国家自然科学基金重点项目，项目经费300万元。这是测绘学科首次获得国家自然科学基金委重点项目资助，实现了测绘基础研究历史性的突破。2019年，在国家自然科学基金川藏铁路重大基础科学问题专项"川藏铁路重大灾害风险识别与预测项目"中，朱庆主持了课题"川藏铁路灾害风险数据同化与信息集成共享"，经费290万元，研究团队多次深入铁路沿线考察，高水平推进这项研究。一大批年轻教师在自然科学基金的面上项目和青年项目上连年都有斩获，保持着旺盛的学术冲击力。袁林果入选2014年国家级人才计划青年拔尖人才支持计划；尹高飞荣获欧盟玛丽居里学者基金；高贵首获国家自然科学基金优秀青年基金。

在国家重点研发计划项目和课题这类大型高级别的项目中，测绘学科团队以其自身实力成为项目牵头单位的合作伙伴，承担其中的分项课题，与国内顶级团队合作进行创新研究，先后参加由武汉大学牵头的国家863计划地球观测与导航技术领域重点项目"城市运行的空间信息智能处理与分析系统"（2013年）；参加由民政部国家减灾中心牵头的国家863计划重点项目"典型地质灾害遥感监测与应急关键技术及应用"，在"5·12"大地震遗址北川老县城进行"典型地质灾害遥感监测与应急应用联合实验"（2014年）；参加国家重大科学研究计划项目"人类活动与全球变化相互影响的模拟与评估"（2015年）；主持承担国家重点研发计划课题"多模态时空对象分析与可视化"（"全空间信息系统与智能设施管理"项目）（2016年）；参加由中国测绘科学研究院牵头的国家重点研发计划项目"一体化综合减灾智能服务研究及应用示范"（2017年）。朱庆承担的课题"全空间信息系统与智能设施管理——多模态时空对象分析与可视化"，课题经费1275万元；刘国祥承担的课题"星载新体制SAR综合环境监测技术——星载SAR综合环境监测高精度数据处理与技术"，课题经费494万元；朱军承担的课题"一体化综合减灾智能服务研究及应用示范——大规模复杂灾害场景融合与增强可视化"，课题经费417万元；黄丁发承担的子课题"协同精密定位技术——高性能云处理卫星导航精密定位与服务技术",课题经费401万元。刘国祥还主持2019年四川省仪器重大专项"地基合成孔径雷达地表微变形监测仪"的研制,经费360万元。

测绘学科教师发表论文的数量与质量同步增长。在 Earth and Planetary Science Letters, Journal of Geophysical Research,The Cryosphere, Remote Sensing of Environment, ISPRS Journal of Photogrammetry and Remote Sensing, IEEE Transactions on Geosciences and Remote Sensing, Journal of Geodesy, International Journal of Applied Earth Observation and Geoinformation, International Journal of Geographical Information Science 等专业国际顶级学术期刊以及国内一流的中文期刊上,陆续发表了一系列高水平学术论文,有的还获得国际奖项,扩大了交大测绘学科在国内外的学术影响力。

2014年2月,美国摄影测量与遥感学会(ASPRS)主席、康奈尔大学Stephen D. DeGloria教授来信通知,由吴波、胡翰、朱庆和张叶廷合作完成的论文"A Flexible Method for Zoom Lens Calibration and Modeling Using a Planar Checkerboard"荣获"2014年度约翰戴维森主席奖"。2016年4月,美国摄影测量与遥感学会(ASPRS)公布了2016年度的塔尔伯特·艾布拉姆斯奖,朱庆教授团队的两篇论文荣获该奖项优秀奖(Honorable Mention)的第一与第二名。同月,国际摄影测量与遥感学会(ISPRS)正式通知,叶沅鑫博士、慎利博士合著的论文"HOPC: a geometric structure similarity metric for automatic matching of multi-modal remote sensing images"获得ISPRS最佳青年论文奖(The ISPRS Prizes for Best Papers by Young Authors)。2017年9月,在由国际摄影测量与遥感学会与武汉大学主办的ISPRS地球空间周(Geospatial Week 2017,GSW 2017)国际学术大会上,青年教师叶沅鑫博士的论文"Fast and Robust Registration of Multimodal Remote Sensing Images via Dense Orientated Gradient Feature"荣获此次大会的最佳青年论文奖。叶沅鑫副教授为第一作者发表的论文"Robust registration of multimodal remote sensing images based on structural similarity"被引次数进入环境学科全球前1%，被ESI高被引论文（Highly Cited Papers）收录。

始于1992年的科研方向论证，初步确立了西南交大测绘学术发展持之以恒的坐标，并在实践中不断开拓、丰富，聚焦和完善。目前，在空间信息系统与数字孪生铁路、高速铁路精密工程测量、GNSS与位置服务、InSAR与定量遥感等研究方向上形成了鲜明特色，取得了一系列创新性成果。

（一）空间信息系统与数字孪生铁路

1. 主要研究内容

针对地球空间信息学前沿和川藏铁路工程国家重大需求，开展面向"透明地球"和数字孪生铁路的虚拟地理环境理论方法、关键技术、标准规范和平台研制等研发工作，具体包括：

（1）高山峡谷区高精度地理地质信息快速获取与智能处理方法。针对复杂艰险的高山峡谷区环境单一手段定位和感知的精度低、可用性差等难题，研究星-地融合的高精度增强定位方法、天空地协同的多模态遥感监测技术以及地质灾害隐患精细核查与智能判识方法，实现广域范围内多因子耦合作用下重大灾害风险精准识别、预测与评估。

（2）虚拟地理环境平台及数字孪生川藏铁路重大应用。针对川藏铁路战略性重大工程需求，制定标准规范，研制实景三维虚拟地理环境平台，形成具有综合地理空间智能的"超级大脑"，支撑数字孪生川藏铁路建设和透明地球应用。

2. 团队情况

团队成员共20人，19人具有博士学位和海外学习或工作经历。50至59岁3人，40至50岁9人，36至40岁2人，35岁以下6人，其中教授7人、副教授10人、讲师3人，包括国家级人才计划特聘教授（也是国家杰青获得者）李志林、长江学者特聘教授朱庆（也是新世纪人才工程国家级人选、国家测绘科技领军人才）、长江学者讲座教授黄波、国家级人才计划青年拔尖人才袁林果、国家优青获得者高贵、教育部新世纪优秀人才徐柱、四川省人才计划人才胡翰和丁雨淋、四川省创新团队负责人朱军、雏鹰学者陈敏。

团队成员先后任国际制图学会副主席、国务院学科评议组成员、国际摄影测量与遥感学会工作组组长/联席组长、国际数字地球学会中国国家委员会虚拟地理环境专业委员会副主任、中国地理信息产业协会理论与方法工作委员会副主任、四川省测绘地理信息科学技术委员会副主任、四川省减灾委员会专家委副主任、四川省生态文明促进会专家委员会副主任、四川省地理信息产业技术研究院专家咨询委员会副主任、四川省测绘地理信息学会副理事长、长江经济带地理信息协同创新联盟第一届专家委员会副主任委员、长江经济带地理信息协同创新联盟副秘书长等。

团队成员先后任 Journal of Smart Cities 主编，The Cartographic Journal，Photogrammetric Record，International Journal of Geographical Information Science 亚太区主编，Annals of GIS 执行主编，Computers, Environment and Urban Systems，Transactions in GIS，International Journal of 3-D Information Modeling (IJ3DIM)，Journal of Smart Citys，《测绘学报》《武汉大学学报信息科学版》《西南交通大学学报》《雷达学报》《交通运输工程与信息学报》《测绘科学技术学报》《测绘地理信息》《地理与地理信息科学》《测绘科学》《地理信息世界》和《建设管理国际学报》等学术刊物编委。

3. 承担科研项目情况

团队成员先后主持国家重点研发计划课题 2 项、973 计划课题 2 项、863 计划重点项目 3 项、863 计划项目 2 项、国家自然科学基金专项（川藏铁路重大基础科学问题）项目课题 1 项、国家自然科学基金重点项目 1 项、国家自然科学基金优秀青年科学基金项目 1 项、国家自然科学基金面上项目和青年项目 20 项、教育部创新团队项目 1 项、教育部新世纪优秀人才项目 1 项、四川省青年科技创新团队项目 1 项，主持或参与其他科研项目 100 余项。

4. 主要创新点

（1）提出了空间数据多尺度表达和数字地图综合的"自然法则"，据此设计了线要素综合算法，被国际上誉为 Li-Openshaw 算法，并发展了一整套地图几何元素自动综合的理论与方法，将综合算子由 12 个扩展到 40 个，为该领域奠定了数学/算法基础；建立了成套的高精度数字高程模型理论方法和技术体系，相继出版了国际上第一本中文和英文的《数字高程模型》专著（至今出版了第三版），制定了 DEM 数据规范；研制了卫星摄影测量数据处理 LINK 系列高科技产品，填补了全球高精度 DEM 生产的国内外空白，在精度和效率等方面达到国际领先水平，在国内外得到广泛应用，为我国构建自主可控的全球地理信息资源产品提供了强有力的支撑。

（2）在国际上率先开始了面向对象的"三库一体"（DEM+DOM+二维地图）GIS 研究，并相继建立了统一几何、拓扑、外观与语义的多细节层次动态三维 GIS 数据模型；自主研制了世界上首个地上地下和室内室外真三维 GIS 平台软件，制定了城市三维建模技术规范、室内多维位置信息标识语言和室内地图数据模型与表达等系列国家/行业标准，推动了三维数字中国的建设，改变了我国 GIS 长期跟踪研发的被动局面，引领了国际三维 GIS 的研究与实践；自主研制了创新数字孪生平台 DTSCOPE 成套技术，赋能智能铁路、智慧城市精准管理与应用，为数字孪生川藏铁路规划设计建设管理提供了重要技术支撑。

（3）提出了独树一帜的空天地一体化多源遥感数据智能匹配方法，取得了国际领先的多模态遥感影像自动匹配关键技术成果，首次实现了可见光、红外、SAR、LiDAR 和地图等多模态数据的自动配准；突破了光学卫星影像提取灾情信息的系列关键技术，实现了光学卫星影像提取灾情信息的快速提取；构建了一体化遥感影像融合的理论框架与创新应用模式，初步解决了困扰遥感理论与技术几十年的瓶颈问题，对环境、生态及灾害的监测具有十分重要的意义。

第六章　面向未来：学科群聚合地球科学与环境工程学院

5. 研究成果（含专著、专利、软件著作权、论文、科技获奖）

团队成员出版中英文专著 7 部，国家标准 2 项，国家行业标准 2 项，获授权发明专利 20 余项，软件著作权 20 余项，发表 SCI 论文 200 余篇，获得国家科技进步二等奖 2 项、国家自然科学二等奖 2 项、教育部自然科学一等奖 1 项、教育部自然科学二等奖 1 项、测绘科技进步特等奖 1 项、测绘科技进步奖一等奖 10 项、测绘科技进步二等奖 1 项、测绘科技进步三等奖 2 项、地理信息科技进步一等奖 6 项、四川省科技进步二等奖 2 项。

▲空间信息系统与数字孪生铁路团队部分成果

（二）高速铁路精密工程测量

1. 主要研究内容

针对我国大规模建设高速铁路及其运营维护的技术需求，西南交大测绘科学与技术学科的精密工程测量研究团队，从2007年开始陆续开展了高速铁路精密测量相关技术研究，主要研究内容包括：

（1）轨道控制网（CPⅢ）数据处理方法研究及其外业数据采集和内业数据处理软件研制。

（2）轨道基准网（GRN）数据处理方法研究及其外业数据采集和内业数据处理软件研制。

（3）基于自由测站观测值的CPⅢ三角高程网数据处理方法研究及其数据处理软件研制。

（4）高速铁路轨道几何状态测量仪系统研制。

（5）长大隧道洞内平面控制测量新技术研究。

（6）高速铁路基础平面控制网（CPⅠ）分区定向序贯平差技术研究及其数据处理软件研制。

2. 团队情况

精密工程测量研究团队有教授3人（岑敏仪、张献州和刘成龙），副教授两人（张同刚、王化光），讲师3人（杨雪峰、高淑照和杨友涛），其中刘成龙教授为四川省有突出贡献的优秀专家。除此之外，该团队还有博士及硕士研究生30余人。

3. 承担科研项目情况

精密工程测量研究团队近15年陆续承担近50项高速铁路精密测量相关的纵、横向科研项目，代表性的科研项目题目主要有：高速铁路无砟轨道CPⅢ自由设站网测量系统的研究（〔2007〕1374号）、高速铁路精密测量控制技术试验研究（2008G031-16）、复杂山区进行精密控制网布设及水准测量的技术研究（2009G001-D）、无砟轨道CPⅢ自由设站边角交会网有关技术标准和软件开发与研究（铁建科字〔2009〕-6）、基于自由测站的高速铁路CPⅢ高程网建网测量及其标准的研究（科2009-024）、京沪高速铁路特大桥上CPⅢ点坐标多值性问题解决方案研究（2010G017-D）、高速铁路轨道测控技术及标准深化研究（2011G014-B）、区域地面沉降对(京沪)高速铁路工程的影响及对策研究（2008G031-5号）、高速铁路轨道基准网测量技术深化研究（2012G008-B-1）、基于车载近景摄影的高速铁路轨道平顺性快速检测技术与装备研制（2013G009-C）、山区高速铁路精密测量控制网与 CPⅢ测量控制技术研究（2010G018-E-6）、川藏铁路控制测量技术研究。

以上科研项目的开展，为建立我国自主知识产权的高速铁路精密工程测量技术体系和打破德国高速铁路测量软硬件产品的垄断局面，奠定了坚实的基础。

4. 主要创新点

（1）在国内首先攻克了轨道控制网的数据处理技术，研制了国内第一套轨道控制网数据采集与数据处理软件，在我国除京津城际和郑西高铁外的所有高铁建设和运营维护中推广使用。

（2）在国内首先攻克了轨道基准网的数据处理技术，研制了国内第一套轨道基准网数据采集与数据处理软件，并在我国沪宁、沪杭、沪昆等高铁建设中推广使用。

（3）在国内首先提出并攻克了CPⅢ三角高程网的数据处理技术，研制了国内第一套CPⅢ三角高程网数据处理软件，在我国高铁建设和运营维护中推广使用。

（4）与中铁设计合作研制了国内第一套高速铁路轨道几何状态测量仪系统，通过了原铁道部的产品认证并量产，结束了国外同类轨检仪在中国的垄断地位，广泛应用在我国高铁建设和运营维护的轨道平顺性测量中。

（5）提出了 CPⅢ 高程网矩形法测量技术，纳入我国第一部"高速铁路工程测量规范"，在我国所有高铁建设和运营维护中推广使用。

（6）提出了 GNSS 静态相对定位网分区定向序贯平差技术，实现了长大带状 GNSS 网不需要进行换带计算和投影变形小于 5mm/km，使长大带状 GNSS 网中的投影变形误差大幅度减小，解决了长大带状 GNSS 网中由于地球曲率和高斯投影引起的投影变形大的国际性难题，并研制了相应的数据处理软件。

（7）提出了长大隧道洞内自由测站边角交会网平面控制测量新技术，具有没有对中误差、受旁折光影响小、横向精度高和测量效率高等优势，纳入我国 2019 年版的"铁路工程测量规范"，在我国长大隧道洞内平面控制测量中推广使用。

5. 研究成果

1）省部级获奖情况

精密工程测量研究团队近 10 年获得的多项省部级科技奖励，主要有："高速铁路轨道平顺性保持技术"，获国家技术发明二等奖；"高速铁路精密工程测量成套技术"，获四川省科技进步一等奖；"高速铁路精密测量及形变监测理论与应用"，获教育部科技进步二等奖；"SGJ-T-CEC-I 型客运专线轨道几何状态测量仪系统"，获国家测绘地理科技进步二等奖；"高速铁路轨道控制网（CPⅢ）测量技术的研究"，获四川省科技进步三等奖；"山区高速铁路精密测量控制网与 CPIII 测量控制技术研究"，获中国铁道学会科学技术一等奖。其中"高速铁路精密工程测量成套技术"是我校测量学科有史以来第一个西南交大单位排名第一和测绘学科教师排名第一的省部级科技进步一等奖。

2）授权专利情况

精密工程测量研究团队近 15 年获得国家授权发明专利 18 项，获得国家授权实用新型专利 15 项。代表性的发明专利主要有：一种单侧形式运营双线铁路轨道控制网的测量方法、一种铁路轨道平顺性检测的车载近景摄影测量方法、轨道板标准框标定装置；代表性的实用新型专利主要有：一种真空管磁浮列车T形槽轨轨距与超高测量检测装置、高铁施工基准测量定位标志组件、铁路轨道平顺性检测的车载近景摄影测量装置。

▲高速铁路精密工程测量团队部分成果

3）发表科技论文情况

精密工程测量研究团队近15年在国内外科技期刊上发表科技论文100余篇。代表性的科技论文主要有：高速铁路CPⅢ交会网必要测量精度的仿真计算、高速铁路CPⅢ三角高程网构网与平差计算方法、高速铁路轨道基准网平面网精度评定方法，其中刘成龙教授论文《高速铁路CPⅢ交会网必要测量精度的仿真计算》入选中国精品科技期刊顶尖学术论文 2012 年 F5000 论文。

4）软件著作权情况

精密工程测量研究团队近15年在国家版权局登记软件著作权10余项，代表性的主要软件著作权主要有：高速铁路CPⅢ三角高程网平差计算软件V1.0、精密GPS工程控制网通用数据处理软件V1.0。

（三）GNSS 与位置服务

1. 主要研究内容

面向国家重大需求，开展精确、实时、动态、可靠的卫星导航与位置服务理论方法、关键技术、标准规范和平台研制等研发工作，具体包括：

（1）多模 GNSS 地基广域增强理论与方法。

（2）GNSS 多系统互用与多源信息深度融合技术。

（3）GNSS 气象学，研究大气水汽反演与复杂艰险地区大气精确建模。

（4）精密工程监控，研究高时空分辨率的微小形变/位移监测技术及其重大工程灾害识别及风险评估。

（5）大地测量学反演与地球动力学，利用 GNSS、重力卫星、地震台站等多源融合手段，研究地球物质动力演化过程、大尺度时空基准演变及维持方法，建立长期演化模型及监测方法。

2. 团队情况

团队成员共 13 人，全部具有博士学位和海外学习或工作经历。50 至 59 岁 3 人，40 至 50 岁 3 人，36 至 40 岁 2 人，35 岁以下 5 人，其中教授 4 人、副教授 4 人、讲师 5 人，包括四川省学术和技术带头人黄丁发（二级教授）、国家级人才计划青年拔尖人才袁林果等。

团队成员先后任中国测绘地理信息学会理事、四川省测绘地理信息学会常务理事、国际大地测量协会（IAG）中国委员会委员、中国测绘学会大地测量与导航专业委员会委员、中国测绘学会测绘教育工作委员会委员、中国卫星导航定位协会"教育与发展专业委员会"副主任委员等。

3. 承担科研项目情况

团队成员先后主持国家重点研发计划课题 1 项、863 计划项目 2 项、国家自然科学基金面上项目和青年项目 20 余项、主持或参与其他科研项目 60 余项。

4. 主要创新点

（1）提出并完成了基于 WEB 和移动计算的虚拟参考站（VRS）理论，推出了自主研发的、具有独立自主知识产权的"基于 Internet 网络 GPS／VRS 技术的增强 VRS 网络服务系统软件/Venus"，可实现全面支持高精度连续运行参考站（CORS）实时定位服务。研究团队进一步将网络计算扩展到中央差分，并提出增强参考站技术的理论，完成相关系统理论和系统软件的开发，深入开展"高精度定位服务系统与应用示范"的研究。完成的具有我国自主知识产权的"基于 INTERNET 的增强网络 GPS/VRS 卫星定位服务系统（ARSNet）"，通过与国际上先进的两套系统（TRIMBLE 和 LEICA）并行运行、比测，在精度和性能上相当，研究成果具自主创新、整体达到国际先进水平。

（2）系统性地研究了网络实时动态（RTK）定位理论，提出了网络 GNSS 数据质量控制方法和参考站间模糊度的快速可靠解算方法；提出了增强参考站技术，实现了参考站网络计算的统一模型；提出了广域 RTK 分布式计算模型和电离层延迟互相关的全频全星座可扩展解算模型，实现了新升起卫星的快速可靠服务；提出了轨道约束的车载 GPS 网增强电离层延迟模型的理论和方法，为铁路车载 GNSS 高精度定位提供了理论基础；提出了北斗导航定位的全球精度评估方法和系统优化建议，同时提出了压缩率高于国际数据协议 RTCM 的基于状态和残差表达的 GNSS 数据压缩方法，为低带宽的星基播发服务提供了实现途径。

（3）研究并建立了利用 GNSS 数据测定测站潮汐位移参数的数据处理技术体系，开发了利用 GNSS 观测数据精密测定测站潮汐位移参数的算法和软件；国际上首次利用实际观测数据测定了由地球侧向异性引起的亚毫米量级的固体地球潮汐形变，其取得的成果为深入认识地球深内部结构提供了重要的观测约束；国际上首次提出利用精密的 GNSS 实测潮汐形变改正模型代替理论模型，用于高精度 GNSS 大地测量数据处理，研究了 GNSS 实测潮汐位移参数对 GNSS 坐标序列的影响规律。

5. 研究成果

团队成员出版专著 3 部，教材 3 部，获授权发明专利项，软件著作权 20 余项，发表 SCI 论文 70 余篇，测绘科技进步二等奖 2 项、卫星导航定位科技进步一等奖 1 项，四川省测绘科技进步一等奖 1 项，测绘科技进步奖一等奖 1 项。

▲GNSS 与位置服务团队部分学术著作

（四）InSAR 与定量遥感

1. 主要研究内容

面向高速铁路安全运营和地质灾害防治等国家重大需求，InSAR 与定量遥感创新研究团队主要针对陆表定量遥感和不良地质灾害隐患检测和监测理论与方法、关键技术及软硬件系统装备开展深度研究与开发。

系统开展了多源卫星遥感不良地质灾患检测和监测理论与方法研究。针对艰险复杂山区不良地质广域检测与量化评估关键问题，InSAR 与定量遥感创新研究团队先后提出了基于多尺度、多特征相似度的目标级变化检测方法，建立了网络化时序差分雷达干涉数学模型和基于路径长度改正的反射率模拟模型，进而提出了基于分级构网的多卫星协同观测与定量化遥感监测模式，构建了适用于长大线路不良地质隐患检测的多源卫星监测技术与方法体系，研发了基于高速铁路沿线地表环境要素智能检测与信息分析的软件平台及相关算法包，提升了铁路沿线典型地物目标智能解译精度与环境因素变化检测的计算效率和精度水平。

第六章 面向未来：学科群聚合地球科学与环境工程学院

自主研发了地基合成孔径雷达干涉地表微变形监测系统装备。面向西南山区滑坡监测预警和川藏铁路重大工程地灾风险防治重大需求，本团队针对滑坡前期微小蠕变难以发现和精准量化的技术手段瓶颈，结合高集成度微波微系统技术、射频数字化技术、微组装技术、轻量化高精度水平位移台技术，专门研制轻小便携式的地基雷达微变形测量仪器，并基于三维微波传感器前端设计实现信号采集单元的高度集成，通过雷达传感器和位移台一体化设计解决轻量化问题，开发雷达组网软硬件以完成实时数据处理，实现山体、边坡微变形的精准实时监测和科学预警评估，为西部和我省的滑坡防治提供了新型的精准、高效、实时监测预警手段。

2. 团队情况

InSAR 与定量遥感创新研究团队由刘国祥教授（教育部新世纪优秀人才、四川省学术与技术带头人）带头，现有成员 10 人，全部具有博士学位和海外访学经历。包括 InSAR 地质灾害研究方向带头人陈强教授、陆表遥感学科带头人曹云刚副教授、欧盟玛丽居里学者尹高飞副教授、四川省青年人才计划学者熊川副教授、科技部遥感青年科技人才张瑞副教授、海外引进人才王晓文副教授、罗小军副教授、蔡国林博士、贾洪果博士等技术骨干，瞄准地质灾害防治和高速铁路安全运营等国家重大需求，围绕 InSAR 与定量遥感基础理论、铁路减灾防灾应用拓展、软硬件系统研发等方面协同攻关。

▲InSAR 与定量遥感团队部分学术著作

团队成员曾出任国际摄影测量与遥感学会（ISPRS）第七工作组副组长，现任教育部高等教育测绘类专业教学指导委员会委员、国际地图制图学协会（ICA）卫星测图委员会委员，国际摄影测量与遥感学会（ISPRS）第 5/1 联合工作组委员、中国测绘学会摄影测量与遥感专业委员会委员、四川省测绘学会副理事长、IEEE Geoscience and Remote Sensing Letters 副主编、Journal of Modern Transportation 和《测绘》等学术刊物编委等，长期担任国内外 30 余种学术期刊特邀审稿人。

3. 承担科研项目情况

InSAR 与定量遥感创新研究团队主要从事 InSAR 测绘、定量遥感、防灾减灾等方面的教学与科研工作，在刘国祥教授的总体组织下开展协作研究和创新性科研攻关。目前，团队已主持承担国家重点研发计划课题 1 项、国家 973 计划课题 1 项、欧盟地平线 2020 计划课题 1 项，国家自然自然科学基金面上项目/青年基金项目/重点项目课题 20 余项，高分专项子课题 1 项，军科委面上项目 1 项，省部级纵向科研项目 10 余项，其他行业部门科研合作项目 80 余项。

4. 主要创新点

（1）山地生态环境遥感监测机理与方法。我国西南地区以山地为主，复杂地形是遥感不确定性的重要来源，使得遥感实时动态的优势在山地难以体现。面向高速铁路建设与运营中生态环境遥感实时监测的技术需求，揭示了冠层内辐射传输路径长度的地形依赖性，是引起反射率地形效应的关键机制，继而构建了基于路径长度改正的山地植被反射率模拟与归一化模型，为山地定量遥感应用奠定了物理基础；联合遥感观测、地面物联网观测、遥感模型与机器学习，形成了高时-空分辨率植被参数反演方法体系，显著提升了定量遥感技术在高速铁路生态环境效应实时动态监测中的应用水平。

（2）不良地质灾患网络化卫星遥感定量监测技术。基于构筑物、建筑物和铁路沿线典型自然地物的雷达波后向散射机理，研制了高速铁路专用的系列化人造 CR 装置，构建了面向高铁应用的雷达永久散射体（PS）、分布式散射体（DS）和角反射器（CR）目标识别准则，建立了高速铁路结构目标及周边特征地物智能识别技术；针对典型地物的"辐射传输建模—参数定量反演-遥感产品验证"开展全链路系统攻关，提出了多星观测协同与多参数联合约束的正则化定量遥感新模式；继而构建了目标地物遥感质量分级标准，创建了涵盖构筑物、建筑物、自然地表与人造反射器目标的广域多级网络化监测模式，形成了覆盖范围广、时空分辨率高的高速铁路结构目标及周边特征地物智能定位识别与分级组网监测技术，为高速铁路沿线不良地质灾害隐患的一体化监测奠定了理论基础。

（3）构筑物与边坡微形变地基雷达实时监测装备与技术。针对传统地基形变雷达长期重轨精度低、扫描周期与扫描范围互相制约、大地三维形变获取难、重点区域监测响应慢等应用难题，首次实现了二维有源相控阵 DBF 体制地表微变形雷达系统设计，自主研发了高集成、轻量化、模块化的 X 波段有源相控阵天线，构建了监测效率高、使用寿命长、使用维护简便、长期精度可靠的地基雷达形变监测装备，研制了高精度实时数据处理软件，实现了亚毫米级精度地表微变形实时监测的技术突破，形成了面向高速铁路构筑物变形和边坡稳定性应用的智能化、实时监测及预警技术。

（4）地质灾害卫星/地基 SAR 协同多维度监测技术。针对高速铁路地质灾害的高精度监测预警需求，构建了 SAR 信号传播路径误差累积模型，形成了广域长时序 InSAR 形变误差控制技术；提出了多星-多轨道-多传感器 SAR 数据融合处理技术，建立了长时序多维复杂地表形变信息提取技术；提出了集成长时序卫星 InSAR 监测与地基 SAR 高精度实时监测的星地协同监测技术，形成了基于多平台、多尺度 InSAR 的高速铁路长大工程沿线与形变相关的地质灾害监测技术体系，为高速铁路沿线多种地质灾害的广域高效精准普查、监测与风险评估提供新型技术支撑。

5. 研究成果

InSAR 与定量遥感创新研究团队瞄准地质灾害防治和高速铁路安全运营等国家重大需求，围绕 InSAR 与遥感基础理论、铁路减灾防灾应用拓展、软硬件系统研发等方面开展研究。团队成员已出版中英文专著 3 部，获国家发明专利、软件著作权等知识产权 20 余项，已在国际顶级学术期刊如 *Remote Sensing of Environment*, *ISPRS Journal of Photogrammetry and Remote Sensing*, *IEEE Transactions on Geoscience and Remote Sensing*, *IEEE Geoscience and Remote Sensing Letters*, *The Cryosphere*, *International Journal of Applied Earth Observation and Geoinformation*, *Journal of Geophysical Research*, *Geophysical Journal International*, *Journal of Geodesy* 等发表 SCI 论文 200 余篇、发表 EI 论文 100 余篇；获省部级科技进步一等奖 1 项和二等奖 2 项，获国家级教学成果奖 1 项，获省级教学成果一等奖 1 项。

测绘学科基础科研工作迄今已步入良性发展轨道。众多教师持续获得国家自然科学基金各类型的项目资助，基于特色方向的基础研究稳步推进；也有不少教师多次获得自然科学基金，一些年轻教师在青年项目的基础上圆满过渡，继续获得面上项目，保持了学术研究的生命力。

二、测绘工程专业跻身国家一流，促进教育质量全面提升

本科教育质量事关大学的根基，是大学的生命线。无论大学的职能定位如何发展丰富，培养学生全面成才始终是第一位的。尤其是本科教育，面临着大学自身快速发展后如何保障培养质量的挑战。教育部从 2000 年开始启动了"新世纪高等教育教学改革工程"，是"高等教育面向 21 世纪教

学内容和课程体系改革计划"的进一步扩展和延伸。2005年，教育部就实施"高等学校教学质量与教学改革工程"，加强本科教学工作提出了16条意见。2007年，经国务院批准正式提出并实施"高等学校教学质量与教学改革工程"，出台了相应的配套文件，全面提高本科教学质量。2011年，教育部、财政部《关于"十二五"期间实施"高等学校教学质量与教学改革工程"的意见》在前期进行评估的基础上提出继续实施该工程，着力解决人才培养过程中的一些关键性问题，提高本科人才培养的综合效益。

"高等学校教学质量与教学改革工程"的核心是本科专业综合改革。解决本科专业设置与社会需求脱节的问题，致力于解决专业设置与国民经济和社会发展需要的对接，主要包括专业设置预测与结构调整、工程和医学等领域的专业认证、"卓越系列人才培养计划"专业建设等。同时，在课程和教材建设、实验实践教学改革、教学团队和教师队伍建设、教学评估与质量标准建设等方面精准施策、全面改革。

"卓越工程师教育培养计划"是促进我国由工程教育大国迈向工程教育强国的重大举措，旨在培养造就一大批创新能力强、适应经济社会发展需要的高质量各类型工程技术人才，为国家走新型工业化发展道路、建设创新型国家和人才强国战略服务，对促进高等教育面向社会需求培养人才，全面提高工程教育人才培养质量具有十分重要的示范和引导作用。西南交大首批入选该计划，对包括传统产业和战略性新兴产业的相关工科专业，在本科生、硕士研究生、博士研究生三个层次进行改革。

2013年，我国加入《华盛顿协议》成为预备成员，2016年年初接受了转正考察。2016年6月2日，在吉隆坡召开的国际工程联盟大会上，全票通过了我国加入《华盛顿协议》的转正申请，中国成为国际本科工程学位互认协议《华盛顿协议》的第十八个正式成员。中国科协代表我国加入《华盛顿协议》。工程教育认证是工科专业是否具有国际通行水准的标志，通过严格的认证评估，对本科专业教育质量进行鉴定。

（一）测绘工程专业认证

"测绘工程"专业作为测绘学科开办的第一个本科专业，已有30多年的历史，是四川省特色专业。依托测绘学科强大的综合实力，在教育理念、课程建设、教学方法、实践实习、动手能力、导师辅导等方面进行了扎实有效的工作，取得了显著的成绩，为铁路和地方培养了一大批高素质的人才，从而为参加工程教育专业认证奠定了基础、创造了条件。

工程教育专业认证的体系、指标极为严格。为了高质量开展申请认证工作，学院特别助理、测绘工程系副主任张同刚副教授和冯德俊副教授，于2015年11月先后前往同济大学和中国矿业大学进行调研。同月，中国工程教育专业认证测绘组副组长、中国矿业大学研究生院常务副院长高井祥教授应邀来校，作了题为《工程教育认证与专业建设》的报告。他就工程教育专业认证的核心理念和特点、专业认证标准的组成和突出问题、毕业要求解读等重要内容进行了深入浅出的讲解，并针对我校测绘工程专业认证工作提出了中肯的建议。

2016年2月，测绘工程专业认证试点工作组在南昌主办了测绘工程专业自评工作研讨会，工作组副组长、中国工程院院士李建成，高等教育教学评估中心专业认证处处长张勇，中国测绘地理信息学会秘书长彭震中等领导专家出席会议。来自武汉大学、同济大学、信息工程大学、西南交通大学等12所高校的代表参加了研讨会。地学学院张献州教授、孙美玲博士和游为博士全程参加此次研讨会，并向各位专家汇报了我校测绘工程专业自评报告的撰写情况。参加2016年认证的6所高校代表对本校测绘工程专业认证的相关工作进行了汇报，并针对当前遇到的一些问题进行了研讨。

6月2日，测绘工程专业认证预评估汇报会在学院举行。校内预评估专家由原土木工程学院党委书记吕和林教授、力学与工程学院葛玉梅教授等组成。地学学院院长刘国祥，副院长胡卸文、齐华，党委副书记傅尤刚、院长助理刘成龙等学院领导出席，测绘科学与技术系主任徐柱及教师代表、学生代表参加了汇报会。预评估专家们肯定了在学校的重视和大力支持下，测绘工程专业在学科建设、人才培养、科研实践等领域取得了丰硕成果和长足进步，强调了学科深厚的历史底蕴和传统，对前期迎接国家工程教育认证协会测绘工程专业认证所做的系列准备工作给予肯定。

6月14日至16日，中国工程教育认证协会专家组莅临我校进行测绘工程专业认证现场考查工作，历时3天。专家组组长、武汉大学许才军教授，专家组成员、中国测绘地理信息学会张建国教授级高级工程师，解放军信息工程大学翟翊教授、东华大学丁辛教授、苏州大学孙玉钗教授，观察员、中国测绘地理信息学会综合处副处长马志勇，专家组秘书、淮阴师范学院教师教学发展中心主任胡元林以及学校副校长冯晓云教授、学校教务处等8个相关业务部处的领导及地学学院领导和部分师生代表参加了认证现场考查工作汇报会。冯晓云代表西南交通大学党政领导班子和全体师生向各位专家的到来表示热烈的欢迎，向长期以来支持我校测绘工程专业发展的各位领导来宾表示衷心的感谢！之后，她从学校办学之初就开设"测量与抄平"课程模块开始介绍我校测绘专业所经历的历程以及所取得的成果，预祝此次专家组工作顺利进行。专家组组长许才军教授对此次考查相关内容进行说明，指出考查是要以学生为中心，以目标为导向来进行，并且部署了下一阶段的工作，他强调考查工作期间要保持的3个原则——"合格性、一致性、常态性"。随后测绘科学与技术系主任徐柱教授对本专业情况，从测绘工程的发展历程、学生情况、师资队伍、招生情况、就业情况、实验基地以及外部评价等几个方面进行了汇报。在专家提问环节，翟翊教授、张建国教授等针对自评报告中出现的问题进行提问，内容涉及自评报告的合理性评价、本科生实习的落实情况、毕业生调查结果的评定分析，以及在购置设备方面的经费投入等多个方面提出了询问，由徐柱教授为其做概述性解答，其间涉及的细节问题由在座的相关部门人员一一解答，现场气氛严谨认真。

6月14日及15日，考查组分别参观了图书馆、校史馆、实验室、仪器陈列室，对毕业生代表、用人单位代表、在校学生代表、教师代表等进行了访谈。16日上午10时，在综合楼第三会议室召开了测绘工程专业认证现场考查反馈会。许才军代表专家组首先总结考查情况，肯定了我校测绘专业学生和毕业生对学校专业满意度高，动手能力强，测绘文化悠久，历史深厚，专业管理规范，实验资源丰富，仪器保存得体等。也指出了我校测绘工程专业存在的一些问题，诸如对测绘的法律法规的教育不完善，对测绘文献的利用能力未能得到充分培养，专业上的交流能力培养力度不够等。专家组成员分别进行了考查情况的说明，指出了课堂查勤、测量实习报告、学校与企业之间联动以及青年教师培养方面存在的一些问题。蒲云副校长在总结中表示，学校会虚心听取专家组的意见和建议，不断改进测绘专业的教育与教学，将我校测绘专业建设得更好。

经过测绘类专业认证委员会专家审议及认证结论委员会复议，同意西南交通大学测绘工程专业通过工程教育专业认证，有效期为3年，认证结论有效起止时间为2017年1月至2019年12月。

专业认证后的动态改进、提升与完善是一个更有价值的过程，在精准化、科学化、细节化方面检查每一个环节，从优秀走向卓越。

（二）跻身国家一流本科专业带动专业全面建设

测绘工程专业针对专业认证中反馈的5点问题逐一进行分析，查找根源，与校内相关单位一道协作配合，采取了一系列的措施综合施策，有效解决了存在的各类问题。例如，针对"培养全体学生通过文献研究分析复杂工程问题的教学活动举证不充分"的问题，采取了严格毕业论文指导过程、积极申报大学生科研训练项目、注重课程大作业的安排与设置、专业课程中设置课程设计考察环节、鼓励学生积极参加各类测绘竞赛等5条措施。针对"专业在培养学生跨文化背景下沟通和交流能力的教学活动举证不充分"的问题，采取了邀请具有丰富留学经历的教师为本科生开设讲座、邀请海外学者为本科生开设讲座、加强本科生与来华留学生的生活与学习交流、开发赴海外交流访问的项目等4条措施。针对"部分青年教师工程背景弱、承担教学研究项目少、教学研究成果少"的问题,也采取了相应的具体措施。有的青年教师自取得博士学位参加工作以来,一直从事相关科研工作,未曾在生产单位任职,也未曾担过与生产密切相关的科研任务,学院积极协调,派送他们到有协作关系的测绘研究院、测绘企业兼职学习和工作,增加生产知识和工程背景。此外,制定鼓励教师积极主动申请并承担教学研究项目的制度。系里资助3至5门课程建设,以3年为周期,要求申请学校、四川省和国家层面的各级教改项目,发表教改论文,服务和推动测绘本科教学水平提升。对获得各级教改项目、教改论文和奖励的课程负责人给予和讲课比赛同等额度的奖励。所有这些措施都清晰具体并得以落实,取得了预期效果,生动体现了"以评促建"的认证价值。

不仅如此,按照认证体系中关于学生、培养目标、毕业要求、持续改进、课程体系、师资队伍、支持条件等七大模块的标准,全面实施"升级版",对每一项细分工作挖掘成长空间,力求尽善尽美,做到全体系改进、每一细节提升。在这一持续过程中,教职员工全员参与,用心投入,把大学"以本为本"的理念落到了实处。举例而言,关于"专业培养目标",泛论较多,特色不足,在考虑学校的定位与社会经济发展需要的关系方面思考不够,动态评价不够及时。通过专业认证,促使专业负责人对此深入思考和比较。2015年对测绘工程专业培养目标的表述是:"为适应国家建设和专业发展国际化的需要,本专业旨在培养具有深厚的文化底蕴和扎实的数理基础,掌握大地测量学与测量工程基本理论与方法,具备大地测量、工程测量、卫星导航定位、摄影测量与遥感、地图制图、地理信息工程、程序设计等专业基础知识,具有从事测绘工程项目设计、数据采集与分析处理、测绘监理与管理、新技术开发与技术交流的能力,具有宽广的国际视野、团队协作精神、良好的组织管理能力、创新能力、继续学习能力的复合型测绘工程技术人才。"这一目标没有突出本校测绘工程专业特色,与毕业要求存在雷同。通过征求高校专家、行业专家意见,与校友和学生座谈,到企业和高校调研等多种渠道和方式科学论证,为适应轨道交通行业发展需要和学校定位及认证标准的发展变化，制定了 2019 年专业培养目标，表述为："本专业旨在培养具有良好的职业道德，具备扎实的工程基础及测绘工程专业基本理论和专业技能，能够适应国民经济和社会发展需要，特别是国家轨道交通领域发展需要以及我校'交通特色鲜明的综合性研究型一流大学'的总体定位需要，能够综合运用测绘工程及相关学科理论和专业知识，在轨道交通、自然资源、城市规划、军事国防等领域，从事测绘地理信息生产、科学研究、技术管理和教育教学等方面工作的交通特色鲜明的复合型测绘人才。"与此相关的毕业要求、教学活动、课程设置等联动进行修订和优化。新的专业培养方案中，总学分由 169 调整到 158；7 门课程变更名称："空间数据库"改成"数据库原理与应用"，"卫星定位技术与方法"改成"卫星导航定位原理"，"精密工程测量与变形监测"改成"变形监测与分析"，"空间大地测量"改成"卫星大地测量学"，"位置服务技术与应用"改成"组合导航与位置服务"，"工程控制网课程设计"改成"测量数据处理与综合分析课程设计"，"土地管理与地籍测量"改成"不动产测量"；减少了 7 门课程："从数字地球认识空间信息技术"、"测绘学漫谈"、"大学计算机基础 A"、"测绘学概论"、"数值计算 C"、"软件工程"、"工程力学"；增设了两门课程："大学物理实验Ⅰ、Ⅱ"、"高等测量平差"；部分课程进行合并："测量学"和"数字地形测量"合并成"数字地形测量学"，"测绘工程监理学"与"测绘法律法规与项目管理"合并成"测绘法律法规与项目管理"。2019 版培养方案的制定增加了对测绘新技术内容的覆盖面，强化了测绘工程专业的测量数据处理能力，并更加突出了实践教学，增加了实践教学的比重，同时保持自身优势特色，在高速铁路变形监测、轨道交通设施精密测量等领域保持领先。

2019 年 10 月，测绘专业工程教育认证再次迎来专家组的现场考查(见下图)。在肯定首次认证后取得的改进成果后，认证专家们着重从专业机制、教学改进、学生培养与师资力量等方面提出了有待改进的问题，这充分表明认证永远是一个进行时态，没有最好，只有更好。这一理念也诠释了工程教育走向国际、追求卓越的生命力。应该说，专业工程教育认证为高水平本科教育提供了制度化保障和持续动态优化的范式，是专业争创国内一流和国际水准的必由之路。

（a）

（b）

▲测绘专业认证会现场

2019年4月，教育部启动实施一流本科专业建设"双万计划"，计划2019至2021年建设1万个左右国家级一流本科专业点和1万个左右省级一流本科专业点。旨在通过一流专业遴选和建设工作，推动高等教育"质量革命"，全面提高人才培养质量，全面振兴本科教育，实现高等教育内涵式发展。面向各类高校、全部专业，突出示范领跑，分中央、地方高校两"赛道"建设，分认定、认证"两步走"实施。

2020年1月，教育部实施"双万计划"的首批评选名单公布，共认定4 054个国家级一流本科专业建设点。其中，中央高校1 691个、地方高校2 363个。西南交大共有22个国家级一流本科专业建设点，地学学院的测绘工程和地质工程两个专业成功入选。从全国范围看，测绘工程有18个全国一流专业点，包括武汉大学、同济大学、中国地质大学（武汉）、北京建筑大学等校，而已经通过工程教育认证的有约50所高校，更凸显了国家一流本科专业点的含金量。地理信息科学有5个全国一流专业点，20个省级一流专业点；遥感科学与技术有2个全国一流专业点，5个省级一流专业点。

测绘遥感信息系的地理信息科学、遥感科学与技术两个本科专业开办稍晚，同样具有较好的基础。参照和借鉴测绘工程专业的成功建设之路，同样具有接受认证、争创一流的内在要求。事实上，测绘地理类3个专业各有侧重，互有关联，借助测绘工程专业的带动力、引领力和积累的丰富经验，地理信息科学专业、遥感科学与技术专业应该、也能够进一步提高教育质量，提升办学水平，迎接认证，争创一流。

著名情报学家、评价管理专家邱均平教授多年主持中国科教评价研究院（杭电）、中国科学评价研究中心（武大）、浙江高等教育研究院等研发、编制的《中国大学及学科专业评价报告》，将国内大学及学科专业的星级标记体系由5★+、5★、5★−、4★、3★、2★、1★组成，分别对应于大学或学科专业评价排名的前1%、1%~5%、5%~10%、10%~20%、20%~50%、50%~90%、90%~100%的大学或学科专业。其中，4★及以上的大学或学科专业统计为优秀级的大学或学科专业，5★+的大学或学科专业统计为顶级的大学或学科专业。

本科院校学科专业评价指标体系共设一级指标4个，二级指标17个，三级指标30个。一级指标包括师资队伍、教学水平、科研水平、学科声誉等4个方面，二级指标包括教师数、博硕士学位点数、科研项目数等17个方面，三级指标包括杰出人才数、全国性学生竞赛获奖数、国家自然科学基金项目数等约 30 个方面。

在该报告根据 2018 年的来源数据统计中,西南交通大学在有工学门类的 911 所高校中排名第十九,为 5★;在有测绘类学科的 144 所高校中排名第十,为 5★-;测绘工程专业在所有开办的 131 所院校中排名第九,为 5★-专业;地理信息科学专业在所有开办的 157 所院校中排名第十三,为 5★-专业;遥感科学与技术专业的开办院校有 36 所,西南交通大学排名第十一,为 3★。

在该报告根据 2019 年的来源数据统计中,西南交通大学在有工学门类的 1 151 所高校中排名第二十一,为 5★;在有测绘类学科的 166 所高校中排名第七,为 5★;测绘工程专业在所有开办的 152 所院校中排名第十一,为 5★-专业;地理信息科学专业在所有开办的 176 所院校中排名第八,为 5★-专业;遥感科学与技术专业的开办院校有 42 所,西南交通大学排名第十二,为 3★。

由此报告可以看出,地理信息科学专业呈现出明显的上升势头,遥感科学与技术专业排位比较稳定,只要采取针对性的措施,励精图治,超越前面的一些学校完全可能,升位提质仍有不小的空间,从而整体上继续提升西南交大测绘教育的水平。

三、测绘一级学科参加教育部评估

对学位授权点进行评估,是由教育部主导的政府评估,具有权威性。从 1997 年开展的对前四批博士、硕士学位点的基本条件合格评估,到 2001 年建立学位点定期评估制度;从 2005 年的博士点定期评估,到 2014 年学位点合格评估的常态化,建立了国家研究生教育质量保障的制度与政策工具。

而学科评估是教育部学位中心开展的一级学科水平评估,属于第三方评估,具有极高的公信力。2017 年 1 月,教育部、财政部、国家发改委联合印发《统筹推进世界一流大学和一流学科建设实施办法(暂行)》,提出了遴选的条件、程序和支持方式,教育部一级学科评估是一个非常重要的参考指标。

始于 2002 年的这一评估迄今已开展四轮,2020 年将迎来第五轮学科评估。这对每一所高校、每一个学科都是一次新检阅、新挑战。地学学院成立后,一级学科"测绘科学与技术"参加了多轮评估,在全国的坐标系里看到了自己的位置与学科力量的演进。

以最近的第三、第四轮学科评估观察,其指标体系在一级指标上保持稳定,[1]共有 4 个:师资队伍与资源、人才培养质量、科学研究水平、学科声誉。第三轮设 17 个二级指标,而第四轮的理学、工学门类评估除二级指标外,还设置了三级指标,评估体系更加科学、精细和完备。特别是三级指标根据变化与需要作了较大的调整,增加了若干个指标项,有助于精准、量化的评估。比如,三级指标"师资队伍质量",就需要提供师资队伍的年龄结构、学历结构、学缘结构、职称结构、海外经历等基本情况,提供 25 名骨干教师(其中青年教师不少于 10 名)情况(年龄、学科方向、学术头衔、学术兼职等情况)和团队情况。新增了三级指标"导师指导质量"。以二级指标"科研成果"、"科研获奖"、"科研项目"来定义一级指标"科学研究水平"(含教师和学生)。将"科研成果"分解为 3 个三级指标:学术论文质量、专利转化和出版教材,并有明确的指标说明。所有数据采用公共数据、学校填报、专家调查、问卷调查。教育部学位中心的这一评估与其他的一些国内外榜单相较,体系科学、全面,无疑更加符合中国高等教育的实际,也更为精准。

2012 年的第三轮评估,[2]测绘学科全国有 18 所高校参评,其中测绘全国重点学科的 3 所高校全部参评;设有测绘博士一级学科的有 12 所高校,

---

[1] 王战军主编:《中国学位与研究生教育 40 年(1978—2018)》,北京:中国科学技术出版社,2018 年版,第 89—92 页。

[2] 本节关于交大测绘学科第三、第四轮评估的情况参考了朱庆、刘国祥教授的有关评估汇报和分析材料。

第六章 面向未来：学科群聚合地球科学与环境工程学院

参评的有9所，北京大学、山东科技大学、长安大学未参评。评估结果位于前8位的有11所高校，分别是：武汉大学（第一）、解放军信息工程大学（第二）、中国矿业大学（第三）、同济大学（第四）、中南大学（第五）、中国地质大学与西南交通大学（并列第六）、辽宁工程技术大学（第七），北京建筑工程学院、河海大学、河南理工大学三校并列第八。除北京建筑工程学院为测绘硕士一级授权单位、河海大学为测绘博士二级授权单位外，其余均为9所参评一级博士授权点的高校。

西南交通大学测绘学科整体水平得分70，排名并列第六。一级指标的得分与位次情况是：师资队伍与资源，得分65.9，位次十；科学研究水平，得分66.9，位次六；人才培养质量，得分71.7，位次九；学科声誉，得分81.1，位次六。位于前5名的高校，学科整体水平得分最高94、最低72，平均82.2。而在全部参评的18所高校中，学科整体水平得分最高94、最低63，平均70.5。

我校在二级指标中，"专家团队"并列第四，高端人才院士、长江学者、千人计划最具含金量，多为各校历史的积累，必须兼顾培养与引进；"专职教师数"在18个参评高校中位次并列第十一，在10个"博士授权"高校中最后一名，显然具有改进空间；"在校研究生数"位次列第十，在10个"博士授权"高校中最后一名，可见没有相当规模就难有巨大效益；"重点学科实验室情况"位次第十一，在10个"博士授权"高校中倒数第二，说明拥有自身高级别的实验室至关重要；"代表性学术论文质量"位次第六。"国内代表性论文他引次数和"因在国家级重点刊物论文少，位次第七。"国外代表性论文他引次数和"因有学术带头人的特殊贡献，位次第五，更加证明了没有广泛的国际学术交流与合作，就难有较大的国际影响力。"十五篇高水平学术论文"位次第五，表明没有基础研究，不立足学术前沿，不瞄准国家重大需求，就难有高水平成果；"科研项目情况"因缺乏国家级大项目，位次第十；"科研获奖"因缺乏国家级奖和省部级一等奖，位次第十，再次证明没有大项目难有大成果。"教学与教材质量"因缺乏教学成果奖，国家级精品教材少，位次第十；"学生境外交流人数"并不算多，位次并列第六；"优秀学生"位次第六；"授予学位数"因研究生规模太小，位次第十。

与上一轮评估相比，从参评10所高校中位列第九，几乎垫底，跃升到18所参评高校中的位列第六，说明我校的测绘学科已经步入上升通道，学科建设发展态势良好。

4年后的第四轮测绘学科评估，除前述评估指标及具体项目的变化外，参评单位数量激增，达到了35个。在34所高校中，具有一级学科授予权的有13所，参评率达到100%。评估结果采用"分档"方式进行呈现，即按照"学科整体水平得分"的位次百分位，将排名前70%的学科分为9个档次：A+为前2%（或前二名），A为2%—5%（不含2%，下同），A-为5%—10%，B+为10%—20%，B为20%—30%，B-为30%—40%，C+为40%—50%，C为50%—60%，C-为60%—70%。[①]

"学科整体水平"得分由"师资队伍与资源"、"人才培养质量"、"科学研究水平"和"社会服务与学科声誉"四项一级指标得分按指标权重计算得出。西南交通大学测绘学科位于B档。全国参评院校的评估结果如下：

A+，2个：武汉大学、解放军信息工程大学

A-，1个：中国矿业大学

B+，3个：北京大学、同济大学、中南大学

B，4个：山东科技大学、中国地质大学、西南交通大学、长安大学

B-，3个：辽宁工程技术大学、河海大学、河南理工大学

C+，4个：北京建筑大学、北京师范大学、东南大学、西安科技大学

C，3个：东北大学、东华理工大学、中国石油大学

C-，3个：江西理工大学、桂林理工大学、昆明理工大学

---

① 王战军主编：《中国学位与研究生教育40年（1978—2018）》，北京：中国科学技术出版社，2018年，第86—87页。

第六章 面向未来：学科群聚合地球科学与环境工程学院

西南交大测绘学科在 4 个一级指标中的位次情况是："师资队伍与资源"位次第八，"人才培养质量"位次第六，"科学研究水平"位次第九，"社会服务与学科声誉"位次第六。

各二级指标对学科整体水平有直接、紧密的关联影响。指标均衡性是对各指标发展的均衡程度进行分析，以此反映学科整体发展的平衡性，也反映学科发展相关因素的内部关系，这对于诊断学科内在关系具有一定的参考价值。学科整体水平及各项二级指标的位次关系见下图。图中阴影区域表示学科整体水平位次所处的区间（相当于基准线）。从中可以看出，师资队伍、在校生质量、社会服务、学科声誉等 4 个二级指标的位次优于学科整体水平。

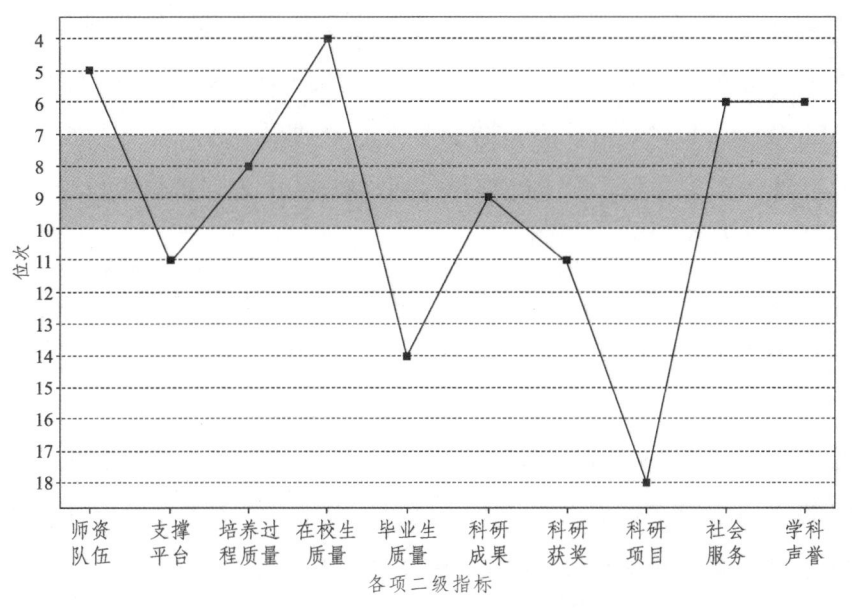

▲学科整体水平及各项二级指标位次关系图

二级指标"师资队伍"包括"师资队伍质量"和"专任教师数"两方面。"师资队伍质量"是指学科提供师资队伍的整体情况以及规定数量的"代表性骨干教师"与团队情况，由专家进行评价；"专任教师数"是指本学科的专任教师总数，此指标设置"上限"，超过"上限"均为满分。交大测绘学科得分 86，位次五，在 34 个参评单位中位于第一段

（一至五位）。

二级指标"支撑平台"指本学科的重点实验室、研究基地、研究中心等。交大测绘学科得分66.8，位次十一，在34个参评单位中位于第三段（十一至十五位）。

二级指标"培养过程质量"包括"课程教学质量"、"导师指导质量"和"学生国际交流"三部分。其中"导师指导质量"为主观评价指标，其余两项为客观指标。交大测绘学科得分70.2，位次八，在34个参评单位中位于第二段（六至十位）。

二级指标"在校生质量"包括"学位论文质量"、"优秀在校生"和"授予学位数"三部分。"学位论文质量"是指全国博士学位论文抽检情况；"优秀在校生"是通过15名优秀在校生及其在校期间取得成果的简要介绍来体现；"授予学位数"是指授予博士和硕士学位人数。其中"优秀在校生"为主观评价指标，其余两项为客观（定量）评价指标。交大测绘学科得分94.8，位次四，在34个参评单位中位于第一段（一至六位）。

二级指标"毕业生质量"包括"优秀毕业生"和"用人单位评价"两部分。"优秀毕业生"通过毕业生总体就业情况和近15年的20名优秀毕业生职业发展情况来体现；"用人单位评价"为此次评估的试点指标，通过对毕业生现工作单位相关人员进行问卷调查，请雇主对毕业生的职业胜任力、职业道德、满意度等进行评价。均为主观评价指标。交大测绘学科得分90.1，位次十四，在34个参评单位中位于第三段（十二至十六位）。

二级指标"科研成果"包括"学术论文质量"、"专著专利情况"、"出版优秀教材"三方面。其中"学术论文质量"为主观与客观结合的评价指标，另外两项为客观指标。"学术论文质量"通过扩展版ESI论文以及代表性论文来反映，前者是客观指标，后者为主观指标。交大测绘学科扩展版ESI高被引论文数在34个参评单位中位次十。"专著专利情况"通过已转化或应用专利数量和出版学术专著数量来反映学术成果的实际应用情况。交大测绘学科转化或应用专利数在34个参评单位中位次十二。"出版优秀教材"包括了出版国家级规划教材。交大测绘学科国家级规划教材数在34个参评单位中位次九。由此，二级指标"科研成果"得分68.7，位次九，在34个参评单位中位于第二段（六至十三位）。

二级指标"科研获奖"包括国家级科研获奖、教育部和其他省部级科研获奖以及重要社会力量设奖等。交大测绘学科国家级科研奖励位次为十。该二级指标交大测绘学科得分62.5，位次十一，在34个参评单位中位于第三段（十一至十六位）。

二级指标"科研项目"包括国家级科研项目和规定数量的其他重要的省部级、军队及横向科研项目。国家级科研项目包括科技部及国家自然科学基金委项目、国家社会科学基金等。交大测绘学科国家级科研项目到账经费数位次为十。由此，该二级指标"科研项目"得分64.3，位次十八，在34个参评单位中位于第四段（十六至二十一位）。

二级指标"社会服务贡献"，交大测绘学科得分83.4，位次六，在34个参评单位中位于第二段。

二级指标"学科声誉"，交大测绘学科得分90.3，位次六，在34个参评单位中位于第二段。

与上一轮评估相比，整体结果持平。在全部参评高校中，交大测绘学科"师资队伍与资源"、"人才培养质量"两个一级指标本轮位次与上轮相比都有所进步，"科学研究水平"一级指标本轮的位次与上轮相比有所退步，"社会服务与学科声誉"一级指标本轮位次与上轮相比基本持平。交大测绘学科"师资队伍"、"在校生质量"、"社会服务"、"学科声誉"等指标相对较强，"支撑平台"、"毕业生质量"、"科研获奖"、"科研项目"等指标相对较弱。学科整体水平的进一步提高，其难度依然巨大，必须有超常规之举，必须有更大的加速度，才有可能实现"弯道超车"。

第四节
创建国际化示范学院，打造测绘学科"国际范"

一、国际化示范学院：学科发展的高速"推进器"

"全球化"是 21 世纪的大趋势和显著特征。我国自改革开放后开始全面融入世界，在经济、文化、教育等各个方面开启了亘古以来最为深刻的国际化进程。教育面向世界、面向未来、面向现代化，从方针指引到伟大实践，经过 40 多年的奋斗，中国正从教育大国向教育强国迈进。西南交大创始于晚清，从"洋务"中学习西方的科学技术，洋教习、洋课本，办的是"洋学堂"，可以说一开始就具有国际化的基因，但这只是被动的选择。而百年后的国际化道路却是我们主动、自信的拥抱，是建设综合性研究型大学、实现跨越式发展的必由之路，更是新世纪、新时期学校发展的坚强意志。

2008 年，学校在第十三次党代会报告中把"开放与国际化工程"列入学校重点发展的"八大工程"之一，明确提出要"不断提升国际化水平"。2014 年，学校国际化战略推进大会将"国际化战略"作为学校发展的三大战略之一。2015 年，学校第十四次党代会确立了人才强校、国际化和数字化"三大战略"。随着国家高铁"走出去"和"一带一路"倡议的实施，学校先后制定了实施国际化战略的一系列文件，为学校国际化实施提供政策保障。在推进建设世界一流大学和一流学科的行动中，国际化的作用重大而关键。

在国际上，地学学科历来备受重视，它与全球性的资源和环境问题密切关联。地学学院所涵盖的测绘、地质、环境学科具有很好的基础和一定的实力，但在发展中也遇到了"瓶颈"和极大挑战，需要寻找突破口，以强有力的改革实现追赶和超越，使地学学科的国际排名跻身世界前 1%。学校高度重视地学学院的发展，坚决支持学院推进创办"国际化示范学院"，

第六章 面向未来：学科群聚合地球科学与环境工程学院

并在2017年将地学学院、土木工程学院列为全校实施校院两级综合改革的试点学院。在学院综合改革实施方案中，将早前已经推进的国际化示范学院申建工作确定为学院"518改革工程"之一，在全面推进学院的改革中实施"国内领先、世界知名"的国际示范学院申建工程。

按照这一改革实施方案，在5年建设期内，围绕"建成国内一流、具有国际影响力、地学特色显明的国际化示范学院"一个目标，开展8项改革工程建设，即"国际惯例、中国特色"的管理体制机制创建工程，"对标国际、地学特色"的一流学科专业争创工程，"国地联合、实践示范"的产学研用平台建设工程，"中外融合、专兼一体"的师资队伍分类建设工程，"一带一路、三极·四深"[①]的科学技术研发创新工程，"胸怀祖国、放眼世界"的人才培养质量提升工程，"混合所有、多方共赢"的建设发展资金筹措工程，以及"国内领先、世界知名"的国际示范学院申建工程。八大工程都有具体的目标，以及详细的措施和达成路径。显然，这是一个具有中国特色和国际视野的综合改革系统工程，它涉及机制、管理、资金、人才、平台、研究、学术几乎所有核心要素，通过建设国际化示范学院这个"推进器"，最终实现人才培养和学术学科的一流水平、交大特色，具备国际影响力。

国际化示范学院的建设目标，就是要以学院综合改革试点为契机，不断完善管理机制、提升服务水平、加强教学科研基础设施建设；以系统引智、团队对接的方式，引入国际通行的高等教育运行模式；通过国际标准教学环境建设，逐步实现教学、管理与国际接轨，理念、规则、文化与国际相通，建成既符合国际惯例，又具有中国特色的地学教育教学改革样板，推动地学学院内涵式发展。

要实现这一目标的主要举措包括：

加强国际化管理体系建设，引进和创新管理理念和模式。对标国外知

[①] "三极·四深"是指国务院发布的《"十三五"国家科技创新专项规划》中提到的要构筑国家先发优势，围绕"深空、深海、深地、深蓝"和"南极、北极、青藏高原"，发展保障国家安全和战略利益的技术体系。

名大学地学管理模式，采用"三层级"委员会管理体系，聘请负责科研和本科教学的外籍副院长。以中方书记和院长为领导，自上而下设立决策委员会、管理委员会、工作委员会和海外顾问委员会。建立国际化行政运转机制，而实际的步伐有些比计划迈得还要大。2018年12月，地学学院聘请来自德国波恩大学的Lutz Plümer教授为院长，刘国祥教授改任执行院长，发挥各自优势与所长。随即又聘请原日本东京大学教授Shuhei Okubo为副院长。德国科学院院士、德国慕尼黑工业大学前常务副校长孟立秋教授出任学院国际化建设顾问。

加强系统引智和团队对接，提升师资队伍国际化水平。测绘、地质、环境等学科都要引进数名外籍全职教师或专职科研人员，引进海外博士，建立中外专家联合的研究生指导团队，中外教授联合开发研究生核心课程，构建"本、硕、博"全英文人才培养体系，鼓励和资助教师海外交流访学，逐渐实施全英语（双语）教学计划。

加强国际化人才培养体系建设，完善育人国际化环境和平台。全方位引进留学生，建立暑期研修班或夏令营，扩大中外交换生和交流生规模，引进外籍教授为课程教学带头人，加快全英语课程建设步伐，加强测绘、地质等专业外文原版教材引进的深度和广度，形成学生访学和游学机制，与国外高校建设联合培养项目。

加强国际化科学研究体系建设，提升科学研究国际化水平。结合地处西部靠近西藏的地域优势和多学科协调发展的特色，将测绘、地质、环境和消防学科深度融合，针对青藏高原地质环境变迁问题及其对全球的影响这一研究热点，面向全球招聘和组建研究团队，开展青藏高原山地灾害、地表系统各圈层相互作用、深部-表层相互作用、气候环境变化等范围甚广的研究，建设适合地学学院发展和国际化的Niche Area。

作为地学学院历史悠久和主要的学科，测绘学科肩负着使命，承担着重任。在培育和引进院士、国家级人才计划人才、"长江学者"、"杰青"获得者、"四青人才"等高层次人才方面必须有更大的作为和贡献；在科技研究创新工程中，着力解决 3S（GPS、GIS、RS）领域与国民经济建设主战场中空间信息获取与应用的热点和难点问题，大力发展高速铁路精密工程测量成套技术、北斗卫星导航定位技术、永久散射体雷达干涉测量技术、多维动态 GIS 与虚拟地理环境技术、空间数据多尺度表达与时空大数据挖掘技术和高分辨率遥感卫星影像获取、月球和火星的表面地形图测绘技术，开发高铁轨道检测仪、车载近景轨道摄影系统、无人机影像获取系统等产品。

地学学院创建国际化示范学院无疑是交大国际化发展进程中的创举，也是学科建设中争创一流、跻身国际的生动实践，得到了学校领导的高度关注，一直给予鼓励、指导和大力支持。时任校长徐飞在西南交通大学国际化战略推进工作大会讲话上指出：国际化是大势使然，是西南交通大学建设高水平研究型大学实现跨越式发展的必由之路。2014 年 5 月，冯晓云副校长出席聘请日本岛根大学减灾研究中心主任汪发武教授为地学学院海外院长的聘任仪式，为他颁发聘书。

2016 年 1 月，地学学院引入国际同行评估，聘请德国、美国、意大利、日本和中国香港的学界著名学者、专家开展地学学科专业国际评估。主席由德国科学院院士、德国慕尼黑工业大学原常务副校长孟立秋教授担任。专家就管理团队、师资队伍、人才培养方案、实习实践条件、国际化、学生培养质量等方面进行评估，找出与国际同行的差距，明确了今后建设与发展的方向（见下图）。

（a）

天地经纬

（b）

▲国际同行专家来院考察开展国际评估

  2017年10月，王顺洪书记听取了学院王齐荣书记、刘国祥院长就学院推进综合改革、推进国际化示范学院申建、与OSU合作举办安全工程专业本科教育有关进展、国地实验室建设与学科公司建设等工作的汇报，他充分肯定了学院近年来在人才培养、学科建设、科学研究等各方面工作所取得的成绩，并就学院继续深化改革等工作提出了要求。王顺洪书记表示，学校充分肯定学院的改革决心与意志，将在政策与资源保障上给予支持。学院要特别重视做好体制机制创新、学科建设、引才引资特别是高端人才如院士的引进和培育、国重平台申建、创新团队建设、管理团队建设、办学活力激发等工作。学校全力支持地学学院国际化示范学院申报与建设，要以此为契机推动学院实现内部管理、师资队伍、人才培养、学科水平、科研成果等的全面提升和争创一流。

  2018年4月，学校党委副书记、校长徐飞一行来到学院调研，与学院党政班子和教师代表座谈，听取了院长刘国祥所作"扎实推进综合改革，全面提升地学学科综合实力与教育教学质量"的汇报。徐飞对地学学院综合改革工作表示"充分肯定，高度评价"。他说，地学学院近两三年的发展态势让同行刮目相看。徐校长提出4点要求：

  第一，以一流为目标。学院要不断追求卓越、追求一流，敢于胜利，实现全方位一流。第二，以学科为抓手。通过学科建设带动其他实现一流。

第六章　面向未来：学科群聚合地球科学与环境工程学院

地学学院有多个一级学科，一定要分清主次，明确目标，有所为、有所不为、有所先为、有所快为，争取取得排序上的突破。要高度重视学科国际评估和新工科建设。第三，以绩效为杠杆，进一步深化改革。第四，以改革为动力，通过"放、管、服"，推动重心下移，进一步解放生产力。徐飞特别强调，地学学院要以国际化示范学院申建为统领，进一步深化改革，做好综合改革试点单位的"排头兵"。

2018年12月20日，科学技术部党组成员夏鸣九同志莅临学校考察"高校国际化示范学院推进计划"。外国专家服务司副司长徐皓庆、领导班子成员易凡平、专家二处处长李娟娟，省科技厅副厅长、省外专局局长杨品华，省科技厅一级调研员王建红等领导专家，学校党委书记王顺洪，校长徐飞，副校长蒲云、姚发明，校长助理王晓茹等学校领导出席会议。地球科学与环境工程学院党委书记、执行院长刘国祥，院长 Lutz Plümer，副院长 Shuhei Okubo 等参加会议。由国家外专局、教育部共同启动的"国际化示范学院推进计划"始于2014年，西南地区高校迄今尚未有获批示范学院。

王顺洪书记表示，学校将扎实推进国际化示范学院申建工作。徐飞校长从学校认识、申请过程和支持保障三方面作示范学院申报工作汇报，并表示要全力落实"推进计划"相关政策，为地学学院申报国际示范性学院提供支持和保障。刘国祥作地球科学与环境工程国际化示范学院建设情况汇报，Lutz Plümer 汇报示范学院理念及发展规划。

在听取汇报和发言后，夏鸣九同志对学校学院关于国际化的推动工作予以充分肯定。他指出，"推进计划"的初衷是希望通过项目的实施，促进人才引进，通过平台政策的创新改革，吸引更多外籍专家来华，促进中外科技交流，促进管理体系与管理能力的发展。各高校均在积极实践，西南交大创造了自己更好的经验，夏鸣九说："非常期待学校和学院在国际化建设中绽放光彩，在申报过程中尽早取得成功。"会后，Lutz Plümer 院长一行再赴北京，向国家外国专家局外国专家服务司徐皓庆副司长汇报工作，徐司长对地学学院国际化示范学院建设工作进行了指导。

2020年3月11日，新任校长杨丹召集学校和学院相关领导召开地学国际化示范学院申建专题工作会。刘国祥执行院长以国际化示范学院申报与建设工作为重点，系统汇报了学院近期各项工作进展情况。国际处任新红处长、人事处刘长军处长就"高校国际化示范学院推进计划"、外籍专家引进相关条件、工作流程做了介绍性发言。姚发明副校长表示，近两年地学学院学科建设成绩显著，潜力巨大，经过近10年的耕耘，学院国际化发展基础较好。当前国际化示范学院的申报、筹建工作，作为学校国际化战略一项重点工程，学院内相关工作重要抓手，将进一步助力学校的"双一流"建设。杨丹校长做总结并指示，前期地学国际化示范学院筹建相关工作卓有成效，外专引智、国际化人才培养等工作是我国高等教育进一步对外开放的重要内容。学校要重点、持续支持地学学院国际化示范学院的申建工作，希望地学学院通过国际化示范学院的建设以及相关工作的开展，持续提升学院人才培养质量，推进高水平科研平台的建设，利用学科优势服务学校"双一流"建设、服务国家重点发展战略。

国际化示范学院的建设任重道远，胸怀理想的奋进者勇往直前。

二、测绘学科的国际化进行时

学科的国际化是一种追求，也最终会成为一种范式。可以说，西南交大的测绘学科一开始就具有浓厚的国际色彩。在学习和追赶的过程中，测绘学人逐渐建立起自信，以对科学的热爱和学术探究的精神，广交朋友，海纳百川，登高望远。1980年康奈尔大学梁达教授的来访，重新激活了测绘学人、测绘研究与欧美同行的交流互动；90年代开始的留学、合作研究开始了与国际测绘学术界的密切关联。地学学院成立后，测绘学科的国际交往与合作空前活跃，步子越走越大，越来越具"国际范"。

第六章 面向未来：学科群聚合地球科学与环境工程学院

开放与合作是全方位的，从国内到国际、从教师到学生、从接触到同行。方式和途径是丰富多元的，从兼职任教到合作研究，从你来我往到并肩战斗。在交流中激发灵感，在合作中探究未知，在发展中携手向前。收获和成效是丰硕喜人的，新一代测绘学人在国内外学术界开始崭露头角，对标国际，超越自我。

从1993年聘请李德仁院士、陈永奇教授为顾问教授开始，一大批业界专家、学者受聘担任名誉教授、顾问教授，应邀来校讲学，合作指导研究生，联合承担研究课题。据不完全统计，学院聘请了数十位测绘学术界的知名专家、教授为顾问教授或研究生联合导师，借助专家力量，引入学术资源。先后聘请清华大学学术委员会副主任委员、理学院院长、地球系统科学系主任宫鹏教授为顾问教授；聘请教育部长江学者特聘教授、兰州交通大学测绘与地理信息学院闫浩文院长为兼职教授，聘请自然资源部大地测量数据处理中心主任郭春喜先生为兼职教授并作题为《现代测绘基准体系及其应用》的学术报告；聘请中铁大桥院党委书记、副董事长、湖北省测绘行业协会副理事长、湖北省测绘地理信息学会副理事长田道明先生为兼职教授；聘请北京师范大学地表过程与资源生态国家重点实验室副主任陈晋教授为兼职教授并作题为《遥感物候探测及应用》的学术报告；聘请中国测绘科学研究院党亚民研究员为兼职教授并作学术报告；聘请四川省第一测绘工程院谭明建院长、陈现春总工，成都市城市勘察测绘研究院张成院长、刘晓华分院长为地学学院研究生联合导师。

测绘学术交流近年来十分频繁，广大教师和学生积极参与，向同行学习、相互切磋，拓展了认识，启发了思考，对国内、国际的研究前沿工作有了更加深入的理解和认识，同时有机会进行面对面的交流，增进了彼此的友谊，也为开展合作创造了契机。

2011年12月，在地学学院成立一周年之际举办的测绘学科学术报告会上，校友、中铁二院测绘工程设计院总工程师卢建康作《测绘新技术在铁路勘测设计中的应用》的报告；校友、中铁咨询集团有限公司航测遥感院院长曾若飞作《高速铁路轨道紧密测量技术的创新与发展》的报告；校友、台湾"中央研究院"博士后研究员袁林果作《利用GPS技术研究地球潮纹形变》的报告。

学校、学院与中国测绘科学研究院共同举办"2012中国测绘与地理空间信息科学进展研讨会"，测绘学界院士、专家云集。原国家测绘局局长、总工程师、中国科学院院士陈俊勇教授作题为《"十二五"中国测绘与地理空间信息科学展望》的报告；中国工程院院士宁津生教授作题为《中国测绘与地理空间信息学的发展》的报告；中国科学院院士、中国工程院院士李德仁教授作题为《高分辨率对地观测的若干前沿科学课题》的报告；中国科学院院士杨元喜教授作题为《北斗定位与导航技术进展》的报告；中国工程院院士李建成教授作《中国大地水准面精化进展》的报告。在大会报告中，中国测绘科学院院长张继贤作《合成孔径雷达测图技术进展》的专题报告；国家基础地理信息中心总工程师、国际摄影测量与遥感学会秘书长陈军作《全国1∶5万数据库更新工程的技术创新》的专题报告；中国科学院测地所所长孙和平作《重力场与地球内部动力学研究进展》的专题报告；国家测绘局卫星应用中心副主任、资源三号卫星应用系统总设计师唐新明作《测绘卫星技术进展》的专题报告。

在学院承办的2012年中国地理信息科学理论与方法学术年会上，科技部原部长徐冠华院士作题为《全球变化与可持续发展》的报告。中科院地理所副所长周成虎教授、中国地理信息产业协会理论与方法委员会主任委员龚健雅院士、电子科技大学互联网科学中心周涛教授分别作题为《对地理信息系统发展的若干思考》《卫星遥感影像高精度定位与定标方法》《空间复杂网络研究进展》的主题报告。

由四川省测绘地理信息学会、国家遥感中心四川分部和地学学院联合主办"测绘地理信息发展报告会"，特邀全国政协常委、国家测绘地理信息局副局长李朋德博士作《地理信息的创新驱动与转型发展》的主题报告

（2015年）。受教育部"春晖计划"和地学学院联合资助，由德国地学中心、斯图加特大学、汉诺威大学、柏林工业大学的研究员和博士生组成的留德测量博士交流团一行7人来院进行学术交流。测绘学科青年教师和博士生与留德测量博士交流团成员联合举行了大地测量学与测绘工程专题学术交流研讨会（2015年）。

2014年12月，由中德科学中心资助，西南交通大学和德国海德堡大学共同主办了"全球多维制图与服务"中德研讨会。中德双方对各自的研究兴趣和科研条件进行充分的交流，并对当前本领域的研究热点以及共同感兴趣的科学问题进行深入的研讨，为以后开展中德双边实质性联合研究指明了方向。同时对双方在科研制度和文化方面也进行了深入的交流，为进一步建立科研上的深入合作奠定了基础。

国内同行、学者和国外学者来访进行广泛的交流、举办专题讲座和报告，测绘学科的学术氛围空前浓厚。

国家杰出青年基金和中国科学院人才计划入选者孙和平研究员作主题为《固体地球潮汐与地球动力学问题研究》的报告（2014年）。国家测绘地理信息局副局长王春峰、国家测绘地理信息局总工程师李志刚、中国测绘科学研究院副院长吴岚、国家测绘产品质量检验测试中心副主任翟义青、国家基础地理信息中心处长蒋捷、国家基础地理信息中心高工陈利军、国家基础地理信息中心高工郑义、四川测绘地理信息局副局长刘宇等来院进行调研和交流。南京师范大学地理科学学院院长、虚拟地理环境教育部重点实验室副主任汤国安教授来院作题为《基于 DEM 的黄土高原地貌形态空间格局研究》的学术报告（2015年）。武汉大学潘正风教授应邀来院作题为《高速铁路轨道平面控制网测量原理的探讨》的学术报告（2016年）。学院在图书馆二号报告厅举办以"中国测绘地理信息重大工程建设与'十三五'展望"为题的学术讲座，邀请国家测绘地理信息局副局长、中国测绘学会理事长李维森主讲（2017年）。国家基础地理信息中心总工程师陈军教授来院举办主题为"Globe Land 3.0 服务计算机研究与应用"的讲座

（2017年）。中铁第一勘探设计院集团有限公司副总工程师、轨道交通工程信息化国家重点实验室常务副主任、校友任晓春教授来院举办关于现代轨道交通空天地智能感知技术的学术讲座（2018年）。中国科学院成都山地灾害与环境研究所刘巧副研究员应邀来访，并针对"山地冰川动态及其遥测"主题作学术报告（2018年）。武汉大学资源与环境科学学院院长杜清运教授、南京师范大学地理科学学院副院长王永君副教授来院举办学术讲座，进行学术交流（2018年）。深圳大学校长、中国测绘学会副理事长、中国地理信息产业协会副理事长李清泉教授应邀来院进行学术交流，举办学术讲座（2018年）。同济大学博士生导师、国家优秀青年科学基金获得者李博峰教授来院进行学术交流，作题为《GNSS高精度定位关键技术》的学术报告（2018年）。武汉大学测绘遥感信息工程国家重点实验室副主任、长江学者特聘教授吴华意应邀来院访问，就"时空大数据计算的实践与思考"这一主题举办专题讲座开展学术交流（2019年）。华中科技大学罗志才教授来院为师生作学术报告（2019年）。中国科学院精密测量科学与技术创新研究院闫昊明研究员、张子占研究员以及武汉大学测绘学院丁浩教授、潘元进特聘副研究员联袂来院举办学术讲座（2019年）。

香港中文大学太空与地球信息科学研究所张鸿生研究助理教授率部分硕士研究生来院，与遥感信息工程系的师生开展为期一天的"遥感与空间地理信息"专题学术研讨活动。香港中文大学地理与资源管理学系林珲教授来院作题为"地理信息科技与政府管理信息化"的学术讲座（2014年）。香港理工大学土地测量与地理资讯系教授、全球华人GPS协会前主席陈武先生来院，就全球导航卫星系统从单一导航系统到多功能系统的发展历程发表演讲（2017年）。台湾"中央研究院"地球科学所研究员、台湾地区杰出女科学家新秀奖获得者许雅儒女士来院进行学术交流，举办学术讲座（2018年）。

德国波恩大学Plümer教授、Juergen Kusche教授应邀来校访问并开展学术交流（2017年）。美国Old Dominion University李江副教授应邀作题为"机器学习方法在高维数据处理中的研究"的学术报告（2014 年）。美国亚利桑那州立大学地理科学与城市规划学院院长 Wentz 教授学院访问，介绍亚利桑那州立大学的地理学研究情况和 GIS 学科硕士点，期待能与我校建立国际合作与交流平台（2014 年）。澳大利亚新南威尔士大学王金岭教授应邀来院作题为 Modelling and Quality Control in Geospatial Mapping and Navigation—Progress and Challenging Issues 的学术报告（2016 年）。英国伦敦大学学院（UCL）土木环境与测绘工程系教授、Space Time Lab 实验室主任程涛先生来院作题为 Space-Time Analytics of Big Data for Smart Cities 的学术报告（2017 年）。国际大地测量学领域顶级杂志 Journal of Geodesy 主编、德国波恩大学大地测量与地球空间信息研究所全职（W3）教授 Jürgen Kusche 先生来院进行访问和交流（2017 年）。美国俄亥俄州立大学杰出学者 C.K.Shum（沈嗣钧）教授来院进行学术访问，并作题为《利用 GRACE 重力测量进行地球质量迁移研究》的学术报告（2017 年）。奥地利维也纳大学地理和区域研究系地图学和地理信息科学讲席教授 Wolfgang Kainz 先生来院进行访问和交流（2018 年）。日本东京大学大久保修平（Okubo Shuhei）教授、日本京都大学徐培亮教授来院举办学术讲座（2018 年）。英国 Mapping Earth Resources Ltd 公司高级咨询师 Vijay Vohora 博士应邀来院进行学术访问，并针对 Suitable Approaches for Smart Cities and Our Life 主题作学术报告（2018 年）。美国爱荷华大学副教务长、国际项目部主管 Downing Thomas 教授带队一行 4 人来访，进行交流座谈（2018 年）。德国慕尼黑工业大学 Uwe Stilla 教授一行 3 人来院访问，作题为 Change Detection of Urban Objects Using 3D Point Clouds 的主题报告（2019 年）。美国蒙大拿大学理工学院地球物理工程系周小兵教授来院举办"基于雷达的土壤湿度遥感研究"的讲座（2019 年）。Esri 团队到访学院并讨论建立 Esri-西南交通大学空间智能地图与 LiDAR 卓越中心事宜（2019 年）。

▲交大地学学院与中科院联合举办的 2018 国际学术会议

▲测绘学科相关学术活动丰富多彩

2019 年 3 月，经过严格国际评选，西南交通大学地球科学与环境工程学院正式被接纳为 UN-GGIM（The United Nations Global Geospatial Information Management，UN-GGIM）学术网络工作组成员，是目前中国范围内继武汉大学之后第二个成员单位。2020 年又成为联合国开放式 GIS 计划的成员。目前，UN-GGIM 学术网络工作组由 41 个成员组成，涉及 29 个国家。UN-GGIM 学术网络是一个由国际认可的大学、研究机构和教育中心组成的联盟，其主要目标是通过在地理空间、土地信息和相关研究和教育上的协作和战略咨询，促进全球获得联合国千年发展目标及其附属成员的研究和教育能力，进而确定和应对联合国千年发展目标及相关联合国办事处面临的挑战和机遇。学校派出测绘学科教师多次参加 UN-GGIM 在

第六章　面向未来：学科群聚合地球科学与环境工程学院

世界各地举办的专业活动。

地学学院还积极参加国际上地球观测领域内最大的政府间多边合作组织——地球观测组织（Group on Earth Observations, GEO）的活动。2017年10月，科技部黄卫副部长作为中国代表团团长和GEO中国联合主席、国家测绘地理信息局李朋德副局长作为中国代表团副团长，率领中国代表团出席了在美国华盛顿罗纳德·里根会议中心召开的第14届全体会议（及第41、42届执委会、边会、闭门会、科技成果展览和其他科技主题活动）及执委会等有关活动。地学学院教师张瑞作为西南交通大学代表随团参加了边会、执委会、全会、科技成果展览、中国日主题活动、闭门会等工作。此次出访的中国代表团由来自12个中国GEO部际协调工作组部门（包括科技部、中科院、气象局、测绘局、科工局、发改委、民政部、住建部、教育部等）代表和参与GEO工作的高校（清华、北大、北师大、西南交大、云南师大等）代表及相关企业代表50余人组成，为GEO历史上中国代表团出访规模最大的一次。地学学院在GEO框架下积极申请国际合作计划项目，利用GEO国际合作平台的导向优势，引领相关学科按照国家战略需求和国际化方向加速发展。

越来越多的本科生、研究生、青年教师参加到国内外的学术活动中，测绘学科的合作之路越走越宽，一些教师和研究生已经在学术上展露才华，获得奖项，测绘学术生命力的接力传承呈现出美好前景。

卫星重力测量是国际大地测量领域的研究热点，博士生谷延超在范东明教授和游为博士的指导下撰写的学术论文"Comparison of observed and modeled seasonal crustal vertical displacements derived from multi-institution GPS and GRACE solutions"被地学领域顶级国际期刊 *Geophysical Research Letters* 正式接收并在线发表。该论文是测绘学科首次以西南交通大学为第一署名单位发表在该期刊的学术论文，并得到评阅人的高度评价。2019年2月，地理学领域国际顶级期刊 *AAAG*（*Annals of the American Association of Geographers*，美国地理学会会刊）在线发表了学院硕士研究生蓝天为第一作者、导师李志林教授和张红副教授共同署名的题为《从道路网结构分形透视城市异速生长》("Urban Allometric Scaling beneath Structural Fractality of Road Networks")的论文,这是学院硕士研究生首次在该国际顶级刊物发表学术论文。博士生戴可人在英国纽卡斯尔大学 Zhenhong Li 教授和学院刘国祥教授联合指导下,地学学院 InSAR 研究团队与英国纽卡斯尔大学 InSAR 研究团队(Zhenhong Li 教授领导)合作完成的学术论文被遥感领域顶级国际期刊 Remote Sensing of Environment(简称 RSE)正式接收并在线发表。

在大地测量与导航 2017 学术年会、第三届"中国大地测量和地球物理学学术大会"、2018 中国地理信息科学理论与方法学术年会、2019 年中国地理信息科学理论与方法学术年会、人工智能时代测绘科技前瞻论坛暨第六届 GNSS 监测评估技术研讨会、首届联合国世界地理信息大会、"重力卫星数据处理"青年论坛、第六届全国虚拟地理环境会议、Light Conference 光学周系列活动、"互联网+时代的地理平台"研讨会、智能对地观测与应用会议(IEOAS 2015)、第 26 届和 29 届国际制图大会(ICC)、第 35 届国际地球科学与遥感大会、荷兰 Geo Delft 2018 Joint Conferences 等众多学术场合,我校测绘学科教师和学生踊跃参会,聆听名家报告,作口头报告交流,展现交大学人的风采。博士研究生李萌的论文《利用 GPS 超高频数据准实时反演 Mw6.6 级芦山地震三要素》获"第五届中国卫星导航学术年会"优秀论文奖;在第五届武汉国际地球空间信息技术与产业发展论坛暨 2014 年第五届高校 GIS 论坛上,朱庆教授获得论坛颁发的"高校十大 GIS 创新人物"奖,他指导的博士研究生谢潇获得"高校 GIS 新悦奖"。在第七届高校 GIS 论坛上,朱军教授获得"高校 GIS 创新人物"奖,博士研究生刘铭崴获得"高校 GIS 新秀"奖,胡翰博士、刘涛教授获得"高校 GIS 新锐"奖。在第九届全国高校测绘学科大学生科技论文竞赛中,地学学院共获得特等奖 2 篇、一等奖 1 篇、二等奖 3 篇,取得参加该项赛事以来的最佳成绩。在第九届和第十届西藏新疆西伯利亚多元观测与解释(TibXS)国际学术研讨会上，博士研究生陈昌福、李秦政分别获得最佳论文奖、优秀论文奖。在第三届中国大地测量和地球物理学学术大会上，博士生张鲁鹏作学术报告，并荣获大会优秀研究生论文奖。硕士研究生张琳琳荣获中国测绘学会2018年青年优秀学术论文一等奖。在第十届全国高等学校测绘学科大学生科技创新论文大赛中，地学学院大学生表现优异，共获特等奖1篇、一等奖4篇、二等奖4篇，获奖数量再创新高。博士生付萧、赵孔阳荣获2018年英特尔奖学金。硕士研究生李茂粟在2018全国博士生学术论坛（测绘科学与技术）荣获优秀论文奖。学院荣获第三届四川省大学生测绘技能竞赛团体一等奖、第五届全国高等学校大学生测绘技能竞赛团体二等奖。

朱庆教授在2015年全国博士生学术论坛（测绘科学与技术）做特邀报告。在国家遥感中心四川分部"西南环境与安全遥感定量化理论及应用"学术研讨会上，青年教师张瑞博士应邀作《高速铁路沿线环境隐患与沉降监测》的报告（2015年）。青年教师叶沅鑫博士应邀到德国航天局和慕尼黑工业大学作主题为《光学和雷达影像自动快速精确匹配》的学术报告，受武汉大学遥感信息工程学院邀请作主题为《快速鲁棒的多模态遥感影像自动配准框架和系统》的学术报告（2017年）。

袁林果副教授成功入选2016年度遥感青年科技人才创新资助计划，张瑞、陈敏随后接踵入选；尹高飞副教授以优异成绩荣获欧盟玛丽居里学者基金（Marie Skłodowska-Curie Individual Fellowships），为国内遥感领域首位获此殊荣的青年学者。他在该计划资助下，与西班牙生态与林业应用研究中心（Ecological and Forestry Applications Research Centre）开展国际合作研究。他还受邀担任 *IEEE GRSL* 杂志副主编。刘成龙教授被评为四川省第十二批有突出贡献的优秀专家，陈强入选第十一批四川省学术和技术带头人后备人选。青年教师陈敏、张瑞博士入选学校首批"雏鹰学者"人才计划。在第八届全国高等学校测绘类专业青年教师讲课竞赛中，青年教师钟萍博士和袁林果博士分别参加了"测量学"和"大地测量学基础"两门课程的角逐，并荣获一等奖和二等奖。在后两届的讲课竞赛中，张同刚副教授主讲"工程测量学"获得二等奖，高淑照、田玉淼、陈敏、游为四位教师分别获得"测量学"、"GNSS 原理及应用"、"摄影测量学与遥感"及"误差理论与测量平差基础"讲课比赛二等奖。加拿大籍 Saeid Pirasteh 先生、德籍 Bernd Wünnemann 先生等已来院全职工作，测绘教师团队的国际化色彩与活力更为凸显。

在教育部 2018 年度国家虚拟仿真实验教学项目认定中，朱庆教授负责、徐柱教授组织建设的测绘类"高速铁路虚拟场景建模与列车运行仿真实验"虚拟仿真实验教学项目获得国家认定。学院与德国汉诺威大学合作，选派测绘学科研究生参加汉诺威大学开设的硕士英文课程班（Geodesy and Geoinformatics）。2019 年 4 月，学院与香港理工大学土地测量及地理资讯学系在先前开展 LSGI 科研合作与研究生培养的基础上，签订了"硕士生招生合作计划"谅解备忘录。

2020 年 7 月，在地学学院成立 10 个年头的前夕，一个更加年轻、更有朝气的学院领导团队继往开来，开启了学院国际化建设的新征程。在犀浦校区四号教学楼里，"老外"面孔的教师还会增多，目前已有德、日、美、俄、加拿大、伊朗、巴基斯坦等国外教约 10 人。院长 Lutz Plümer、执行院长刘国祥，以及测绘遥感信息工程系新任系主任曹云刚和测绘学科各个团队，将在地学学院第二个 10 年、第三个 10 年……为预定的目标、为自己的选择，继续攀登、继续奋斗，完成一个属于交大也属于自己的、美好的科学故事。

苍茫寰宇，经天纬地。

测绘学科大事记

1896 年

5 月 4 日

津卢铁路总工程司、英国人金达（C.W.Kinder）上书铁路督办大臣胡燏棻建议创建铁路学堂，先在北戴河附近择选校址。称其"天气合宜，不拘冬夏，均可在近山一带学习测量，不致践踏禾苗"。

10 月 29 日

直隶总督兼北洋大臣王文韶奏请清政府设立铁路学堂，获光绪皇帝御批同意。

11 月 20 日

北洋官铁路局发布招生告白，专授造桥、造路工程，在天津公开招选头、二两班学生 40 名。

11 月

原开平武备学堂教官沙勒（Scheller）改任铁路学堂临时教授，负责工程课程，为学堂第一位测量教师。

1897 年

夏季

第一任洋总教习、英国人史卜雷（E.Sprague）先生到津，负责全部工程学课程，包括教授测量。

11月22日

全体学生由天津北洋大学堂转回山海关上课,确定课程包括有中文(散文、伦理),算学(算术、代数、几何、求积分法、三角、解析几何及微积分原理),物理(普通物理),力学(静力学、动力学及流体力学、工程及材料力学、机械及结构设计),制图、测量及水平测量(放线及土方设计、铁路曲线、道岔、道口、地形测量、水平测量),机械(机械原理、机械设备),铁路工程(路基、桥梁、涵洞),体操(操练、器械运动)。

1900年

3月28日

山海关铁路官学堂第一届毕业生获得证书者有17人,监督与史卜雷在证书上钤印、签字。证书上列明主要课程,包括测量与抄平。

4月

史卜雷先生任满回国,聘关外铁路工程司、英国人葛尔飞(G.P.Griffith)先生接任洋总教习。

6月

八国联军攻打津京,占领山海关。铁路学堂被迫停办。

1905年

5月7日

直隶总督、北洋大臣、关内外铁路督办袁世凯饬令在开平、唐山恢复铁路学堂。铁路总办梁如浩主持建校,复聘葛尔飞担任总教习,方伯梁任学堂监督。

1906年

12月

学堂聘工科教习柯谟(James A. Cormark)先生、阿德利(Charles Adderly)先生,矿科教习谭木(David Thomas)先生等陆续到校任教。

1907 年

春季

唐山路矿学堂制定路矿两科四年教学课程表，在二、三年级均开设测量课。

1908 年

本年

唐山路矿学堂通过洋行订购置一批较为先进的测量仪器。

1910 年

8 月

制订《唐山路矿学堂设学总纲》，重新修订课程表。规定在第一学年设测量课，并在暑期进行普通测量及铁路测量实习，第二学年设测地学及天文学课，暑期也安排野外测量实习。

1912 年

8 月

毕业于美国康奈尔大学研究院、获工程师学位的罗忠忱先生来校，为教授工程学课程的第一位中国教授。他主授力学，也兼授天文测量。

1915 年

暑期后

毕业于美国纽约州伦塞勒工科大学的伍镜湖先生来校任教，讲授平面测量、大地测量、天文、工程图画、铁路工程、铁道曲线及土方、隧道等课程，是我国最早讲授铁路工程测量的教授。

1917 年

本年

学校改称唐山工业专门学校后重订并向教育部备案学则，测量课程有所调整。

1921 年

9 月

合组后的交通大学京唐沪三校开学并进行系科调整，沪校土木科并入唐校，唐校机械科并入沪校，首次在四年级分门，进行专业教育。交大唐校课程体系以康奈尔大学为蓝本，测量教学亦有调整。

1923 年

秋季

本校 1916 届毕业生、美国麻省理工学院航空工程硕士黄寿恒先生来校任教，主讲数学课程，其中含最小二乘法。

1925 年

3 月

向美国订购的转镜仪、水平仪到校。

1928 年

6 月 28 日

南京国民政府交通部颁布《交通大学组织纲要》，本校更名为第二交通大学。

9 月

交通部公布《交通大学组织大纲》，将第一、第二、第三交通大学合并称交通大学，在上海、唐山和北平分设学院，本校更名为交通大学唐山土木工程学院。

本年

美籍测量教师毕登回国，此后学校再无外籍测量教师任教。

1929 年

10 月 5 日

伍镜湖教授率四年级学生赴塘沽进行水文测量实习，15 日返校。

1930 年

3 月 30 日

伍镜湖教授和裴冠西副教授率三、四年级学生赴塘沽、南口及西山等地进行测量实习，4 月 23 日返校。

1931 年

3 月

交通大学批准唐院恢复增设采矿冶金学系，在第二学年开设测量课和测量实习。

9 月

新聘测量副教授唐凤图先生到校授课，但仅月余请假。后由市政卫生工程副教授朱皆平代授，助教为董钟琳先生。

1933 年

7 月中旬

因国民政府于 5 月 31 日与日本签订塘沽协定，唐山暂时安定，除 1933 届在沪毕业外，其他学生北返，暂住交大平院，并由伍镜湖教授带领其在西山进行测量实习。

1934 年

2 月

本校 1930 届毕业生罗河先生返校任教，专职教授测量，从此终生在校任教，成为学校测绘学科的主要奠基人。

1937 年

6 月中旬

　　伍镜湖教授率领土木系 1938 届学生去塘沽进行水文测量实习,再赴北平西山进行铁路测量实习。实习未完即遭逢七七事变,伍镜湖教授带领同学们坚持完成实习任务。

8 月

　　唐山沦陷。时正值暑期,院长孙鸿哲重疾在北平住院。本校几十年惨淡经营积累起来的仪器、设备、图书和文卷档案全部弃留。

12 月 15 日

　　在杜镇远、侯家源、裴益祥等校友大力支持下,本校在湖南湘潭复课,从湘黔铁路局借用测量仪器上课。

1938 年

12 月

　　本校在迁往贵州中途到达桂林时,遭遇日机轰炸,新购得的少量图书、档案、行李物品及借用的测量仪器皆遭损毁。

1939 年

2 月中旬

　　本校在贵州平越县城(今福泉市)的文庙及福泉山等处觅得校址开学。院长茅以升向资源委员会资兴煤矿借用测量仪器以应教学之急需。

6 月 21 日

　　为旧历端午节(五月初五),学生们为伍镜湖教授五十五寿辰祝寿。

1940 年

本年

　　本校利用建校节省之经费,购得经纬仪、求积仪和气压计各 1 件,流速仪 2 件,小平板仪 10 件,水准仪 4 件。

1943 年

8 月 1 日

教育部聘罗忠忱任交大贵州分校校长。罗校长聘伍镜湖任教务主任，黄寿恒任总务主任，罗河任校长秘书。

1944 年

9 月

曾在本校任教多年的美国人伊顿（P.Eaton），受美国政府派遣来华协助发展工业教育，先后在重庆、平越专程访问唐山旧友罗忠忱、茅以升等人。

1946 年

6 月

奉教育部令，交大贵州分校所属平院、唐院各自独立。本院复员唐山，更名为国立唐山工学院，设土木工程系（分铁道工程、构造工程、水利工程、卫生工程和建筑工程五组）、建筑工程系（本年新设）、采矿系、冶金工程系和矿冶专修科（分采矿组和冶金组）。测量类课程重新调整。

10 月 10 日

土木系主任黄寿恒教授通过《唐院月刊》，就复员后土木系的课程设置、课时分配等问题畅谈设想。

1948 年

11 月 17 日

迫于时局，唐院师生南迁上海。

1949 年

7 月 13 日

中国人民革命军事委员会铁道部正式接管唐院，并与北平铁道管理学院、华北交通学院合并组成中国交通大学。

年末

学校测绘师资不足，聘宋卓民、王兆祥、邵福昕来校任教。

1950年

暑期

邵福昕教授带领毕业班学生进行同塘线初测，48、49级土木系学生赴沈阳作市政测量，黄万里教授带水利组学生做京津运河测量，此为学校有史以来测量实习规模最大、与生产实际结合最为紧密的一次。

10月

全国高校开始学习苏联体制，唐院在土木系成立测量教学研究指导组，简称教研组，罗河教授任主任。

本年

罗河教授在美国土木工程年刊上发表英文论文"Mathematical Analysis of an Aerial Survey"(《航空摄影的数学分析》)。此为中国学者首次发表的有关航测的论文。

1951年

3月25日

唐院抗美援朝工程队第一批70人出发赴朝，携带测量仪器经纬仪3台、水准仪2台及其他附属设备若干。该批工程队员于12月4日完成任务，光荣归来，其中27人立功受奖。全国高校中仅有唐院师生参加工程大队赴朝。

7月

唐院1946级毕业生卓健成、王效通留校，分配到测量教研组。

本年

铁道部拨款1 000万斤小米（因战时通货膨胀，经费按折合实物计算）补充教学设备，这笔经费主要用于进口测量设备，购买了世界名牌厂家

Kern 及 Wild 当时生产的新有型号的测量仪器。唐院的测量设备无论在数量还是品种上都居全国高校前列。

1952 年

9月8日—10月6日

罗河教授率领学生赴北戴河进行测量实习，并无偿为秦皇岛勘测河东寨到鸽子窝的公路一条。

本年

因院系调整，哈尔滨铁道学院部分师生并入唐院。测量教师李树阳、马德言、闫树椿、张庆珩、陆万邦和汪柱石6人来我校任教。

1953 年

7月

土木工程系毕业生傅晓村、朱文道和谭顺卿留校，任测量助教。

暑期

测量实习在北京潭柘寺进行，师生住寺内。

1954 年

2月

高教部在全国委托有关高校制定工科专业统一的教学计划，唐院负责若干铁路专业的教学计划。

暑期

测量实习在济南进行，住山东工学院。由于学生数量激增，部分刚新毕业留校的土木专业教师参与辅导。

1955 年

本年

▲测量教研组集体翻译苏联费多罗夫著《测量学》出版。

▲铁道部首次编写《铁路测量规则》，傅晓村参加此项工作。

1956 年

暑期

铁 55 测量实习在济南千佛山，住山东工学院。

1957 年

9 月

苏联专家格拉果列夫来唐院教授铁路航空勘测，历时半年，于 1958 年 3 月结束。

年末

为解决学生负担过重问题，高教部规定本科学制由 4 年改为 5 年（苏联学制为 6 年）。

1958 年

3 月

为贯彻教育与生产劳动相结合，唐院成立勘测设计总队。铁桥隧 58 届毕业班及部分老师参加，承担通（县）古（冶）线的定测，唐（山）承（德）线、滦（县）青（龙）线、卑（家店）水（场）支线、唐山枢纽和 6 条专用线的勘测。

6 月

兰州铁道学院成立，测量教研室主任宋卓民和周天恒、潘文科、何志坚等教师及实验员李汉良奉调支援，同时划拨测量仪器数十台。测量教研室主任职务由王兆祥接任。

本年

▲开始筹建铁路航测专门化。为此专门修建勘测馆，并购置或调拨立体量测仪、多倍仪、坐标测量仪和展点仪等。

▲由王兆祥和宋卓民合编的《测量学》教材由人民铁道出版社出版，

为学习苏联后自编的首本教材,曾被多所学校采用。

1959 年

1 月

在铁 55 级中抽调 26 名学生改学航测专门化,后赴北京铁道专业院航察处实习,于 9 月底毕业。其后又连续由铁 56、铁 57 抽调组成航 56-1(五年制)、航 56-2(四年制)和航 57 三个航测专门化班。航 57 毕业后在 1962 年毕业后,航测专门化停办。

3 月

组成支援农田水利队,参加河北保定、石家庄和邯郸 3 个专区的水库勘测设计工作。

5 月初

唐院召开"第一次函授工作会议",在全路开展 7 个专业的函授教育,其中铁道建筑、桥梁和隧道 3 个专业开设了"测量"课函授。

5—7 月

勘测设计总队承担山东文登至成山角、文登至石岛两线的初测,唐(山)承(德)线遵化至莫古峪的定测。勘测总队被评为铁道部先进集体。

10 月 20 日

▲成立支援水利建设勘测设计队,邵福昕教授任队长。首批队员由铁道系航 56-2 班学生和铁、桥两系部分教师组成,对沙河地区水利工程进行踏勘,进行洋河水库工程的勘测设计。

本年

▲傅晓村会同实验室教师制作了上百件测绘模型、教具,为教学服务。

1960 年

4 月 24 日

唐山市文教群英会召开,唐院有 5 个先进集体和 10 名先进工作者出席。

测量教研室邵福昕教授作为先进工作者，勘测总队作为先进集体，罗河教授作为特邀代表参加会议。

6 月 11 日

勘测设计总队作为先进集体，派代表赴京出席全国文教群英会。

12 月 1 日

教务处召开青年教师教学经验交流会，刘文熙介绍了他的任课体会。

本年

罗河教授首次招收研究生李悦铭。

1962 年

4 月 10 日

唐山市召开知识分子座谈会，学校 26 人参加，罗河、邵福昕教授与会。

5 月 21 日

唐院为贯彻少而精的原则规定本学期考试只考 3 门，测量是其中之一。

9 月 20 日

唐院成立学报编辑委员会，罗河任主任委员。

11 月 8 日

铁路高校成立 10 个教材编审委员会，由铁道部聘任各委员会成员，罗河教授被聘为铁道工程专业委员会委员。

11 月上旬

唐院录取研究生 10 名，胡志贵成为罗河教授的研究生。

本年

▲卓健成在苏联莫斯科测绘学院获得副博士学位后回校任教。

▲为提高测量仪器检校效率和精度，在全国高校中傅晓村最早研究用平行光管在室内检校，并建成检校室。

1963 年

5 月 15 日

由唐院承担，铁道部委托主持召开测量教材编审会议，唐山、北京、长沙、兰州铁道学院和同济大学等高校编审人员及代表参加。主要审议我校承担修订的教学大纲，并确定了编写提纲、编写计划及分工。

6 月 25 日

唐院在校友厅为伍镜湖教授庆祝八十寿辰，全校副教授以上教师及老年职工参加。

9 月 14—23 日

铁道部全路第一次科学技术论文报告会铁路勘探设计、路基工程专业学术会议在吉林市召开，罗河教授为学术委员会委员，并发表《立体摄影测量分析法发展的新阶段》的论文。

本年

卓健成将在苏完成的副博士论文以中文形式在《测绘学报》1963 年第 3、4 两期上发表《考虑原始数据误差的影响时，关于平差量函数中误差的若干问题》的长篇论文。

1964 年

10 月

马德言、刘冠军、倪雁屏率领工 60 班学生赴峨眉进行校址测量，并在净水公社处拟自建水电站，进行了引水管道及发电厂厂址测量。

本年

▲王兆祥组织教研室青年教师进行大量试验，在《唐山铁道学院学报》1964 年第 2 期上发表《铁路测量中水平角限差的研究》论文。

▲罗河教授招收航空测量研究生周长怀，为"文革"前最后一名研究生。

1965 年

4 月 19 日

学校组织四川峨眉新校址测量后，铁道部批准新址的具体位置。

5 月

研究生胡志贵毕业。

6 月

学校组织大批师生赴西南成昆铁路工地现场教学，测量教师分散于各个工点进行现场教学。

1967 年

8 月

王兆祥、马德言、刘文熙和谢葳等为唐山地区卢龙县桃林口水库测绘大比例尺地形图。

1968 年

5 月

研究生周长怀毕业。

11 月

曾任土木系主任，教授最小二乘法的黄寿恒教授病逝，享年 73 岁。

1972 年

3 月 1 日

根据交通部命令，唐院全部搬迁峨眉，改名西南交通大学。

5 月

交通部指示学校恢复招生，工农兵学员由群众推荐、领导批准和学校复审上大学。

本年

在峨眉建成仪器检测室，属国内高校最早的之一。

1973 年

3 月至次年 5 月

卓健成、刘文熙在成都铁二院住勤 1 年，分别参加铁路测量规范"隧道测量篇"和"航测篇"的全程修订与编写工作。王兆祥、傅晓村分别参加"线路测量篇"和"桥梁测量篇"的审定工作，任国慧参加"桥梁测量篇"的调研工作。

1974 年

7 月

测量教研室撤销，成立教育革命实践队。

本年

刘冠军、刘文熙、张延寿赴正在勘测中的韶（关）柳（州）线参加航测内外业全部生产过程的生产实践。

1975 年

本年

▲铁道部基建总局委托西南交大、铁二院举办全路航测工人培训班，铁道系副主任秦杰任队长主持该项工作。

▲王兆祥、马德言带领原测量教研室大部分教师赴乐山参加长征渠的测图工作。

▲傅晓村为峨眉县农水局举办农田水利测量训练班。

▲部分教师为修建峨眉县工农兵水库测绘地形图。

1976 年

2 月

为筹建铁路航测专业，许伦、刘文熙赴武汉、上海、南京和无锡等地，收集有关院校的航测专业教学计划，了解国内航测科技与仪器生产情况。

本年

傅晓村、路伯祥等赴九江用光电测距仪复测长江大桥的定位测量，赴万县完成该城区的控制测量。

1977年

2月

1976年暑期招收的航测专业三年制工农兵学员统一延期入学。

11月

西南交大革委会党的核心小组决定，撤销实践队，恢复教研室建制，陆续调入测量专业教师。

本年

在峨眉黄湾建光电测距仪检测基线，为我国高校最早建立的检测基线，也是四川省的首条检测基线。

1978年

3月

▲罗河作为特邀代表赴京参加全国科学大会。

▲高校恢复中断20多年的技术职称评审，王兆祥晋升为副教授。

6月

▲刘冠军、任国慧、刘文熙、路伯祥、许伦和谢葳等晋升为讲师。

▲由马德言、刘文熙和许伦合编的《铁路航空摄影测量》由人民铁道出版社出版。

9月

西南交大决定将铁道工程系与桥梁隧道系合并，称铁道工程系，共设6个专业。铁路航测与定线专业正式招收四年制本科生，航78学生于10月初入校。原测量教研室一分为三，工程测量教研室主任为王兆祥，航空测量教研室主任为马德言，控制测量教研室主任为许提多，以后又将控制测量教研室合并至航测教研室。

12月

西南交大学术委员会成立，罗河任委员。《西南交通大学》学报编辑委员会成立，王兆祥、卓健成任委员。

1979 年

2 月

傅晓村赴清华大学，与清华大学、天津大学和合肥工业大学教师共同编写教学参考书《短程光电测距和激光定位仪器及其应用》，次年由人民教育出版社出版。

10 月

新编《铁路辞典》出版，部分测量教师参与了工务工程分册中有关测绘词条的编写工作。

12 月

遥感技术应用教研室成立，马荣斌任主任。

1980 年

6 月

全国测绘教材编审委员会成立及教材工作会议在上海召开，王兆祥、刘文熙参加会议。

12 月

全路铁道工程专业"航空测量与遥感"课程教学大纲讨论会在西南交大召开，决定由西南交大及北方交大根据会议制订的教学大纲合编教材。

本年

马荣斌首次为本科生开出"遥感原理及应用"课程，在国内较早。

1981 年

1 月 9 日下午

铁道部部长郭维城、副部长耿振林等一行 13 人，到航测实验室参观，到校医院对生病住院的邵福昕教授表示亲切的慰问。

6月9日

　　铁道部党组代书记、代部长刘建章，党组副书记、政治部主任鄧炳军，副部长耿振林等部领导一行19人来学校视察，同部分教授、干部见面后依次参观了材料力学、断裂力学、机械零件、航测、遥感、地质、工程结构、电工基础等实验室和电算站。

11月

　　罗河和刘文熙参加在杭州召开的中国测绘学会解析空中三角测量学术研讨会。

本年

　　卓健成副教授在铁道工程专业招收工测方向的硕士研究生。

1982年

7月

　　航78学生毕业，顾利亚、李志林、李元军留校任教。

本年

　　马荣斌、杨怡和卓宝熙合编的《遥感原理和工程地质判释》（上下册）获全国优秀科技图书二等奖。

1983年

3月

　　刘文熙、许伦与北方交大魏志芳、吴景坤合编的《航空摄影测量与遥感》由中国铁道出版社出版。

5月

　　美国康奈尔大学梁达教授来校讲授"遥感"，并受聘为西南交大顾问教授。

7月

　　测绘专业、地质专业由原铁道工程系分离出来，设立航空摄影测量与工程地质系（简称航地系），卓健成副教授任系主任。

12月

卓健成晋升为教授，刘文熙晋升为副教授。

1984年

5月

西南交大与北方交大、兰州铁道学院、大连铁道学院为开发大连经济开发区，共同组建大连振华技术开发公司，承担大连金县地区20平方千米，1∶500地形图的测绘任务。学校派航地系张延寿、孟秉珍、戴仕华、刘其舒、吴其让、张惠珍、许提多及部分青年教师，航82、航83、铁82-1、铁82-2部分学生参加，共计145人，由张秉田和傅晓村领队，从控制到制图，历时两月余，成图110余幅，完成1∶500地形图7平方千米。

本年

按国家有关规定，将"铁路航测与定线"专业更名为"摄影测量与遥感"专业。

1985年

2月

许提多主持成都总校（现九里校区）校址测量，历时半月余，完成1∶500地形图16幅。许伦、刘其舒、戴仕华及部分青年教师以及铁82、航82、航83部分学生参加。同时地质专业的师生完成校址范围内的地质钻探。

5月

卓健成教授当选为中国测绘学会第四届理事会理事，后连任第五届理事。

8月

西南交大为铁路系统有关单位在暑期举办4个知识更新短训班，其中的"近代工程测量及数据处理"短训班，由卓健成教授主讲。

本年

▲由马荣斌、徐华力等完成的"腾冲区域航空遥感应用技术"中的子

课题"遥感在铁路选线中的应用"先后获中国科学院重大科技成果一等奖，国家科学技术进步二等奖。

▲卓健成、董振淑、赵清秀、张慧珍、孟秉珍获铁路高等学校优秀论文一等奖。

1986 年

6 月

国务院学位委员会第七次会议审核通过，西南交大工程测量学科专业获得硕士学位授予权。

6 月

▲王兆祥、傅晓村和卓健成合作编著的《铁路工程测量》由测绘出版社出版。

▲卓健成、路伯祥等人完成的"原始数据对工测三角网精度的影响及其野外实验验证"项目，在西安通过铁道部部级评审。

9 月

▲航测教研室获学校 1985—1986 学年教改成果奖。

▲四川省人民政府为从事科技工作 50 年的科技工作者颁发荣誉证书，罗河教授获此殊荣。

11 月

由马德言、田青完成的"数模-纵断面优化设计"和"计算机利用数模自动绘制等高线"项目在昆明通过铁道部鉴定。

本年

▲傅晓村、张延寿和唐恩利等承担广州洛溪大桥的施工定位及施工检查任务，为西南交大首次承担大型工程的测量工作。该大桥为 180 米跨径的预应力混凝土连续钢构桥，其跨径属当时同类结构的最大跨径。大桥工程获国家银质奖。

▲"工程测量"课程被学校确定为重点课程。

▲李志林赴英留学，后获格拉斯哥大学地理学博士学位。

1987 年

1 月

国务院学位委员会在武汉召开"测绘学科授予博士、硕士学位专业目录修订会议"，卓健成、刘文熙参加会议。

3 月

由马荣斌、房明烈等完成的"MSS 卫星数据在成昆铁路泥石流普查中的应用"项目通过鉴定。

6 月 31 日

《人民铁道报》公布卓健成教授被铁道部命名为"全国铁路优秀共产党员"。

6 月

傅晓村晋升为教授。

10 月

航地系负责筹办的"中国测绘学会测绘专业教学讨论会"在峨眉圆满举行。

12 月

马荣斌、徐弘等人完成的"陆地卫星 MSS 数据在成昆线沙湾—泸沽段泥石流普查中的应用"获四川省科技进步二等奖。

1988 年

5 月

刘文熙、许伦和李华文等人完成的"DCX-1 型数字信息采集系统"通过鉴定。后获得 1989 年四川省科技进步三等奖，铁道部基建总局基建科研优秀项目奖。

10 月 14 日

罗河教授去世。

12月

马德言晋升为教授。

本年

傅晓村当选为四川省计量测试学会副理事长,兼任测绘仪器专业委员会主任委员。

1990年

9月20日

马荣斌被铁道部批准为有突出贡献的中青年科技专家。

11月

卓健成任第三届测绘教材委员会副主任,兼任工程测量专业组组长。

12月

刘文熙晋升为教授。

1991年

9月

测绘学科由航地系分出,独立设置测量工程系,下设工测、航测、遥感和控测4个教研室,工测、航测和遥感3个实验室。刘文熙任系主任,后增补张献州、费人雄为副系主任。

11月

路伯祥晋升为教授。

本年

▲卓健成当选为四川省科协第四届委员会委员。

▲刘文熙被聘为铁道部第三届土木工程专业教学指导委员会委员,1996年继续担任第四届委员。

1992年

3月

由费人雄、张献洲、孟秉珍主持的课程建设项目"以加强实践教学环节为中心，提高教学质量"获 1990—1991 学年校级优秀教学成果一等奖。

8月31日

由朱庆和铁三院完成的"立体坐标测绘仪全要素机辅绘图系统"通过铁路工程总公司鉴定。

9月

▲测量工程系与峨眉分校合办"土地管理及地籍测量"专业（专科）。

▲经学校批准，卓健成挂靠道路与铁道专业博士点招收测绘方向的博士研究生，先后指导黄丁发、岑敏仪和范东明攻读博士学位，均顺利通过论文答辩，获得工学博士学位。

10月

由王兆祥、傅晓村和卓健成合编的《铁路工程测量》获铁道部优秀教材二等奖。

11月

李华文晋升为教授。

1993 年

2月

测量系承担广东虎门大桥测量课题，傅晓村、张延寿、唐恩利、刘成龙和岑敏仪等参加。

4月

▲西南交大土木工程学院成立，测量工程系归属土木工程学院。

▲费人雄、张献州、傅晓村、夏志林、唐恩利完成的项目"以加强实践环节为重点，提高测量课的教学质量"获四川省高校第二届优秀教学成果二等奖。

9月

西南交大聘请中国科学院学部委员（院士）、武汉测绘科技大学摄影测量与遥感系主任李德仁教授，工程测量系主任陈永奇教授聘为顾问教授。

10 月

▲卓健成、傅晓村和刘文熙享受国务院特殊津贴。

▲在南京召开的中国测绘学会第五次全国会员代表大会上,刘文熙当选为第六届理事会理事,后连任第七届理事。

本年

▲学校投资 10.5 万美元(折合人民币 100 万元)购买 3 台 Wild System200 型 GPS 接收机,以促进 GPS 卫星导航和空间定位方向的研究工作。

▲1993 年铁道部首次设立两项 GPS 科研项目——"GPS 全球定位技术在铁路线路控制测量中的应用"和"GPS 全球定位技术在铁路隧道控制测量中的应用",西南交大为参与单位,由路伯祥负责。该两项目在 1996 年和 1999 年分别获得铁道部科技进步三等奖。

1994 年

6 月 11 日

西南交大测绘仪器检测中心获四川省计量局批准,开展检定并修理光电测距仪、全站仪、经纬仪、水准仪、垂准仪等,为社会提供服务。

7 月

▲刘文熙率团访问香港理工大学,推进两校测绘教育与科研合作。

▲张延寿晋升为教授。

12 月

马荣斌获国务院特殊津贴。

本年

▲按国家有关规定,"摄影测量与遥感"专业更名为"测绘工程"专业,西南交大相应调整课程体系和教学计划。

▲卓健成、刘文熙、黄丁发向孙翔校长汇报测绘学科发展情况。

1995 年

4 月

由张延寿主编的《铁路测量》由西南交通大学出版社出版,并获四川省 1995 年度优秀图书。

7 月

谢葳晋升为教授。

9 月

刘文熙接替卓健成,担任全国测绘学科教学指导委员会委员。

10 月

在南京召开的铁路高校第六次高教研究论文报告会上,由刘文熙、许伦和齐华撰写的论文《适应学科发展,更新教学内容,逐步建立新的专业课课程体系》获优秀论文二等奖。

1996 年

2 月

张献州任测量工程系主任,齐华任副系主任。

4 月

为迎接交大百年庆典,刘其舒编绘的《西南交通大学校园图》付印。

5 月

在西南交大百年校庆之际,傅晓村主持建立的测绘仪器陈列室正式建成并开放接待参观。

7 月

卓健成编著的《工程控制测量建网理论》由西南交通大学出版社出版。

本年

卓健成、刘文熙参加国务院学位委员会在武汉测绘科技大学召开的测绘学科博士、硕士和学士学位专业目录修订会。

1997 年

3 月

徐柱赴香港理工大学土地测量与地理资讯系从事学术研究工作，并攻读博士学位。此后，测绘学科又有刘国祥、黄丁发、岑敏仪、熊永良、陈强、高山、袁林果、钟萍、遆鹏、朱军、张瑞等先后赴港开展合作研究或攻读博士学位。

4 月

中国测绘学会摄影测量与遥感专委会在交大召开，李德仁院士等业界专家学者与会。

1998 年

1 月

王兆祥主编的高等学校教材《铁道工程测量》由人民铁道出版社出版。

8 月

黄丁发申报的"基于小波变换的 GPS 数据处理与抗 SA 的小波滤波"项目首获国家自然科学基金资助。

本年

▲曾在教学与学科建设中发挥主要作用的教研室建制撤销。

▲邓春为本科生开出"地理信息系统（GIS）"课程。

2000 年

本年

▲李永树申报的"铁路沉陷预报方法及治理技术研究"项目获中国博士后科学基金资助。

▲刘文熙参加国务院学位委员会在同济大学召开的测绘学科博士、硕士学位专业目录修订会。

2001 年

5 月

▲经国务院学位委员会批准，西南交大获得"大地测量与测量工程"专业博士学位授予权，"地图制图学与地理信息系统"专业硕士学位授予权。

▲黄丁发当选中国测绘学会第八届理事会理事。

9 月

熊永良赴美国俄亥俄州立大学（Ohio State University）访问研究 1 年。

9 月

西南交大新开办的"地理信息系统"专业首次招收四年制本科生。

本年

▲"地理信息工程中心"获批为四川省重点实验室。

▲李永树任测量工程系主任，黄丁发任副系主任。

▲刘国祥申报的"改善星载 Insar DEM 精度的方法研究"项目，获武汉大学测绘遥感信息国家重点实验室开放基金资助。

2002 年

本年

▲黄丁发获批为首位测绘专业博士生导师，其后陆续有李永树、岑敏仪、范东明、熊永良、刘国祥、徐柱等为博士生导师。

▲获批成立"四川省测绘与空间信息工程类人才培养基地"。

2003 年

4 月 22 日

卓健成教授去世。

8 月

黄丁发申报的"基于 WEB 和移动计算的增强 VRS 理论与完备性"，岑敏仪申报的"无控制点表面差异探测及其在泥石流灾害地区的应用研究"获国家自然科学基金资助。

10月

经国务院学位委员会批准，西南交大获得"地图制图学与地理信息系统"专业博士学位授予权，"摄影测量与遥感"专业硕士学位授予权。

本年

"工程测量学"获评为四川省精品课程。

2004年

8月

3个项目获得国家自然科学基金资助，分别是李永树申报的"非层状空间环境下地面沉降预测模型研究"、刘国祥申报的"基于永久反射器的时序差分雷达干涉应用于区域地表形变探测的研究"和黄丁发申报的"基于多源数据融合的多分辨、多时相空间分布模型的研究"。

9月

新开办的"遥感科学与技术"专业首次招收四年制本科生。

2005年

9月

刘国祥赴美国德克萨斯（Austin）空间中心访问研究1年。

本年

▲黄丁发申报的"基于子波—神经元网络的GPS/INS系统集成"项目获教育部博士点专项资金资助。同年还主持国家科技攻关课题"生命搜救与定位技术实用化研究"。

▲熊永良申报的"长距离RTK关键技术研究"项目获教育部留学回国研究基金资助。

▲"空间信息工程中心"被批准为四川省重点实验室。

▲徐柱参与并作为主研的"易行网——在线电子地图与智能公交信息服务"成果获香港无线科技杰出大奖。

2006 年

1 月

经国务院学位委员会批准,西南交大获得"测绘科学与技术"一级学科博士学位授予权。

5 月

刘国祥编著的 Monitoring of Ground Deformations with Radar Interferometry 一书由测绘出版社出版。

6 月

汤家法赴加拿大多伦多大学做访问研究,为期 2 年。

9 月 14—27 日

西南交大组团赴欧洲考察高速铁路,岑敏仪作为成员参加。

10 月

黄丁发、熊永良等编著的《全球定位系统(GPS)——理论与实践》由西南交通大学出版社出版。

本年

▲岑敏仪参与的"铁路工程测量 GPS 数据处理方法研究"获四川省科技进步三等奖。

▲"工程测量学"获评国家精品课程。

2007 年

8 月

黄丁发申报的"基于网络计算和中央差分的广域分布式 GNSS/RTS 研究"项目获国家自然科学基金资助。

9 月

徐柱在香港理工大学获得博士学位后,作为引进人才回校任教。

本年

▲经全国博士后管委会专家组评审,西南交大设立测绘科学和技术博

士后科研流动站。

▲黄丁发参与的"基于Internet的网络GPS/VRS数据处理技术"项目获国家测绘科技进步二等奖。

▲黄丁发主持的"四川省GPS观测网络"项目获四川省科技进步二等奖。

▲李永树参与的"遂宁市城市基础地理信息系统平台"项目，获四川省测绘科技进步一等奖。

▲黄丁发和熊永良等5人的"增强网络GPS/VRS卫星定位系统软件（VENUS）"获国家知识产权局自主知识产权专利。

▲黄丁发申报的"广域分布式大规模网络GNSS增强参考站技术研究"项目获国家863计划资助。

▲刘国祥入选"西南交通大学高层次教师队伍建设系列计划"的"扬华之星"，并获得相应的研究资助。

▲黄丁发赴美国加州大学（UC San Diego, UC Berkeley）做访问研究，为期半年。

▲建立犀浦校区室外测量实习场地和测量教学陈列室。

▲在绵阳建成遥感野外实习场地，在九里校区建成航测野外实习场地。

2008年

8月

两个项目获国家自然科学基金资助，分别是刘国祥申报的"基于散射体时序差分雷达干涉检测区域地表形变的研究"，徐柱申报的"道路网模型综合与传递式更新"。

本年

▲刘国祥入选教育部"新世纪优秀人才支持计划"，并获得相应的研究资助。

▲徐柱入选"西南交通大学高层次教师队伍建设系列计划"的"竢实之星"，并获得相应的研究资助。

▲朱军、胡亚赴香港中文大学从事合作研究1年。

▲测绘工程专业被评为四川省特色专业。

2009年

8月

熊永良申报的"轨基移动GNSS反演大气水汽研究"项目获国家自然科学基金资助。

本年

▲徐柱作为主研的"成都市土地执法三级联网全程监管平台"项目，获四川省科技进步三等奖和地理信息科技进步三等奖。

▲钟萍在香港理工大学获得博士学位后，作为引进人才回校任教。

2010年

8月

测绘学科4位教师的项目获得国家自然科学基金资助，他们分别是：刘国祥申报的"融入大气改正的多波段PSInSAR及其应用于近海平原沉降漏斗监测"；陈强申报的"GPS和PS-InSAR联网检测的龙门山震后滑坡时空演变特征研究"；袁林果申报的"利用全球GPS连续运行参考站资料研究地球潮汐形变"；朱军申报的"基于元胞自动机和多智能题的溃决时空分析模型研究"。"高速铁路精密测量理论及测绘新技术应用国际学术研讨会"也获支持在西南交大召开。岑敏仪和刘国祥在大会上作主题报告，国内测绘学界的7位院士莅临大会，并举办"院士论坛"。西南交大聘请7位院士为顾问教授。

11月11日

西南交大决定测绘学科和地质学科从土木工程学院分离出来，与环境学科共同组成"地球科学与环境工程学院"，聘请香港理工大学李志林教授任院长，刘国祥、胡御文和黄涛教授任副院长。

12 月

▲测绘学科分别设置测绘工程系和遥感信息工程系。测绘工程系聘黄丁发为系主任，刘成龙、张献州为副主任；遥感信息工程系聘武汉大学教育部"长江学者"朱庆教授为系主任，齐华为副主任。

▲袁林果在香港理工大学获博士学位后应台湾"中央研究院"邀请，作访问学者 1 年。

2011 年

3 月

在犀浦校区建成高速铁路测量实习场地，除供学生实习外也可作为科研实验场地。

4 月

测绘学科在犀浦校区的各实验室搬迁至新落成的四号教学楼，测量教学陈列室仍留在六号教学楼。

5 月 11 日

西南交大同中国科学院遥感与数字地球研究所合作成立"轨道交通工程遥感联合研究中心"。

11 月

▲"高速铁路运营安全空间信息技术四川省工程实验室"项目获四川省发展和改革委员会批准建设，建设主体为西南交大地学学院。

▲刘成龙当选西南交大"最受本科生欢迎的老师"。全校共有 10 位老师当选。

12 月 18 日

为庆祝地学学院成立一周年举办一系列学术报告会。报告会主讲人为校友中各自行业的领军者以及学院部分教授。

12 月 19 日

铁道部高速轨道精密检测和管理技术培训班在地学学院会议室举行开班典礼。

本年

地学学院"高速铁路运营安全空间信息技术"创新团队列入教育部创新团队培育计划。

2012 年

3月20日

西南交大常务副校长蒋葛夫到地学学院调研,听取徐瑞堂书记、刘国祥副院长关于学院 2011 年整体工作及 2012 年重点工作的汇报。蒋葛夫部署了学院 2012 年重点和关键工作,再三强调高端人才是支撑和引领学院发展的关键因素,学院高端领军人物培育计划应尽快形成具体方案并尽快启动,创新团队建设和创新平台建设要同步推进。

5月6日

由西南交大、中国测绘科学研究院共同举办的"2012 中国测绘与地理空间信息科学进展研讨会"在成都沙湾国际会展中心金牛厅隆重开幕。校党委书记顾利亚、中国测绘科学研究院院长张继贤、四川省测绘地理信息局局长马赟到会致辞;测绘界 5 位院士陈俊勇、宁津生、李德仁、杨元喜、李建成在大会上分别作专题报告。下午,张继贤院长,国家基础地理信息中心总工程师、国际摄影测量与遥感学会秘书长陈军教授,中国科学院武汉测地所所长孙和平教授,国家测绘地理信息局卫星应用中心副主任,资源三号卫星应用系统总设计师唐新明教授等作了专题报告。

6月11日

地学学院承办的铁道部运输局"轨道静态检测技术"培训班开班。培训学员来自铁道部下属 17 个局选送的工务处、工务段负责轨道静态检测技术及管理的技术人员。

8月

地学学院 9 个项目获国家自然科学研究基金资助,其中面上项目 5 项、青年基金 4 项。测绘学科熊永良教授、朱军副教授、罗小军讲师获得面上项目 3 项，曹云刚讲师、邋鹏博士获得青年基金 2 项。

9 月 27—28 日

2012 年中国地理信息科学理论与方法学术年会在西南交大举行。会议由中国地理信息系统产业协会理论与方法委员会主办，地学学院承办，四川省测绘地理信息局协办。中国地理信息产业协会理论与方法委员会主任委员龚健雅院士主持大会。科技部原部长徐冠华院士作了题为《全球变化与可持续发展》的报告，中科院地理所副所长周成虎教授、龚健雅院士、电子科技大学互联网科学中心周涛教授分别作主题报告。年会还设置了专题报告及学术沙龙分会场，内容涵盖并行空间计算与优化、传感网与空间数据获取、三维与多维 GIS 等多个主题。

2013 年

3 月 16 日

国家 863 计划地球观测与导航技术领域重点项目"城市运行的空间信息智能处理与分析系统"启动会在北京召开。该项目由武汉大学牵头，首席专家为龚健雅院士，西南交大等 12 家单位共同参与，朱庆、齐华作为主研人员参加会议。

3 月 27 日

青年教师袁林果和钟萍博士，与台湾"中央研究院"地球科学研究所特聘研究员赵丰博士、香港理工大学土地测量及地理资讯学系讲座教授丁晓利博士合作，在固体地球潮汐观测研究方面获得重要进展，其最新研究成果在线发表在国际著名地学期刊 Journal of Geophysical Research-Solid Earth 上。

8 月 25—30 日

第 26 届国际制图大会（ICC）在德国德累斯顿召开，讨论和交流地图制图与地理信息学科技术领域中最新的理论与技术，同时举办各专业委员会会议、技术参观和技术讨论会等。博士研究生李木梓就 Finding hierarchical structure of road networks 作分会场口头报告。

8月

地学学院 8 个项目获国家自然科学研究基金资助，其中面上项目 3 项、青年基金 5 项。测绘学科黄丁发教授、袁林果副教授获得面上项目 2 项。

9月7日

遥感信息工程系召开本学期第一次教学工作研讨会，部署系里的重点工作，并就重点专业建设、课程体系与大纲、人才培养、实验室建设、实习基地建设、科学科研、研究生工作室等话题展开广泛、热烈的讨论交流，提出了相关应对措施和建议方案。

10月11—12日

在中国测绘学会第十次全国会员代表大会上，黄丁发教授当选为学会理事。

10月

2013 年测绘科技进步奖、全国优秀测绘工程奖等在北京公布。朱庆教授牵头申报的"三维地理信息系统平台软件与示范应用"获得测绘科技进步一等奖。

11月20日

西南交大党委书记顾利亚专程到地学学院调研。学院党委书记徐瑞堂汇报了学院成立 3 年来特别是近 1 年来的工作，副院长黄涛、胡卸文、欧阳峰、齐华，副书记傅尤刚等作了补充汇报。顾利亚对学院 3 年来的工作给予充分肯定，并就如何进一步做好今后的工作同学院领导班子成员、系主任交换了意见并作出重要指示。

11月

"高速铁路运营安全空间信息技术四川省工程实验室"经国家发改委批准，升格列入国家高技术产业发展计划，批准为"高速铁路运营安全空间信息技术国家地方联合工程实验室"。

12月1—2日

国家科技部遥感中心在北京召开地理信息系统技术主题"十三五"战略规划与"技术预测研讨会",朱庆教授应邀参会并作重点发言,参与主持编制制图可视化方向"十三五"发展战略研究大纲和建议书。

12月7—8日

"第三届全国遥感与地理信息科学研究生论坛"在武汉大学举行,李德仁院士等出席论坛开幕式并致辞,朱庆教授应邀担任学术指导委员会主席并在开幕式致辞。学院4名研究生与全国各地200多名研究生一道,通过学术报告的形式进行面对面的交流学习。论坛评选出优秀论文,本院研究生龚循强的论文《以平面拟合为例解算稳健混合总体最小二乘方法》获得优秀论文二等奖,并做了大会报告。

2014年

2月12日

美国摄影测量与遥感学会(ASPRS)主席、康奈尔大学 Stephen D. DeGloria 教授来信通知,由吴波、胡翰、朱庆和张叶廷合作完成的论文"A Flexible Method for Zoom Lens Calibration and Modeling Using a Planar Checkerboard"荣获"2014年度约翰戴维森主席奖",并邀请论文作者参加3月在美国肯塔基州路易斯维尔举行的 2014 年 ASPRS 年会领奖。该论文发表在 2013 年 ASPRS 的会刊 *PE&RS* 第 79 卷 6 期。这一奖项旨在鼓励和表彰那些在 ASPRS 的官方刊物 *PE&RS* 上公开发表的具有实际应用价值的论文。

2月27日

香港中文大学地理与资源管理学系林珲教授应邀来院,以"地理信息科技与政府管理信息化"为题参加"创源"大讲堂学术讲座,测绘、遥感和地理信息系统专业的学生及教师百余人参加了讲座。

3月13日

地学学院举办首届科研学术报告会,近200名研究生及教师参加。报告会分别由测绘学科黄丁发教授、地质学科程谦恭教授及环境学科黄涛教授主讲。黄丁发作了题为《GNSS/CORS 卫星导航定位网络研究及应用》的报告。

4月4日

四川省科学技术奖励大会在成都金牛宾馆举行，247 项科技成果被授予 2013 年度四川省科学技术进步奖。刘成龙教授主持的"高速铁路精密工程测量成套技术"荣获四川省科技进步一等奖。

4月11日

▲国家 863 计划重点项目"典型地质灾害遥感监测与应急关键技术及应用"在"5·12"大地震遗址北川老县城，开始进行为期两周的"典型地质灾害遥感监测与应急应用联合实验"。学院徐瑞堂书记、刘国祥教授、朱庆教授、齐华教授、汤家法副教授（挂职北川县副县长）和博士生苗双喜等 5 名研究生参加了此次联合实验，借助高分辨率卫星、无人机、机载对地激光扫描仪等手段，突破传统的地质灾害数据收集方式。《人民日报》对此次实验进行了报道。

▲地学学院举行测绘工程专业培养计划修订与实习基地共建企业专家研讨会，邀请中铁工程设计咨询集团有限公司教授级高工曾若飞副总经理、四川省测绘局质监站教授级高工黄瑞金站长、中铁第一勘察设计院集团有限公司教授级高工武瑞宏总工、中铁第四勘察设计院集团公司工勘院教授级高工郭良浩总工、西南交大铁发公司沙尚典副总经理、中铁二局精测队高级工程师李学仕总工、成都市勘察测绘研究院高级工程师李春华总工、中铁第五勘察设计院集团有限公司高级工程师周云处长、成都市郭如资源信息中心高级工程师陈涛副主任、成都市规划信息技术中心高级工程师杨小华技术总监等参加。学院党委书记徐瑞堂介绍了本次研讨会的背景、本院测绘专业现状与工程教育的理念，与会专家以工程教育认证中"学生第一"和"出口导向"两大核心原则对地学学院测绘专业人才培养方案提出宝贵的意见和建议。下午，专家们还参加了测绘工程专业毕业生工作情况

跟踪调研会，对本院毕业生进行了客观评价，并提出改进建议。

5月10日

▲方俊院士铜像揭幕仪式及其学术思想研讨会在犀浦校区隆重举行。西南交大校长徐飞，党委书记顾利亚，党委副书记何云庵，原国家测绘局局长、总工程师、中国科学院院士陈俊勇，中国科学院院士、中国工程院院士、武汉测绘科技大学原校长李德仁，中国科学院院士、原中科院大地测量与地球物理研究所所长许厚泽，中国科学院院士、武汉大学测绘遥感信息工程国家重点实验室主任龚健雅，国家测绘地理信息局副局长、中国测绘地理信息学会理事长李维森，武汉大学副校长李斐，国际摄影测量学与遥感学会主席、国家基础地理信息中心总工程师陈军，有关测绘学科主要研究单位负责同志，相关单位代表以及地学学院、土木学院的有关领导及师生代表，方俊院士的儿子方夏、女儿方芊、女婿张浦英等出席仪式。中国地球物理协会、中国科学学院测量与地球物理研究所发来贺信。方芊、徐飞、顾利亚、李维森，以及有关来宾代表共同为方俊院士铜像揭幕。徐飞简要回顾了方俊院士的杰出成就和为母校的发展做出的卓越贡献，顾利亚希望我校测绘学人秉承方俊院士以勤补拙、锲而不舍、一丝不苟的精神为测绘事业做出自己的贡献。

▲国务院学位委员会测绘科学与技术学科评议组"测绘学科二级学科设置工作会议"在地学学院举行。来自全国各测绘学科学位授予单位的代表出席，会议由评议组召集人龚健雅、陈军主持，就新增的导航与位置服务、海洋测绘、矿山与地下工程测量三个测绘二级学科方向的必要性、可行性以及实施细则进行了研讨。

5月15日

高分辨率对地观测系统四川数据与应用中心汪士中主任一行3人访问本院，并参加了高分辨率遥感应用研讨会。

5月20日

在中国卫星导航领域的最高盛会"第五届中国卫星导航学术年会"开

幕式上，共颁发了 9 名学术年会优秀论文奖和 20 名青年优秀论文奖。黄丁发教授指导的研究生李萌所撰写的论文《利用 GPS 超高频数据准实时反演 Mw6.6 级芦山地震三要素》荣获优秀论文奖。

7 月 29 日

西南交大参与共建的应急测绘与防灾减灾国家测绘地理信息局工程技术研究中心管理委员会第一次会议，在四川省测绘地理信息局召开。省测绘地理信息局副局长、工程中心管理委员会主任周社主持会议，工程中心管理委员会成员、共建单位代表、工程中心代表参会，管理委员会委员齐华教授、中心副主任朱庆教授应邀参会。

7 月 30 日

西南交大参与共建的应急测绘与防灾减灾国家测绘地理信息局工程技术研究中心技术委员会第一次会议，在四川省测绘地理信息局召开。工程中心技术委员会主任、中国工程院院士刘先林主持会议，技术委员会成员、共建单位代表与依托单位代表参会，技术委员会委员朱庆教授和共建单位代表齐华教授应邀参会。

8 月

地学学院 14 个项目获得国家自然科学基金资助，测绘学科获批 9 项，其中李志林、朱庆、刘国祥、陈强获面上项目 4 项，叶沉鑫、慎利、胡亚、刘刚、游为获青年项目 5 项。

9 月 22 日

郭春喜教授授聘仪式暨学术报告会召开，院党委书记徐瑞堂为郭春喜颁发教授聘书并发表讲话。郭春喜教授作了题为《现代测绘基准体系及其应用》的学术报告。

10 月 10—12 日

中国地理信息科学 2014 学术年会在中国矿业大学文昌校区举行。朱庆教授、朱军副教授带领研究生应邀参会。研究生张恒、尹灵芝、龚循强作大会交流报告。朱军应邀主持"地理建模与模拟"分会场报告，朱庆与解放军信息工程大学万钢教授共同策划与组织的"虚拟地理环境"专题沙龙吸引众多听众，被誉为年会中内容最新颖、讨论最热烈的沙龙之一。

10月

经四川省第三届专家评议（审）委员会评定，省委组织部、省发展和改革委员会、省教育厅、省科学技术厅、省财政厅、省人力资源和社会保障厅、省科学技术协会、省社会科学界联合会批准，刘成龙教授被评为四川省第十二批有突出贡献的优秀专家。

11月6—7日

四川省测绘学会第十一次会员代表大会在凉山州西昌市召开。挂靠在本院的"四川省测绘学会测绘教育与科学普及专业委员会"获得测绘学会先进集体；西南交大研究生院刘国祥、地学学院朱庆等29名同志为学会先进工作者。本院李永树教授、徐京华教授、研究生岑新远与导师范东明教授合作的论文入选大会10篇优秀论文。大会选举产生学会新一届领导集体并召开第十一届理事会第一次会议，本院朱庆、李永树当选为副理事长，研究生院刘国祥，本院齐华、黄丁发当选为常务理事。

11月8日

第五届武汉国际地球空间信息技术与产业发展论坛暨2014年第五届高校GIS论坛在武汉召开，朱庆、徐柱和黄泽纯率研究生共9人应邀参加。朱庆获得论坛颁发的"高校十大GIS创新人物"奖，他指导的博士研究生谢潇获得"高校GIS新悦奖"。

11月19日

美国亚利桑那州立大学地理科学与城市规划学院院长Wentz教授来访地学学院，与众多本科生和研究生进行了以"亚利桑那州立大学地理科学与城市规划学院的教育教学"为主题的交流会。

12月2—4日

由中德科学中心资助，西南交大和德国海德堡大学共同主办的"全球多维制图与服务"中德研讨会在我校召开。会议中方主席朱庆教授主持开幕式，校党委书记王顺洪致欢迎辞并向与会代表介绍了西南交通大学悠久的历史文化。中德科学中心主任助理 Karen Schoch 博士，德国国家科学院院士、慕尼黑工业大学前第一副校长孟立秋教授，德国研究基金会的 Iris Sonntag 博士分别在开幕式上致辞。在为期 3 天的会议中，来自中国、德国等国家的 40 余位知名科学家汇聚一堂，就全球多维制图与服务等科学问题进行了广泛深入的探讨。

12 月 23 日

中国国家标准化管理委员会下达 2014 年第二批国家标准制修订计划，西南交大参与申报的"室内多维位置信息标识语言"（计划编号：20142129-T-466）和"室内外多模式协同定位服务接口"（计划编号：20142130-T-466）两个国家标准位列其中。其中第一个标准由朱庆教授负责起草。该两个推荐性标准的主管部门均为国家测绘地理信息局，归口单位是全国地理信息标准化技术委员会。

2015 年

1 月 14 日

西南交大 GIS 专业建设研讨会在地球科学与环境工程学院召开。四川省测绘地理信息局谢维廷副局长，地球科学与环境工程学院海外院长、香港浸会大学周启鸣教授，成都理工大学国土资源部国土资源信息技术与应用重点实验室主任杨武年教授，四川师范大学地理与资源科学学院副院长杨存建教授等测绘地理信息领域专家，以及遥感信息工程系全体教师参加会议。会议由执行院长朱庆教授主持。与会专家各抒己见，提出了不少有价值的建议。

1 月 27 日

"BIM 与三维 GIS 集成应用技术研讨会"在地学学院召开，来自西南交通大学、武汉大学、电子科技大学、成都理工大学、测绘遥感信息工程国家重点实验室、中铁咨询、铁一院、铁二院、铁三院、铁四院、深圳市数字城市工程研究中心、中交第二公路勘察设计研究院等单位的专家和骨干人员30余人参加研讨会。校友王长进等分别就BIM与GIS集成应用的重大需求、技术挑战和体制机制创新等作主题发言。

2月7日

"位置智能及相关国家标准研讨会"在地学学院召开,来自国家基础地理信息中心、中国测绘科学研究院、四川省基础地理信息中心、武汉大学、南京师范大学、电子科技大学、西南交通大学等单位的30位专家参加了本次研讨会。

4月24日

德国汉诺威大学外事处亚洲事务负责人王茵女士代表常务副校长Sester Monika教授和摄影测量与地学信息研究所(IPI)Christian Heipke教授来访。学院执行院长朱庆、学校国际处许军华、研究生院严喻等会见了来访客人。双方就选派交换生、双学位以及两校教师间的交流与科研合作等详细交换了意见,进一步落实了双方的合作事项。本院从今年9月份开始选派测绘学科研究生参加汉诺威大学开设的硕士英文课程班(Geodesy and Geoinformatics)。

5月21日

由国际摄影测量与遥感协会主办,日本摄影测量与遥感协会、实时成像与动态分析协会协办的"室内外无缝建模、制图与导航"研讨会在日本东京大学举行。在室内位置服务专题研讨会上,本院测绘工程专业硕士研究生曾李阳应邀参加会议并做"Multi-level Indoor Path Planning Methods"的大会口头报告,与参会专家进行交流。

5月22日

地理信息公共服务平台国家测绘地理信息局工程技术研究中心第一届技术委员会第一次会议,在中国测绘创新基地召开。国家测绘地理信息局副局长李朋德出席会议并做重要讲话。第一届技术委员会聘请武汉大学龚健雅院士担任主任，南京师范大学闾国年教授与西南交通大学朱庆教授担任副主任。

5月25日

地学学院海外院长、香港浸会大学周启鸣教授开设的"遥感应用模型"研究生课程正式开课。该课程采用全英文授课方式完成，包括课堂授课、互动教学和迷你项目设计报告等环节，课程体系的设置完全与国际接轨。

5月27日

香港中文大学太空与地球信息科学研究所张鸿生研究助理教授率部分硕士研究生应邀到访我院，与遥感信息工程系的师生开展为期1天的"遥感与空间地理信息"专题学术研讨会。

6月1日

南京师范大学地理科学学院院长、虚拟地理环境教育部重点实验室副主任汤国安教授来校，为地学学院师生作题为《基于DEM的黄土高原地貌形态空间格局研究》的学术报告。

7月9—10日

受教育部"春晖计划"和地学学院联合资助，由德国地学中心、斯图加特大学、汉诺威大学、柏林工业大学的研究员和博士生组成的留德测量博士交流团一行7人来我院进行学术交流。测绘学科青年教师和博士生与留德测量博士交流团成员联合举行了大地测量学与测绘工程专题学术交流研讨会。

7月23日

国家重大科学研究计划项目"人类活动与全球变化相互影响的模拟与评估"项目启动会暨课题实施方案研讨会在深圳举行。项目首席科学家、香港中文大学林珲教授主持会议。地学学院朱庆教授受聘为项目专家组成员，朱军副教授参加了由中科院地理所周成虎院士为课题组长的"全球变化下人类活动推演及环境响应建模方法"研究。

7月26—31日

第35届国际地球科学与遥感大会 IEEE International Geoscience and Remote Sensing Symposium 2015 (IGARSS 2015) 在意大利米兰国际会议中心举行，吸引了来自60多个国家的2 000多名学术界和产业界人士参加。我地学学院青年教师陈敏博士、慎利博士、叶沅鑫博士与博士生王继成一行4人应邀参加大会。陈敏和叶沅鑫分别作口头报告，慎利和王继成进行了张贴报告。

7月31—8月2日

"中海达"杯第八届全国高等学校测绘类专业青年教师讲课竞赛在西安科技大学举行。测绘工程系青年教师钟萍博士和袁林果博士分别参加"测量学"和"大地测量学基础"两门课程的角逐，并分获一等奖和二等奖。

8月5日

科技部国家遥感中心总工程师李加洪、主管黄方来地学学院考察指导，并与部分教师进行座谈。希望学院瞄准国家全球化发展、智慧城市和"一带一路"等重大需求，进一步凝练科学问题，进行跨学科创新研究，强调开拓卫星视频数据处理和互联网+轨道交通等方面研究的重要性。

8月18日

地学学院获批2015年度国家自然科学基金项目14项，其中重点项目1项、面上项目5项、青年基金8项，总经费771万元。测绘学科获批5项，包括范东明的面上项目1项，龚晓颖、杨莹辉、陈敏、丁雨淋的青年基金4项。

9月11日

西南交大首批"雏鹰学者"岗位聘任仪式在犀浦校区举行，地学学院共有3名青年教师入选首批"雏鹰学者"人才计划，分别是遥感信息工程系的陈敏、张瑞，环境科学与工程系的赵锐。学校首批共有33名青年教师入选该计划。

9 月 20 日

中国卫星导航定位协会第五届理事会"教育与发展专业委员会"第一次会议在武汉大学召开。西南交大被选为"教育与发展专业委员会"副主任委员单位，袁林果副教授当选为副主任委员。

9 月 25 日

长江经济带地理信息协同创新联盟成立大会暨第一届理事会在四川成都举行。西南交大党委常委、总会计师张兵教授和地学学院袁林果副教授应邀参加会议。朱庆教授应邀参加由国家测绘地理信息局科技与国际合作司组织的测绘地理信息科技创新工作座谈会，并在座谈会上发言。我校作为联盟发起单位被推选为副理事长单位，张兵被选为副理事长、朱庆被选为联盟副秘书长。

11 月 17 日

地学学院与四川中水成勘院测绘工程有限责任公司在成勘院签署共建大学生校外测绘实习基地合作协议，并举行授牌仪式。学院还为王渊高工和刘菲高工颁发了兼职教授聘书。

11 月 20 日

由四川省测绘地理信息学会、国家遥感中心四川分部和西南交大地学学院联合主办的"测绘地理信息发展报告会"在九里校区举行，特邀全国政协常委、国家测绘地理信息局副局长李朋德博士作题为《地理信息的创新驱动与转型发展》的主题报告。

11 月 22 日

中国工程教育专业认证测绘组副组长、中国矿业大学研究生院常务副院长高井祥教授应邀来校，作题为《工程教育认证与专业建设》的报告。

12 月 4 日

四川省测绘地理信息学会 2015 年学术年会暨第十一届二次理事会在遂宁召开。地学学院朱庆、刘国祥、齐华三位教授作为学会常务理事应邀参会，朱庆作为副理事长主持了 2015 年四川省测绘地理信息科技进步奖颁奖仪式、学会第十一届二次理事会工作报告和学会人事审议等活动。

12月18日

国家863计划重点项目"高精度定位服务系统及应用示范"在上海通过科技部的技术验收。其中，"基于Internet的GNSS单基站快速设站和管理技术"由本院GNSS联合实验室黄丁发教授主持的研究团队承担完成。研究成果在灾后重建基准站网络位置服务快速架设、偏远地区CORS网络快速加密，以及高速铁路选线设计等领域开展了示范应用，取得了良好的示范效果，为成果的进一步应用推广奠定了基础。

本年

袁林果入选2014年国家级人才计划青年拔尖人才支持计划。

2016年

1月

地学学院学科国际评估成功举行。地学学院引入国际同行评估，聘请德国、美国、日本和中国香港的学界著名学者、专家，对学院所属各学科进行考察认证，找出与国际同行的差距，明确了今后建设与发展的方向。

3月31日

西南交大聘请田道明先生为兼职教授聘任仪式在九里校区学术交流中心举行。副校长冯晓云、中铁大桥勘测设计院集团有限公司董事长秦顺全院士出席。校长助理何川主持受聘仪式。田道明现任中铁大桥院党委书记、副董事长。湖北省测绘行业协会副理事长、湖北省测绘地理信息学会副理事长。

3月

徐柱任测绘科学与技术系主任，朱军、张同刚、黄泽纯任副系主任。

4月4日

美国摄影测量与遥感学会（ASPRS）公布了2016年度的塔尔伯特·艾布拉姆斯奖。朱庆教授团队的两篇论文荣获该奖项优秀奖（Honorable

Mention）的第一与第二名。该奖旨在鼓励 PE&RS 杂志中在摄影测量领域最具理论与实践意义的创新性热点论文,从上一年度 12 期 PE&RS 杂志中,一共评选出 3 篇在原创性、理论创新、实践意义之中最具价值的热点论文。

4月17日

国际摄影测量与遥感学会（ISPRS）通知本院青年教师叶沅鑫博士,他与慎利博士合著的论文"HOPC: a geometric structure similarity metric for automatic matching of multi-modal remote sensing images"获得 ISPRS 最佳青年论文奖（The ISPRS Prizes for Best Papers by Young Authors）。

5月24日

科技部正式公布 2016 年度遥感青年科技人才创新资助计划资助人员名单,地学学院袁林果副教授入选。

6月14—16日

中国工程教育认证协会专家组莅临西南交大进行测绘工程专业认证现场考查工作。测绘工程专业通过认证,有效期为 2017 年 1 月至 2019 年 12 月。

6月27日

知名遥感专家、北京师范大学地表过程与资源生态国家重点实验室副主任陈晋教授受聘为地学学院兼职教授,并作题为《遥感物候探测及应用》的学术报告。

7月5日

四川省减灾委员会专家委第一届第二次全体委员会议召开,25 名不同专业方向的专家委员到会。朱庆教授被增聘为专家委副主任。

8月17日

2016 年度国家自然科学基金申请项目评审结果公布,地学学院获批项目 12 项,其中重点项目 1 项,面上项目 4 项,青年基金 7 项,总经费 699 万元。其中测绘学科获批 4 项（重点 1 项、面上 1 项、青年 2 项）。朱庆教授申报的"面向建筑物精细建模的倾斜摄影测量理论与方法"首次获得重点项目资助。

9 月

▲根据西南交大与德国汉诺威大学之间的国际合作协议，博士生王峰、李政和付萧圆满完成在该校摄影测量与地理信息学院为期半年的全英文课程学习，取得优异成绩回国。

▲博士生戴可人为第一作者，在遥感领域顶级国际期刊 *Remote Sensing of Environment*（简称 *RSE*）发表论文 "Monitoring activity at the Daguangbao mega-landslide (China) using Sentinel-1 TOPS time series interferometry"。他曾于 2014 年 7 月至 2015 年 9 月在英国纽卡斯尔大学进行联合培养并开展合作研究。

10 月 30 日

国家重点研发计划"一体化综合减灾智能服务研究及应用示范"项目启动会在北京举行。朱庆教授等 8 人被聘为咨询专家，朱军教授担任课题五"大规模复杂灾害场景融合与增强可视化"的负责人，并于 11 月 19 日通过了课题五的实施方案论证。

11 月 24 日

地学学院在图书馆二号报告厅举办以"中国测绘地理信息重大工程建设与'十三五'展望"为题的学术讲座，由国家测绘地理信息局副局长、中国测绘学会理事长李维森主讲。

12 月 8 日

地学学院聘请四川省第一测绘工程院院长谭明建、总工程师陈现春，成都市城市勘察测绘研究院院长张成、分院长刘晓华 4 位专家为研究生联合导师，受聘仪式及学术报告会在学院举行。

12 月 20 日

四川测绘地理信息局组织召开"四川省导航与位置服务工程技术研究中心"可行性论证暨揭牌仪式。地学学院为该中心共建单位，党委书记王齐荣教授出席并发言，黄丁发教授作为评审专家出席会议。

2017年

1月9日

地学学院举行各系新班子聘任仪式及新班子集体座谈会。袁林果教授任测绘遥感信息工程系主任。

2月7日

全国地理信息标准化技术委员会在北京组织召开国家标准送审稿审查会。朱庆教授主持制定的《室内多维位置信息标记语言》和参与制定的《室内外多模式协同定位服务接口》两项国家标准送审稿通过审查。

2月16日

铁四院工勘院熊国华院长一行到地学学院调研,并与学院领导和部分教师进行座谈。双方在科研合作、学生培养、实习基地等方面达成多项共识。

4月19日

地学学院思源大讲堂邀请国家基础地理信息中心总工程师陈军教授,来院举办主题为"Globe Land 3.0 服务计算机研究与应用"的讲座。陈军是国家杰出青年科学基金获得者、国家测绘地理信息局首批科技领军人才,曾任中国GIS协会会长、国际摄影测量与遥感学会主席。

4月21日

西南交大党委副书记晏启鹏同志代表学校党委宣读关于刘成龙同志任地球科学与环境工程学院副院长的决定。

4月22日

国家重点研发计划项目"一体化综合减灾智能服务研究及应用示范"顶层设计研讨会在西南交大召开。会议由项目牵头单位中国测绘科学研究院组织,西南交大作为课题五的负责单位承办。

6月1日

英国伦敦大学学院(UCL)Space Time Lab 实验室主任程涛教授应邀访问西南交大,并来地学学院作题为"Space-Time Analytics of Big Data for Smart Cities"的学术报告。

6月15日

国家测绘地理信息局副局长王春峰一行莅临西南交大调研交流，并举办调研座谈会。刘国祥院长从地学学院基本情况、地学学科发展情况、开展测绘地理信息相关研究情况等3个方面介绍了地学学院的相关情况。王春峰副局长重点介绍了国家测绘地理信息局对"十三五"发展的相关战略研究，并对地学学院教师提出的问题一一作出详细回应。

7月14—16日

第三届四川省大学生测绘技能竞赛在绵阳西南科技大学举行。由4名指导老师指导，地学学院24名参赛选手参加全部项目的竞赛。获得团体一等奖，以及2项单项一等奖，6项单项二等奖，6项单项三等奖。为我校参加四川省大学生测绘技能竞赛以来获得的最佳成绩。

7月20日

青年教师叶沅鑫博士应邀到德国航天局和慕尼黑工业大学，作主题为光学和雷达影像自动快速精确匹配的学术报告，并介绍了他最新的研究成果。

7月28—30日

地学学院青年骨干教师参加在吉林建筑大学举办的第九届全国高等学校测绘类专业青年教师讲课竞赛，测绘遥感信息系张同刚副教授主讲的"工程测量学"获得二等奖。

7月

范东明教授领导的卫星重力科研团队长期致力于高精度静态及时变地球重力场模型的计算和应用等的研究，其博士生谷延超撰写的学术论文"Comparison of observed and modeled seasonal crustal vertical displacements derived from multi-institution GPS and GRACE solutions"被地学领域顶级国际期刊 *Geophysical Research Letters* 正式接收并在线发表。该论文是测绘学科首次以西南交通大学为第一署名单位发表在该期刊的学术论文，并得到了评阅人的高度评价。

8月17日

2017年度国家自然科学基金申请项目评审结果公布，地学学院获批项目14项，其中重点项目1项，面上项目5项，青年基金8项，总经费814万元。测绘学科获批5项，其中面上3项、青年2项。

8月23日

国际大地测量学领域顶级杂志 Journal of Geodesy 主编、德国波恩大学大地测量与地球空间信息研究所全职教授 Jürgen Kusche 来院进行交流访问，介绍了波恩大学、物理大地测量学基础、卫星重力和卫星测高研究进展等。

8月

四川省阿坝州九寨沟县发生7.0级地震后，地学学院院长刘国祥教授第一时间组织开展灾情遥感监测与分析，成立了由西南交通大学和西南石油大学从事遥感研究的专家学者和博士生组成的专门工作组，使用高分辨率光学遥感和合成孔径雷达干涉（InSAR）遥感等技术对地震所造成的大范围地表位移、景区损毁和滑坡情况等进行了监测与分析，并对此次地震滑动断层的几何物理模型进行反演与分析。

9月19—22日

国际摄影测量与遥感学会（ISPRS）和武汉大学共同主办地球空间周（ISPRS Geospatial Week 2017）。朱庆教授在摄影测量三维重建与地学应用研讨会上作题为"LOD Generation of Building Models from Oblique Photogrammetry"的特邀报告，还应邀主持室内三维建模与位置服务研讨会（ISPRS WorkshopIndoor3D）。

9月21日

叶沅鑫受邀到武汉大学遥感信息工程学院作主题为"快速鲁棒的多模态遥感影像自动配准框架和系统"的学术报告，并介绍了最新的研究成果。

9月22日

在由国际摄影测量与遥感学会与武汉大学主办的 ISPRS 地球空间周

（Geospatial Week 2017，GSW 2017）国际学术大会上，青年教师叶沅鑫博士的论文"Fast and Robust Registration of Multimodal Remote Sensing Images via Dense Orientated Gradient Feature"荣获此次大会的最佳青年论文奖。

10月23—27日

国际上地球观测领域内最大的政府间多边合作组织——地球观测组织（Group on Earth Observations, GEO）在美国华盛顿罗纳德·里根会议中心召开第14届全体会议（及第41、42届执委会、边会、闭门会、科技成果展览和其他科技主题活动）。科技部黄卫副部长作为中国代表团团长和GEO中国联合主席、国家测绘地理信息局李朋德副局长作为中国代表团副团长，率领中国代表团出席了此次全会、执委会及有关活动。地学学院教师张瑞作为西南交通大学代表随团参加了边会、执委会、全会、科技成果展览、中国日主题活动、闭门会等工作。

11月4—5日

由国际数字地球学会中国国家委员会虚拟地理环境专业委员会主办，西南交大等单位联合承办的第六届全国虚拟地理环境会议在四川成都召开。国际数字地球学会中国国家委员会委员、虚拟地理环境专业委员会副主任朱庆教授担任本次大会主席。朱军教授指导的李维炼博士获得此次大会优秀青年论文奖。

11月16日

地学学院举行受聘仪式，聘请党亚民研究员为兼职教授。副校长蒲云教授为党亚民颁发聘书，佩戴校徽。受聘仪式结束后党亚民教授作学术报告。

11月22日

国家重点研发计划"地球观测与导航"重点专项课题"星载新体制SAR综合环境监测技术"，由西南交大牵头负责课题四"星载SAR综合环境监测高精度数据处理与反演技术"，总体负责人是地学学院刘国祥教授。项目总负责人、中国科学院电子学研究所副所长邓云凯研究员主持实施方案评审会，刘国祥教授代表课题组对第四课题的整体情况进行了汇报。出席会议的评审专家针对课题及子课题实施方案的汇报进行讨论和评议，提出了诸多指导性和建设性建议，一致同意第四课题及各子课题实施方案通过评审。

12月6日

由教育部高等学校测绘学科教学指导委员会、中国测绘地理信息学会教育委员会联合举办的"南方优立杯"第九届全国高校测绘学科大学生科技论文竞赛在桂林理工大学落下帷幕。地学学院共获得特等奖2篇、一等奖1篇、二等奖3篇，为参加该项赛事以来取得的最佳成绩。

12月10日

由中国地理信息产业协会、教育部地理科学教学指导委员会联合主办的"第六届全国大学生GIS应用技能大赛"在南京师范大学落下帷幕。由地学学院杨骏老师指导，测绘遥感信息系申赛，游继钢、陈状、赵静组成的参赛队荣获国家二等奖。

2018年

3月7日

地学学院邀请德国波恩大学Plümer教授来访，并举办学术报告。

3月26日

地学学院邀请中铁第一勘探设计院集团有限公司副总工程师、轨道交通工程信息化国家重点实验室常务副主任、杰出校友任晓春教授举办关于现代轨道交通空天地智能感知技术学术讲座。

4月18日

维也纳大学地理和区域研究系地图学和地理信息科学讲席教授Wolfgang Kainz到访地学学院，并与院领导及教师举行座谈。

5月12日

日本京都大学徐培亮先生应邀来地学学院测绘系开展学术交流，作题为"Combining different kinds of data in linear inverse ill-posed models"的学术报告。徐培亮曾任国际大地测量学会（IAG）理论大地测量分会主席，获得1999年度国际大地测量学会最优秀论文奖。

5月21日

英国Mapping Earth Resources Ltd公司高级咨询师Vijay Vohora博士应邀到地学学院进行学术访问，并针对Suitable Approaches for Smart Cities and Our Life主题作学术报告。

5月25日

新都区政府与西南交大签订联合建设高速铁路运营安全空间信息技术国家地方联合工程实验室的协议。

7月2日

德国波恩大学Juergen Kusche教授应邀来地学学院测绘系开展学术交流，并作题为"Potential and limitations of using GRACE/GRACE-FO for drought monitoring"和"Hydrological loading effects in GNSS time series from GRACE and models"的学术报告。

7月19日

西南交大测绘学科发展基金捐赠仪式在综合楼举行。北京合众思壮科技股份有限公司、成都西交测绘研究院有限公司分别向学校捐赠100万元和25万元，助力西南交大测绘学科发展，支持地学学院科研平台建设与地学学院综合改革。

7月22日

地学学院举办学术讲座会，邀请日本东京大学大久保修平（Okubo Shuhei）教授和徐培亮教授，分别作题为"Theoretical and Observational Advances of Gravimetry for Studying Earthquake, Volcanics Eruptions and Tectonics"和"Differential Equation Parameter Estimation:Solutions to problems solved incorrectly for 100 years and foundations of satellite gravimetry from tracking"的报告。

8月6—10日

由武汉大学测绘学院、武汉大学地球空间环境与大地测量重点实验室和台湾新竹交通大学土木工程系联合主办的第九届西藏新疆西伯利亚多元观测与解释（TibXS）国际学术研讨会在甘肃张掖召开。袁林果教授的博士生由晓文、陈昌福和硕士生徐小凤参加本次会议，并分别作学术报告，陈昌福获得最佳论文奖。

8月16日

2018年度国家自然科学基金申请项目评审结果公布，地学学院获批项目17项，其中优秀青年科学基金1项，面上项目8项，青年科学基金项目6项，联合基金项目1项，国际（地区）合作与交流项目1项，总经费820万元。获批项目数创历史新高，在全校位居第二，并在优秀青年基金项目方面取得历史性突破。在所获批的17项基金中，测绘学科获批8项，包括优青1项、面上4项、青年3项。

8月18日

由地学学院卫星导航定位技术研究中心团队承担的"增强参考站网络卫星定位服务软件（VENUS）"项目，通过专家组验收，建议扩大全国范围的国产化应用。

8月23—24日

由国际大地测量和地球物理学联合会中国委员会（CNC-IUGG）举办的"第三届中国大地测量和地球物理学学术大会"在兰州大学召开，2017级博士生张鲁鹏参加会议并作《2016年意大利Mw 6.3级地震同震的库伦应力变化及余震触发机制分析》的学术报告，荣获大会优秀研究生论文奖。

9月18日

由教育部高等学校测绘类专业教学指导委员会、中国测绘学会测绘教育委员会联合举办的"南方杯"第十届全国高等学校测绘学科大学生科技创新论文大赛，在佛山科学技术学院召开大赛评审会。地学学院学生在本次比赛中表现优异，共获特等奖1篇、一等奖4篇、二等奖4篇，在该项赛事中的获奖数量再创新高。慎利指导、徐肇文的论文《多尺度多特征融合的面向对象变化检测》获得特等奖。

9月28日

2018英特尔（INTEL）奖学金（成都项目）颁奖典礼在英特尔产品（成都）有限公司举行。地学学院博士生付萧、赵孔阳在面试中脱颖而出，成为10名2018年英特尔奖学金获奖者之一。英特尔在中国每年向清华大学、北京大学、上海交通大学、复旦大学、电子科技大学、大连理工大学、四川大学、西安交通大学和西南交通大学等9所著名大学的优秀在校研究生颁发英特尔奖学金。

10月22—24日

2018全国博士生学术论坛（测绘科学与技术）暨国务院学位委员会测绘学科评议组工作会议在青岛举行。2018级硕士研究生李茂粟提交的论文《面向滑坡灾情评估任务的时空大数据多层级语义检索方法》荣获优秀论文奖，并作口头报告。

11月9—11日

2018年第七届高校GIS论坛在昆明举行。朱军教授获得"高校GIS创新人物"奖，朱庆指导的博士研究生刘铭崴获得"高校GIS新秀"奖，朱庆教授团队成员胡翰博士和刘涛教授获得"高校GIS新锐"奖。

11月19—21日

由联合国主办、中华人民共和国自然资源部和浙江省人民政府承办的联合国世界地理信息大会在德清举行。地学学院遆鹏副教授与侯晓彤、吴昊、冀媛媛、邱雨鸿四名学生参加"基于地理与统计信息开展德清可持续发展定量评估"分会。在陈军教授和李志林教授指导下，遆鹏师生团队为大会制作了德清可持续发展知识服务系统。

11月22日

武汉大学资源与环境科学学院院长杜清运教授、南京师范大学地理科学学院副院长王永君副教授应邀来院进行学术讲座及学术交流。

11 月 29 日

"2018—2022 年教育部高等学校测绘类专业教学指导委员会"和"2018—2021 年中国测绘学会教育工作委员会"在西南交大召开第一次全体委员会议,来自全国的委员和代表 96 人参加会议。李建成主任委员传达了教育部对于新一届教指委的要求并布置了两委会工作。新一届教指委共有委员 40 名,测教委共有委员 104 名。

11 月 29 日

深圳大学校长李清泉教授应邀来地学学院进行学术讲座及学术交流,为师生们作《精密工程测量技术创新与工程应用——工程结构形面动态精密测量》学术报告。李清泉是 973 首席科学家,863 领域专家,国家级人才人选,教育部科技委委员,欧亚科学院院士,何梁何利科技进步奖获得者,中国测绘学会副理事长,中国地理信息产业协会副理事长。

12 月 28 日

台湾"中央研究院"地球科学所许雅儒研究员应邀来院进行学术交流与学术讲座,作题为"Seasonal fluctuations of water storage, crustal motion and seismicity in Taiwan"的学术报告,并就地震事件的季节性调节问题与在座师生进行深入交流和讨论。

2019 年

1 月 10 日

西南交大聘请原德国波恩大学教授 Lutz Plümer 为地学学院院长,以推进示范性国际学院的建设。刘国祥任执行院长。Lutz Plümer 院长表示,学院的四大学科体系至关重要,要努力成为国际学术界受到高度尊重和欢迎的合作伙伴。

2 月 28 日

地理学领域国际顶级期刊 AAAG(Annals of the American Association of Geographers,美国地理学会会刊)在线发表地学学院硕士研究生蓝天为第一作者、导师李志林教授和张红副教授共同署名的题为"Urban Allometric Scaling beneath Structural Fractality of Road Networks"的论文。这是学院硕士研究生首次在该国际顶级刊物发表学术论文。

3月2日

接联合国全球地理空间信息管理局（UN-GGIM）主席 Abbas Rajabifard 教授通知，经过严格国际评选，西南交通大学地球科学与环境工程学院正式被接纳为 UN-GGIM 学术网络工作组成员，是目前中国范围内继武汉大学之后第二个成员单位。地学学院 Saeid（Adam）Pirasteh 博士代表学校出席了8月在纽约联合国总部举行的2019年年会。

4月10日

武汉大学测绘遥感信息工程国家重点实验室副主任、长江学者特聘教授吴华意教授应邀访问地学学院，就"时空大数据计算的实践与思考"这一主题为学院师生进行专题讲座及学术交流。

4月16日

香港理工大学土地测量及地理资讯学系与西南交通大学地球科学与环境工程学院签订"硕士生招生合作计划"谅解备忘录。

5月7日

▲地学学院与中铁一院测绘工程研究院、中铁四院工勘院、中铁五院测绘院、甘肃铁道综合工程勘测院校企合作座谈会在学院举行。中铁一院测绘工程研究院院长黄凯、副院长兼总工武瑞宏，中铁四院工程勘察研究院院长马祥、总工曹成度，中铁五院测绘院院长周云，甘肃铁道综合工程勘测院副院长金立新等与学院领导、各系主任，以及教师代表进行了深入的探讨，表达了深化合作的愿望。

▲经欧洲研究委员会（European Research Council）严格评审，尹高飞副教授以97分的优异成绩（满分100），荣获欧盟玛丽居里学者基金（Marie Skłodowska-Curie Individual Fellowships）。他将在该计划资助下，与西班牙生态与林业应用研究中心（Ecological and Forestry Applications Research

Centre）开展国际合作研究。玛丽居里学者项目是欧盟"地平线 2020"科研规划下最重要的个人资助项目，与英国牛顿学者、德国洪堡学者并列为欧洲三大杰出人才计划。

6月25日

清华大学学术委员会副主任委员、理学院院长、地球系统科学系主任宫鹏教授受聘为西南交大顾问教授。

7月22—24日

西南交大承办的"'中海达杯'第五届四川省大学生测绘技能竞赛"在犀浦校区举办。共有 45 支队伍获得水准测量单项奖，43 支队伍获得电磁波测距导线测量单项奖，33 支队伍获得 1∶500 数字化测图单项奖，28 支队伍获得三维激光点云建模单项奖，10 支队伍获得测量程序设计单项奖。西南交大代表队共获得 19 个单项奖，其中犀浦校区大学生代表队获得 9 个一等奖、7 个二等奖，峨眉校区大学生代表队获得 3 个三等奖。18 所高校获得团体奖，其中获得团体奖一等奖的是西华大学、西南科技大学、西南交通大学。

7月15—20日

第 29 届国际制图大会（International Conference on Cartography，ICC）在日本东京召开，谭鹏副教授、张红副教授、贾洪果老师及博士研究生侯晓彤、吴昊参会，分别围绕地图知识提取、时间信息可视化、空间信息量算等主题作口头报告。

8月10—13日

由武汉大学测绘学院、武汉大学地球空间环境与大地测量重点实验室和台湾新竹交通大学土木工程系联合主办的"第十届西藏新疆西伯利亚多源观测与解释（TibXS）国际学术研讨会"在四川省盐源县召开。袁林果教授及其博士研究生李秦政参加此次会议，李秦政作"Multiscale variabilities of precipitable water over Europe based on GPS measurements and assessment of atmospheric reanalysis products"的学术报告，获得大会优秀论文奖。

7月26—28日

"南方测绘杯"第十届全国高等学校测绘类专业青年教师讲课竞赛在浙江水利水电学院举办。高淑照、田玉森、陈敏、游为4位教师参加4门课程的讲课比赛，并分别获得"测量学"、"GNSS 原理及应用"、"摄影测量学与遥感"及"误差理论与测量平差基础"课程讲课比赛二等奖。

8月31日

"南方测绘杯"第十一届全国大学生测绘科技论文竞赛评审会在武汉举行，共有460篇合格论文进入网评。地学学院共获特等奖1篇，一等奖3篇，二等奖3篇。游为指导，徐琦、高怡凡、卢飞合作的论文《附有等式约束的间接平差的解算方法分析》荣获特等奖。

9月3日

Esri 中国区经理杜佃瑞博士到访地学学院，与院长 Lutz Plümer 教授、Saeid（Adam）Pirasteh 博士、朱庆教授讨论建立 Esri-西南交通大学空间智能地图与 LiDAR 卓越中心的有关计划。

9月

据 Essential Science Indicators 最近更新的数据显示，测绘遥感信息系叶沉鑫副教授为第一作者发表的论文 "Robust registration of multimodal remote sensing images based on structural similarity" 被引次数进入环境学科全球前1%，被 ESI 高被引论文（Highly Cited Papers）收录。

10月7—8日

德国慕尼黑工业大学 Uwe Stilla 教授一行3人应邀访问地学学院，作题为 "Change detection of Urban Objects using 3D Point Clouds" 的主题报告。

10月29—31日

测绘工程专业认证顺利完成。此次现场考核的重点内容包括对第一次认证所提问题的改进情况及在2018年新标准下的工作情况。

10月

教育部公布2018年度国家虚拟仿真实验教学项目认定结果，朱庆教授负责、徐柱教授组织建设的测绘类"高速铁路虚拟场景建模与列车运行仿真实验"虚拟仿真实验教学项目获得国家认定。

本年

依托高速铁路运营安全空间信息技术国家地方联合工程实验室，经四川省科学技术厅认定为轨道交通安全运营空间信息技术四川省国际科技合作基地。

2020 年

5 月 6 日

由长安大学牵头的国家自然科学基金"川藏铁路重大基础科学问题专项"项目"川藏铁路重大灾害风险识别与预测"启动会以视频会议形式举办，朱庆作为其中课题五"川藏铁路灾害风险信息集成与共享服务"负责人进行项目实施方案和研究进展汇报。

5 月 29 日

地学学院召开"地学国际班建设研讨会"，在国际班建设思路、培养方案、课程体系等方面达成共识。院长 Lutz Plümer、执行院长刘国祥、分管国际化工作的许军华副院长、分管本科教学的张玉春副院长、教育教学办公室主任、专业教师等参加了会议。学院还邀请了教务处代宁副处长指导相关工作的开展。地学国际班是积极响应学校"国际化战略"部署，加速推进国际化进程，落实地学国际化示范学院建设理念的主要抓手，也是学院培养复合型、国际化、高素质拔尖创新地学人才的重要举措。

7 月 6 日

地学学院举行学院新聘任领导聘任仪式暨本学期工作总结大会。曹云刚任测绘遥感信息系主任。

7 月

▲朱庆教授和胡翰教授带领的 VGE 团队荣获 2020 数字中国创新大赛·数字政府赛道建筑物智能普查创新应用赛亚军，赢得 10 万元人民币奖

金。该大赛是数字中国建设峰会的高端专业核心赛事和重要组成部分，由数字中国建设峰会组委会主办，阿里云计算有限公司等单位承办，共吸引全球 16 个国家和地区的 4 494 支队伍参赛。最终 4 个赛道 21 支队伍晋级决赛，每个赛道产生冠军、亚军、季军各 1 名。

▲应国际遥感学会（GRSS）邀请，尹高飞副教授担任遥感领域权威 SCI 期刊 *IEEE Geoscience and Remote Sensing Letters*（*IEEE GRSL*）副主编，任期 3 年，主要负责该期刊在植被遥感领域的相关文章。

8 月 10 日

教育部长江学者特聘教授、兰州交通大学测绘与地理信息学院闫浩文院长受聘为西南交大兼职教授，副校长姚发明为闫浩文教授颁发聘书并佩戴校徽。

附　录

附录一

历任测绘学科教学人员

Scheller（沙勒，德籍）

E.Sprague（史卜雷，英籍）

James A. Cormark（柯谟，英籍）

David Thomas（谭木，英籍）

Charles Adderly（阿德利，英籍）

Herbert Chartly（查得利，英籍）

Fred C. Eaton（伊顿，美籍）

F.H.Barnes（班士，英籍）

McLeod（麦克里，英籍）

W.E.Patten（毕登，美籍）

罗忠忱	伍镜湖	黄寿恒	王华棠	徐宗溥	裴冠西	唐凤图	董钟琳
朱皆平	方颐朴	马毓山	王志超	罗　河	王绍瀛	佘畯南	伍国俊
容观澄	郭宏德	宋卓民	邵福昕	王兆祥	陆凤书	沈智扬	熊大道
马誉美	潘昌实	彭秉礼	孙振东	李树阳	马德言	闫树春	卓健成
王效通	陆万邦	张庆珩	汪柱石	傅晓村	朱文道	谭顺卿	张　鋮
施仲衡	李华文	程桂芳	周天恒	潘文科	何志坚	林本恩	朱文德
窦居和	赵秀清	刘冠军	王剑秋	任国慧	曹文龙	沙成慧	杜世监
倪雁萍	祝善林	朱敏荣	徐光荣	刘文熙	路伯祥	孟秉珍	谢　葳
许　伦	张云芬	张方明	陈光华	雷步云	张延寿	董振淑	戴仕华

费人雄	张惠珍	刘凤群	顾　潼	丁怀日	唐恩利	王丽华	沈前进
徐华力	陈洪武	孔　建	刘其舒	吴世棋	廖重华	黄素珍	马荣斌
许提多	徐　弘	刘泉江	肖中平	李元军	徐建军	顾利亚	周复群
刘积云	张光宇	欧玉英	李成文	席　庆	刘　水	梅连友	肖永茂
夏志林	夏　捷	吴俐民	黄培之	周光武	朱　明	田　青	邓　春
张　红	李永树	秦　军	徐京华	岑敏仪			

| 张献州 | 刘成龙 | 黄丁发 | 范东明 | 熊永良 | 齐　华 | 朱　庆 | 刘国祥 |
| 徐　柱 | 陈　强 | 朱　军 | 袁林果 | 尹高飞 | 高　贵 | 胡　翰 | 李志林 |

Lutz Plümer（德籍）

肖林萍	龚　涛	王化光	汤家法	罗小军	冯德俊	黄泽纯	高　山
贾洪果	钟　萍	邃　鹏	张同刚	周乐韬	曹云刚	丁雨淋	张　瑞
叶沉鑫	葛旭明	游　为	慎　利	田玉森	陈　敏	王晓文	熊　川

Saeid （Adam）Pirasteh（加拿大籍）

| 任自珍 | 孙美玲 | 杨　骏 | 高淑照 | 蔡国林 | 胡　亚 | 叶　健 | 龚晓颖 |
| 徐韶光 | 冯　威 | 徐　博 | | | | | |

附录二

历任测绘实验中心（实验室）人员

李恩科	谢瑞芝	范 霆	傅晓村	刘冠军	夏旭仁	刘振华
李汉良	陈俊生	孟繁智	张惠仁	何刚毅	周长明	黄跃银
张建明	黄鼎昌	韩永生	唐恩利	林 辉	钱 芳	龙玉虎
戴仕华	范平英	刘成龙	杜艳民	朱明珠	崔淑芬	吴其让
范 明	苗仲平	曲春华	李 琼	孔 健	胡 蓉	张 邱
黄素珍	王志强	徐华力	李北珂	陈群芝	王小芳	张德强
袁成忠	王桂晨	黄育龙	黄泽纯	张奥丽	刘丽瑶	杨雪峰

附录三

历任学院院长、学系及教研室主任

测量教研室主任
　　罗　河
　　宋卓民
　　王兆祥

工测教研室主任
　　卓健成
　　傅晓村
　　张延寿
　　费人雄
　　范东明
　　熊永良

航测教研室主任
　　马德言
　　李华文
　　刘文熙
　　许　伦
　　齐　华

遥感教研室主任
　　马荣斌
　　秦　军

控测教研室主任
　　路伯祥
　　许提多

航空摄影测量与工程地质系主任

  卓健成

  李秉生

测量工程系主任

  刘文熙

  张献州

  李永树

测绘工程系主任

  黄丁发

  徐　柱

遥感信息工程系主任

  朱　庆

  徐　柱

测绘遥感信息系主任

  袁林果

  曹云刚

地球科学与环境工程学院院长

  李志林

  朱　庆（执行院长）

  刘国祥

  Lutz Plümer

  刘国祥（执行院长）

后　记

　　学科教育是大学最基本也是最核心的业务。一所大学的历史跨越时空，包罗万象，学科教育史始终是最主要、最经典、最鲜活的那个部分。通过对学科史的梳理和研究，百年交通大学在近代中国风云激荡的社会变革中矢志教育立国、培养建设人才、推动创新发展的壮丽画卷跃然纸上，百年探索奋进中的足迹印痕清晰再现。

　　西南交通大学最早的前身——山海关北洋铁路官学堂以土木工程教育起家，测绘是学校最早引进发展的学科之一，贯穿于126年的交大工程教育历史长河，学校的校徽上就有测量仪图案。从某种意义上讲，测绘是交大最具生命力的标签。

　　测绘学科的已故老教授傅晓村先生很早就有书写测绘学科史的愿望和计划，曾整理过多种测绘学科历史发展史料和大事记，可以说为本书的编著提供了有力的帮助。傅教授在交大求学、工作了一辈子，一手创办了测绘教学陈列室。他非常注重文化的传承，对测绘往事如数家珍。在他去世的前两年，我曾请他做过5次口述，后来一放下，不料老先生就突然因病离去，令人惋惜和遗憾。测量系前系主任刘文熙教授对编写本书付出了极大的心血、寄予厚望。我其实也正是有感于他的信任和鼓励，才敢答应试着来完成这项工作。他对书稿的篇章结构、史实，甚至遣词用字都给予细心的修订，并且提供了大量的珍贵照片和资料，为本书增色增光。在增补校准学科教育大事记和有关资料的过程中，得到了路伯祥、马德言、刘冠军、刘淇舒、费人雄等老教师的热情帮助。教学科研任务繁重的朱庆、刘成龙、徐柱、黄育龙老师等在充实内容、提供资料诸多方面给予支持。学院领导刘国祥教授、齐华教授等对推进测绘学科史编纂工作一直重视和支持，在组织领导和协调方面发挥了关键的作用。我想，这本书的编写出版既是大家共同的心愿，也是大家共同努力的结果。

本书使用的材料来源众多，除书中注明出处的以外，有关西南交通大学纷繁历史的部分未及全部标注，有关测绘科研的部分选用了有关教师提供的文稿，特此说明，并致谢意！

由于本人学识、经验以及史料等方方面面的原因，这本书不可避免地存在不足和疏漏，诚望专业人士、师生校友和其他读者朋友们批评指正。也希望有更多的同仁共同努力，完成更多的学科教育史研究，书写更多的学科史著作。

杨永琪

二〇二二年一月